KB087852

무빙

일러두기

• 이 책은 강풀 작가의 드라마 대본 집필 형식을 최대한 따랐습니다.

• 드라마 대사는 글말이 아닌 입말임을 감안하여 한글맞춤법에서 벗어난 표현이라 해도 그 표현을 그대로 살렸습니다. 그 외 지문은 한글맞춤법을 따랐습니다.

• 이 책은 작가의 최종 대본으로, 방송되지 않은 부분이 포함되어 있습니다.

용어 정리

[c.u] close-up. 등장하는 배경이나 인물의 일부를 화면에 크게 나타내는 기법.

[cut to] 하나의 신(scene) 안에서 상황을 부분적으로 생략하고 점프해 연결하는 기법.

[E] Effect. 대사와 음악을 제외한 효과음을 뜻하며, 보통 등장인물은 보이지 않고 소리만 나는 경우에 사용한다.

[F] Filter. 전화기 너머의 목소리나 마음속으로 하는 이야기들을 표현할 때 사용한다.

[na] Narration. 장면에 나타나지 않으면서 장면의 진행에 따라 그 내용이나 줄거리를 장외(場外)에서 해설하는 일, 또는 그런 해설을 말한다.

[v.o] voice-over. 화면에 나타나지 않는 인물이 들려주는 정보나 해설 등을 말한다.

[디졸브] dissolve. 한 화면이 사라짐과 동시에 다른 화면이 점차로 나타나는 장면 전환 기법.

[몽타주] montage. 따로따로 편집된 장면들을 짧게 끊어서 붙인 화면.

[와이프] wipe. 한 장면이 화면 한쪽으로 사라지면서 뒤이어 다음 장면이 나타나는 기법.

[인서트] insert. 화면의 특정 동작이나 상황을 강조하기 위해 삽입한 화면, 또는 삽입하는 것.

[페이드인] fade-in. 화면이 처음에 어둡다가 점차 밝아지는 기법.

[페이드아웃] fade-out. 화면이 처음에 밝았다가 점차 어두워지는 기법.

[플래시백] flashback. 과거의 회상을 나타내는 장면 또는 그 기법.

디즈니+의 오리지널 시리즈

강풀 대본집

3

㈜창비
Media Changbi

차례

주연배우 12인
친필 메시지&사인

류승룡
장주원

주원과 지휘, 희수가 서로의
솔모였던 것처럼 무빙 대본집이
책을 읽는 분들에게 조금이라도
솔모가 되길 바랍니다.
조금 다르고 특별한 이야기에
귀 기울여준 여러분에게 길 잃지 않고
찾아가겠습니다! 감사합니다.
구룡포 장주원
류승룡

조인성
김두식

"무빙"을 사랑해 주셔서 감사합니다
대본집을 통해 드라마의 감동을
이어 가시길 바랍니다.

"무빙" 김두식

한효주
이미현

훌륭한 엄마이자, 강인한 여성 '이미현'을
연기 할수 있음에 감사했습니다.
덕분에 정말 사랑스러운 아들 봉석이. 우리정하.
그리고 멋있는 남편 김두식, 인성오빠,
언제 또 이렇게 만나서 같은 작품을 할수
있을까 싶을정도로 훌륭한 스탭분들, 배우분들을
만날수 있었습니다.
기회를 주신 강풀작가님, 이끌어주신 박인제,
박윤서 감독님께 감사드립니다.
대본을 읽을때, 이런 따뜻하고 정의로운
이야기가 사랑받을 수 있다면 좋겠다 생각했는데
큰사랑으로 작품을 완성시켜주신 여러분께,
진심으로 감사드립니다.
'무빙'이 오랫동안 여러분들의 마음에 남기바라며,

- 이미현, 한효주 올림 -

MOVING
MI-HYUN LEE

이정하
김봉석

ㅠㅠ 이 글을 쓰게 되니
아쉬움과 행복함으로 떠나보냈던
봉석이가 새록새록 떠오르네요.
독자 으쌰으쌰 한 현장인 만큼
다 같이 치고 올랐고, 축복이 된
대본을 여러분들에게 보여줄 수
있어서 봄이 떠오는 것 같이 좋네다
작가님 최고 여러분들도 최고 ♡

정하 올림

고윤정
장희수

'무빙'이라는 대본을 처음 읽을 때부터
'희수'가 되어 정원고를 다니던 모든 시간이
벅차고 행복했습니다.
재력하를 서로가 구근했는 위로에 제가 더
위로받고 배꾸게도 했습니다.
무빙이라는 세계관에 함께 한 수 있는 영광을
주신 강물 작가님께 감사드리며 언제나
응원하는 힘이 되어 드리겠습니다.

　　　　　　　　- 고윤정 (장희수) 올림

김도훈
이강훈

To. 무병을 사랑해주신 여러분께
차렷! 경례! 사랑합니다 ♡
이제 이 책(대본)을 읽는 여러분도
'무병'팀 입니다.
책과 함께 즐거운 시간 보내시고
오늘 하루도 여러분만의 창능력을
맘껏 펼쳐 주세요.
그럼 저는 아버지가 부르셔서 이제만..

`이강훈' 김도훈 드림.

김성균
이재만

'무빙'을 사랑해 주셔서 감사 합니다.
리어리는? 결 꾸거는분, 혹은 배우·작가·연출...
모든 꿈 꾸시는 분들에게 이 책이 도움이 되었으면
좋겠습니다. 언제나 행복 하십시오 !!

이재만   김성균

문성근
민용준

나는 엉겁결에 이어폰을 오른쪽에 꽂았다.
"「우박」, 이라고 드라마 하신다구, 촬영하신대요? 강렬한 발음이데"
"뭐로 얘기고라?"
"홍상수감독"

엉? 먼만 내 솔버리 뭐들을 봤다. 이게 뭐지? 이게 재밌어?
출연 확정한 씨기들 명함을 이미 들었으니, 지끔을 웃느걸다면
그런 내가 웃겨라인까지...

딸 예쁜미고 미주앉아 두 손을 봤다.
아~ 다르구나. 강물에서는 사람 넘느라고 LCI. 어쩔한
뜨거운 사람이 있고... 그리고 한가 있지.

20년 못 봤나? 「비밥, 있을걸. →댓인인지 이약을 나눈듬
속길을 제일 박았을 때 (좋떠을 웃홀지면), 웃럭 만류를 받여
느꼈도 각가 강물이, 다시, 느꼈겠다. 이 인간은 록까리
빵이면 됐어..

「우박」 작으의 처음 솔을 나눴지면, 오래 후옥득 '늦버디
친구의 란' 이여, 같을 (남의)사랑을 사랑이면 각별한 인맥이
있으니 받겠을 수 밖어.

「우박」, 시즌 2, 3을 제랑받 (「우박, 우보 다른 재혹의」) 뭡튼들이,
이미 나와 있으다. 나는 그만 죽기방에 어슬하다.

록리들께 비밀 하네 알뜸드라만
그의 각룸 속에 애뵌 여리국방 얼굴을 그리, 이어게 문할이라.

2024. 5.   문성근

류승범
프랭크

'Frank' 류승범드림.

'우빙'이라는 작품으로 함께 작업하게 되기
매우 바란 시간이였습니다.
그리고 '우빙'을 완성 시켜주신 시청자
여러분께 이 작품을 삐기 감사의 인사로 전합니다.
화면이 아닌 책으로 보는 '우빙'의 세계로
만끽 즐기시기 바라며...
다음이 또 인사 드리도록 하겠습니다.

김희원
최일환

늘 우릴 사랑해주셔서
감사해요

차태현
전계도

무빙을 사랑해주신 시청자분들 정말
감사 드립니다~ 이번에 무빙 메뉴집이 나온답니다 ^^
드라마와는 또 다른 재미가 있을겁니다~
많은 관심 부탁드리고 꼭 무빙에서 다시 만나요
~

'번개맨' 전계도 올림 ^^

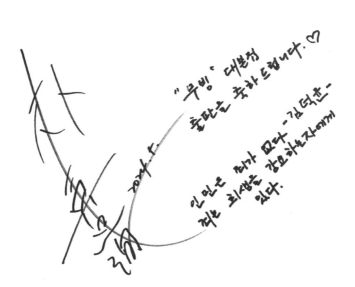

박희순
김덕윤

제15화
N.T.D.P.

#1 [2003년] 국정원/기획판단실/집무실 (오후)

여 팀장과 조 과장(조래혁)이 민 차장 앞에 서 있다.

민 차장 없어?

여 팀장 네.

민 차장 흔적이 남았을 거 아냐.

여 팀장 장주원은 우리 방식을 너무 잘 알고 있습니다. 아파트 관리실과 주변
의 CCTV까지 파기하고 모든 동선을 완벽하게 지웠습니다.

민 차장 계좌, 통신망 추적은.

여 팀장 모두 버리고 그대로 도주했습니다.

민 차장 (짜증 난)

여 팀장 죄송합니다. 애까지 데리고 하룻밤 사이에 도주했을 줄은….

민 차장 바로 그 애 때문이겠지.

여 팀장 (조심스럽게) 유전 가능성이 확실한 것은 아닙니다.

래혁 (끼어드는) 확실합니다.

민 차장 (쳐다보는)

래혁 오늘 다시 확인하고 왔습니다. 사고 당시 일주일 만에 퇴원했더군요.

인서트_ 병원

래혁이 의사에게 국정원 신분증을 내밀고 희수의 차트를 확인한다.

래혁 사실 그 사고에서 살아남은 것부터가 말이 안 돼요. 쿵. 제가 시키는
일을 허투루 하는 사람이 아닙니

민 차장 (끊는) 입 다물어.

래혁 (히익)

여 팀장 (이게 지금 무슨 말이지, 조래혁과 민 차장 쳐다보는)

래혁 네. 아무튼, 장주원 딸은 능력이 유전된 게 맞습니다.

여 팀장은 자신이 모르는 일이 진행되었음을 알고, 조 과장과의 서열 다툼에서 밀리고 있다는 불안감을 느낀다. 래혁이 여 팀장을 제치고 민 차장에게 서류를 내민다.

민 차장 (서류 건네받으며) 뭐야.

래혁 기획안입니다.

민 차장 (서류 표지 읽는) National Talent Development Project… 국가재능육성사업?

래혁 애들을 키우는 거죠. 해볼 만하지 않겠습니까.

민 차장 (서류 넘겨 보는)

래혁 일단 이재만 아들은 확보됐으니까요.

여 팀장 (기획안 훔쳐보며) 너무 어리잖아. 어린애로 뭘

래혁 (말 끊는) 그러니까 국가재능육성사업이죠. 미래를 봐야죠.

여 팀장 (견제하는) 애 하나 갖고 사업을 벌여?

래혁 (민 차장만 보는) 하나가 아닙니다. 장주원과 딸은 추적하면 됩니다.

여 팀장 그래도 겨우 둘이야.

래혁 (여 팀장 무시하는) 셋입니다.

민 차장/여 팀장 (쳐다보는)

래혁 김두식의 자식.

인서트_ 12화 #50

[조래혁 시점] 래혁이 두식에게 사과를 산다/두식이 허리 숙여 박스에 사과를 담는다/래혁이 담장 안을 둘러친 방조망을 유심히 본다/대문 안쪽 빨랫줄에 어린 봉석의 옷이 걸려 있다.

래혁 확실합니다. 제 눈은 작은 실마리도 놓치지 않습니다.

민 차장 (사시안이 꿈틀하는)

여 팀장　(재차 견제하는) 도주한 자들을 어떻게 찾지?

래혁　실장님께서 저를 발탁하셨잖습니까. 제 쓸모를 증명하겠습니다.

인서트_ 12화 #57

[조래혁 시점] 과수원집 뒷문으로 미현이 어린 봉석을 안고 나온다/ 멀지 않은 곳, 래혁이 시동을 끈 차 운전석에 숨어 있다/미현이 뒷문에 숨겨놓은 차에 올라타 출발한다/래혁이 미현의 차 번호판을 본다/"충북5 나9300…" 시동을 건다.

래혁　수탐만큼은 자신 있습니다. 반드시 찾아내서 끝까지 따라붙겠습니다.

민 차장　(쳐다보는)

래혁　은밀하고 지속적인 관리가 필요합니다. 맡겨만 주시면 제가 책임지고 관리하겠습니다.

민 차장　관리라….

래혁　그리고, 봉평과 나주도 자식이 있습니다. 확인해봐야 합니다.

민 차장　(고민하는)

래혁　지금의 초능력자들은 머지않아 노쇠해질 겁니다. 그때를 대비해야죠. 어차피 물갈이는 필요합니다.

사무실에 정적이 흐른다.
래혁이 심사숙고하는 민 차장을 은근히 압박한다.

래혁　(은근하게) 어쩌면 더 있을 겁니다. 전국을 뒤져서 더 많은 인재들을 발굴해봐야죠. 제가 책임지겠습니다. 아주 오래 걸릴 일입니다. 체계적인 시스템이 필요합니다. 지원을 약속해주십시오.

민 차장　체계적인 시스템?

래혁　김두식의 자식을 먼저 찾아 통학권에 거점을 만드는 겁니다. 애들은 자라면 학교에 가야 하니까요.

민 차장 학교….

여 팀장 조 과장. 사교육 비리로 한몫 챙기려는 거야?

래혁 (여 팀장 노려보는) 쯥. 국가지대사를 논하는 거야.

여 팀장 (민 차장에게) 너무 일이 큽니다.

래혁 (반박하는) 실장님. 아니, 차장님. 이건 장기 사업입니다. 우리의 앞날이 달린 만큼 발굴 육성과 지속적인 관리가 필요합니다.

민 차장이 기획안 서류 파일을 덮는다.
기획안 표지 제목. [N.T.D.P.]

래혁 교육은 백년지대계라고 하지 않습니까.

타이틀 '무빙'이 뜨고, 기획안 표지가 소제목 '제15화: N.T.D.P.'와 겹쳐진다.

민 차장 진행시켜.

#2 [시간 경과] 2003년~2018년 - 자료화면/몽타주

cut to_ 노무현 당선.

cut to_ 대구 지하철 참사.

cut to_ 태안 기름 유출 사고.

cut to_ 숭례문 방화 사건.

cut to_ 이명박 정부 출범.

cut to_ 용산 참사.

cut to_ 노무현 대통령, 김대중 대통령 서거.

cut to_ 천안함 격침 사건.

cut to_ 연평도 포격 사건.

cut to_ 김정일 사망. 김정은 국방위원장 추대.

cut to_ 박근혜 정권 출범.

cut to_ 세월호 침몰 사고.

cut to_ 메르스 사건.

cut to_ 박근혜 탄핵. 문재인 당선.

cut to_ 남북 정상회담.

cut to_ 서울(남산)타워에서 바라보는 서울의 야경. 날이 밝고 해가
떠오른다.

#3 [플래시백] 서울 시내/정원고등학교

카메라 시점, 하늘에서 서울 전경을 내려다본다.

평범한 도시의 일상을 비추듯 한가롭게 서울 시내를 유영한다.

평화롭게 유영하던 시점이 빨려드는 것처럼 한 지점을 향해 날아간다.

서울을 가로질러 변두리까지 날아가 외곽에 자리 잡은 정원고등학교
에 이른다.

강당 안으로 들어서면—

자율운동하는 학생들 뒤로, 강당 맨 끝에서 희수가 서전트 점프를 한다.

점프판을 때리고 착지한 희수의 머리 위로 점프대와 농구대가 기운다.

희수가 바닥에 떨어지고, 봉석이 엉망으로 넘어지고, 강훈이 폭풍처
럼 달려 나간다.

(E)   꽈앙…!!!

먼지가 걷히면, 무너진 농구대와 점프대의 뒤쪽.

강훈이 희수를 끌어안고 있다.

꼴사납게 넘어진 채 그 모습을 보는 봉석의 표정이 절망으로 무너진다.

cut to

[한별의 유튜브 촬영 화면으로 박스 컷]

카메라, 다시 빠르게 먼 곳으로 이동하면—

cut to_ 호위총국장실

유튜브 영상 화면을 보는 김덕윤.

김덕윤의 얼굴이 디졸브되며 화면 3분할.
미현 얼굴/주원 얼굴/재만 얼굴.

cut to_ 돈가스집

유튜브 영상 화면을 보는 미현.

cut to_ 치킨집

유튜브 영상 화면을 보는 주원.

cut to_ 강훈 집 앞

평상에 앉아 낡은 손목시계를 보며 강훈을 기다리는 재만.

미현과 주원과 재만이 고개를 들어 정면을 본다.

#4 정원고등학교/전경 (오후)

정원고등학교 건물. 수능이 끝난 고등학교는 적막하고 을씨년스럽다.
감나무 꼭대기. 앙상한 가지에 따지 못한 감들이 몇 알 남았다.
어제 내린 눈이 운동장에 얇게 쌓여 있다.
바람이 불고 눈가루가 흩날린다.

강당 문에 '내부공사 중-사용금지' 안내문이 붙어 있다.

#5 정원고등학교/강당 (오후)

부서진 농구대와 서전트 점프판 앞에 강훈이 서 있다.
강당 문이 열리고, 방기수가 들어온다.

기수   (왜 불렀냐) 뭐냐?

강훈   너냐.

기수   뭐?

기수가 강훈의 시선을 따라가면 부서진 농구대와 서전트 점프판이 놓여 있다.

플래시백_ 2화 #55

강당에 들어가는 희수를 따라가는 기수. 기수를 보는 강훈.

플래시백_ 6화 #30

"니들이 뭔 짓을 꾸미는지 반드시 까발리고야 말겠어."

플래시백_ 7화 #54

"쟤 좋아하냐?" "내가 어떻게든, 그 가면들을 벗겨주지."

강훈   너지.

기수   이 개새끼가….

강훈   일진이라고 애들 패고 거들먹거리더니 고작 이딴 짓이나 한 거냐.

기수   (경멸과 허탈함이 섞인 표정으로 쳐다보는)

기수가 대답하지 않고 돌아서 가버린다. 강훈이 주먹을 움켜쥔다.

강훈　(소리치는) 야!!!

기수　넌 나랑 뭐가 달라.

강훈　(멈칫)

기수　힘만 믿고 거들먹거리는 새끼는 너야.

인서트_ 2화 #57에 이어서

강당 뒤. 강훈이 기수를 일방적으로 폭행한다.

강훈의 얼굴이 일그러진다. 기수가 강당 밖으로 나가버린다.
강훈의 움켜쥐었던 주먹이 부끄럽게 펴진다.
텅 빈 강당에 강훈이 혼자 남는다.

#6　정원고등학교/제2교무실 (오후)

한산한 교무실. 윤성욱이 한별을 훈계하고 있다.
윤성욱의 책상에 한별의 브이로그 카메라가 놓여 있다.
한별이 울상인데, 성욱이 전화를 받고 일어선다.

#7　정원고등학교/진학지도실 (오후)

일환의 책상에 주황색 파일이 놓여 있다.
일환이 온갖 의혹이 가득한 표정으로 주황색 파일을 본다.
책상에 붙은 학사 일정표를 보면, 남은 일정은 '합격자 발표날'과 '졸업식'뿐이다.
똑똑. 노크 소리에 파일을 얼른 책상 서랍에 넣는다.

일환　들어와.

성욱 (들어오며) 불렀어요?

일환 (대답 없이 쳐다보는)

성욱 뭡니까. 왜요.

일환 어제, 강당 사고. 어떻게 생각하나.

성욱 무슨….

플래시백_ 3화 #59

"잘해요. 이제 기간제도 곧 끝나니까."

"네. 열심히 하겠습니다."

플래시백_ 7화 #67

"수능도 끝났고 학기도 얼마 안 남았어요. 곧 졸업인데요."

"그래서."

"마무리 지어야죠."

일환이 의심이 가득한 시선으로 성욱을 쳐다본다.

성욱 절 의심하는 겁니까?

일환 (지그시 쳐다보는)

성욱의 속을 알 수 없다. 야릇한 긴장감 속에 정적이 흐른다.

일환 아니야. 나가봐.

성욱 (돌아서는) 학기 다 끝납니다.

성욱이 나가면서 힐끗 일환의 책상 서랍을 본다.
닫힌 서랍이 살짝 열려 있다.

#8 정원고등학교/진학지도실 앞/복도 (오후)

진학지도실에서 나온 성욱이 반짝반짝한 복도를 걸어간다.

미화원이 리스킹카를 몰아 복도를 닦으며 지나간다.

#9 정원고등학교/교실 (오후)

수능이 끝난 고3 교실. 운전면허 교재를 보는 학생들. 토익토플 교재
를 보는 학생들.

잡담을 나누거나 핸드폰 게임을 하는 학생들. 엎드려 자고 있는 학생들.

봉석은 귀에 이어폰을 꽂은 채 멍하니 창밖을 보고 있다.

봉석의 이어폰에서 음악이 흘러나온다.

학생들 몇이 어제 강당 사건을 수군거리며 강훈을 힐끗거린다.

강훈은 학생들의 시선을 외면한 채 조용히 NIAT 교재를 읽고 있다.

교실의 한쪽. 학생들에게 둘러싸여 있는 한별이 울상이다.

한별   (한숨) 부담임 쌤한테 카메라 뺏겼어. 학교에서 동영상 찍었다고.

학생2   아깝다. 곧 돌려주시겠지.

한별   (울상) 유튜브 계정도 삭제됐는데….

학생1   왜? 차단당했어?

한별   모르겠어. 정책 위반한 것도 아니고, 조회수도 20만 넘게 나왔는데.

학생2   누가 해킹했나? 계정 새로 파서 다시 영상 올려.

한별   (나름 비장한) 메모리카드만이라도 먼저 찾을 거야.

학생1   그래. 그 영상 아까워. 어제 정말 대단했는데… 쟤 도대체 뭘까.

학생들의 시선이 다시 강훈에게 쏠린다.

부담스러운 시선 속에 강훈이 외로워 보인다.

그때, 뒷자리에 앉은 희수가 강훈의 등을 툭 친다.

희수	야.
강훈	(돌아보는) 어.

순간, 교실이 고요해진다.
교실 안의 이목이 강훈과 희수에게 쏠린다.

희수	(구시렁) 뭐야….
강훈	왜.
희수	(일어나는) 나가자.

강훈이 희수를 따라 일어선다. 희수가 언뜻 봉석과 눈이 마주친다.
봉석이 못 본 척 얼른 고개를 돌린다. 희수는 봉석이 마음에 걸린다.
강훈과 희수가 나가자마자 조용하던 교실이 금세 시끄러워진다.
"야, 둘이 진짜 잘 어울리지 않냐/같이 서 있으니까 비주얼들 죽인다/
쟤네 저러다가 사귀면 대박인데/강훈이가 누구랑 같이 다니는 거 처음 봐."
봉석은 음악을 듣는 척, 다 듣고 있다. 봉석의 뒤통수가 슬프다.

#10 정원고등학교/복도 (오후)

희수와 강훈이 나란히 복도를 걷는다.

희수	고마워.
강훈	(쳐다보는)
희수	어젠 경황이 없어서 고맙단 말도 제대로 못 했어.
강훈	안 다쳤지?
희수	응. 덕분에.
강훈	(가만히 쳐다보는)

복도를 지나가는 학생들이 강훈을 힐끔거린다.

희수   너 나 때문에 번거로워서 어떡하 (학생들이 수군거린다) 아 쫌.

강훈   신경 쓰지 마.

희수   안 불편하니.

강훈   괜찮아.

희수   너 기분 안 좋아 보여서 하루 종일 말도 못 걸겠더라.

강훈   (보다가) 편의점 갈까.

희수   아직 수업 중인데 밖에 나가도 돼?

강훈   수능 끝났는데 뭐.

희수   이거 땡땡이야. 너 반장이잖아.

강훈   그래서 한 번도 못 해봤어.

희수   (보다가) 가자. 내가 산다.

#11 정원고등학교 / 운동장 / 수위실 (오후)

강훈이 (모범생답게) 운동장가 보도블록을 걷는데 희수가 성큼 운동장에 들어간다.
강훈이 멈칫, 희수를 본다. 따라오겠거니 앞서 걸어가는 희수. 강훈이 따라간다.
둘이 함께 텅 빈 운동장 한복판을 가로질러 정문으로 걸어간다.
강훈은 파카를 입었는데, 희수는 카디건 한 장 달랑 걸쳤다.

강훈   안 추워?

희수   응. (허연 입김 새어 나오는)

희수가 개의치 않고 걸어간다.
강훈이 파카 지퍼를 만지작거리다가 그냥 걸어간다.

희수와 강훈이 교문을 통과한다.

교문에 교육부 안전 지침서가 붙어 있다.

[교육시설 안전점검으로 인해 일몰 후 교문 출입을 금지합니다. -교육부-]

수위실 안에서 지성이 둘을 바라보고 있다.

#12 정원고등학교/교실 (오후)

어수선한 교실. 창가에 혼자 앉은 봉석이 창밖을 본다.

희수와 강훈이 편의점 쪽으로 함께 나란히 걸어간다.

일환이 교실 문을 열고 들어와 수업 종례를 한다.

일환   오늘부터 전 학년 방과 후 수업이 없다.

학생들   네에?

일환   강당 사고가 알려져서 교육부에서 안전 점검 지침이 내려왔다. 당분
간 안전시설 점검을 위해 일몰 후 학교를 폐쇄한다.

일환의 말에 한별이 찔끔하는데, 학생들은 한별에게 엄지 척 한다.

일환이 종례를 마치려는데 강훈이 보이지 않는다.

#13 편의점 (오후)

냉장 매대에 놓여 있는 삼각김밥 1+1 행사 상품.

희수가 1+1에 손을 댔다가, 멈칫하더니, 삼각김밥 단품 두 개를 고른다.

cut to

강훈과 희수가 스탠드 테이블에 나란히 서서 컵라면을 먹는다.

희수가 이제는 삼각김밥을 능숙하게 뜯으며 말한다.

희수   (다짜고짜) 너 초능력자야?

강훈	(컥) 왜.
희수	왜는. 그래 보였으니까.
강훈	(대답 않는)
희수	맞아?
강훈	(컵라면 먹는)
희수	말하기 싫음 마. (컵라면 먹는)

희수와 강훈이 묵묵히 컵라면을 먹는다.

희수	너라면 체대 실기 만점일 텐데. 하긴 넌 수시 합격자니까 상관없겠다.
강훈	난 테스트 끝났어.
희수	테스트? 아. 수시.
강훈	(말없이 먹는)
희수	우리 학교 좀 이상해.
강훈	왜.
희수	(중얼) 셋이나….
강훈	(응? 처다보는)
희수	(말 돌리는) 너 아까 보던 교재, 공무원 수험서야?
강훈	응.
희수	(부러운) 대학 가기도 전에 벌써 공무원 준비라니.
강훈	나 대학 안 가.
희수	어?

강훈이 무표정한 얼굴로 라면을 먹는다.

#14 [플래시백] 독서실/남학생실 – 2015년

독서실 문에 '청소 중' 알림판이 걸려 있다.

텅 빈 독서실에 (중3) 강훈이 앉아 있는데, 조래혁이 옆 의자에 턱을
괴고 앉아 있다.

래혁	학생. 잘 생각해. 킁. 난 다 까놓고 이야기하는 거야.
강훈	(경계하는)
래혁	학생 아버지 전과 있잖아. 그거 말소시켜줄게.
강훈	제 아버지 아세요?
래혁	이재만씨. 전과 2범. 초범은 폭력. 재범은 국가공권력을 상해한 폭력. 동종범죄 가중처벌. 10년의 형기를 마친 후에도 보호관찰 대상자.
강훈	(차갑게 쳐다보는)
래혁	아버지 매일 집에만 계시지 않나? 아니, 집에만 계셔야 하지 않나?
강훈	(눈빛 흔들리는)
래혁	우리 학교로 와.
강훈	정말 교장선생님 맞으세요?
래혁	킁. 투잡이라고나 할까. (명함 꺼내 강훈 책상에 올려놓는)
강훈	(명함 보는)
래혁	고민할 게 뭐 있어. 집안 형편도 안 좋은데 학생 진로 고민 해결되지. 아버지 전과 말소되지. 이렇게 좋은 조건인데.

강훈의 '고등학교 예비과정' 참고서에 올려놓은 명함.
국가정보원 로고가 있다.

#15 편의점/강훈 집 앞 (오후)

희수	수시합격은 어쩌고.
강훈	정시 안 보려고 본 거야.
희수	졸업하면 바로 공무원 되게?
강훈	된 것 같아.

희수 와. 특채 같은 거야? 어딘데?

강훈 (대답 않는)

희수 너 참 비밀 많다.

강훈 (옅게 웃는) (중얼) 공통점….

희수 응?

강훈 (말 돌리는) 그래도 공무원 시험은 볼 거야. 기본 조건은 갖추려고.

희수 그랬구나. 어쩐지 교재도 다르고, 수시도 끝났는데 맨날 늦게까지 학교에 남아 있더라니.

강훈 그건… 그냥 집에 일찍 가기 싫어서.

희수 왜?

강훈 (툭 진심이 나오는) 보고 있기가 힘들어.

희수 (무슨 말인가 쳐다보는)

플래시백

슈퍼마켓 앞 평상에 재만이 한결같은 모습으로 꾸부정하게 앉아 있다. 재만의 손목에 낡은 전자시계. 바지 밑으로 살짝 보이는 전자발찌.

희수가 말이 없어진 강훈을 가만히 보다가 말을 돌린다.

희수 어쨌든, 넌 진로를 굉장히 빨리 정했네. 난 얼마 전에 정했는데.

강훈 (쳐다보는)

희수 (웃는) 부럽다 야.

강훈 (말할까 말까 망설이다가) 너도 아마….

(E) 지이이이이잉….

강훈의 주머니에서 핸드폰이 울린다. 액정을 보면 '선생님'.

강훈　(전화 받는) 네. 저랑 같이 있습니다. 네. 알겠습니다. (전화 끊고 희수에게) 선생님이 너 진학지도실로 오래.

#16　정원고등학교/교실 (늦은 오후)

학생들이 전부 교실 밖으로 나간다.
봉석은 여전히 창밖만 바라보고 있다.
교실이 적막해지고 봉석의 이어폰에서 흘러나오는 음악 소리만 들린다.
텅 빈 교실. 음악 소리 끊어지고, 핸드폰을 보면 배터리가 없다.
봉석이 가방에서 큼지막한 보조배터리를 꺼내 핸드폰에 연결한다.
보조배터리를 손에 쥔 채 다시 창밖을 보면 먹구름으로 하늘이 어두워진다.
창밖의 어두운 하늘이, 어제의 눈 내리는 밤하늘과 디졸브된다.

#17　[플래시백] 뚝방길 (밤/7화 #76)

미현　너도 니 아빠처럼 되고 싶어서 그래!!!!!!

미현이 눈물을 흘린다. 봉석이 혼란스러운 표정으로 미현을 바라본다.
고요한 정적 속에 미현이 허물어진다. 봉석이 미현에게 다가간다.

cut to

미현과 봉석이 뚝방길 벤치에 나란히 앉아서 이야기를 나눈다.
눈이 내리고, 어깨에 앉은 눈이 녹고, 다시 그 위에 눈이 내리고,
모자가 오랫동안 이야기를 나눈다.

#18　정원고등학교/교실 (늦은 오후)

강훈이 교실에 들어온다.
봉석이 텅 빈 교실에 혼자 앉아 멍하니 창밖을 보고 있다.

가방을 챙겨 나가려는데 여전히 창밖만 보고 있는 봉석이 신경 쓰인다.

강훈   (툭 말 건네는) 야.

봉석   (뒤돌아보는)

강훈   장희수 진학지도실 (봉석 얼굴 보고, 멈칫) 갔어.

봉석의 눈에 눈물이 맺혀 있다.
강훈이 머뭇대다 조용히 가방을 챙겨서 나간다.
봉석이 다시 창밖 하늘을 올려다본다.
봉석의 책상에 늘 걸려 있던 보조 가방이 없다.

#19   정원고등학교/진학지도실 (늦은 오후)

일환이 희수에게 '교외 체험활동 허가서'를 내민다.

희수   둔촌동 스포츠센터요?

일환   그래. 강당이 내부공사로 폐쇄되었으니까 거기 가서 운동해.

희수   점프판만 고장 났잖아요. 다른 운동은 할 수 있는데….

일환   교육부 지침으로 강당 폐쇄됐어. 스포츠센터 가면 운동시설 다 있어.
당분간 학교 나오지 말고 거기서만 운동해.

희수   네? 왜요?

일환   실기시험에 집중해. 대학은 가야지. 그리고…

희수   (쳐다보는)

일환   아무한테도 얘기하지 마.

희수   (갸우뚱)

#20   정원고등학교/4층/복도/진학지도실 앞 (늦은 오후)

희수가 진학지도실에서 나오는데, 복도 코너에서 방기수가 불쑥 나온다.

기수	야.
희수	(아우 깜짝이야) 왜. 뭐.
기수	너 최일환이랑 무슨 얘기 했어.
희수	(쳐다보는)
일환v.o	아무한테도 얘기하지 마.
희수	별 얘기 안 했는데.
기수	(쳐다보는)
희수	(시치미 떼는)

기수가 희수를 뚫어지게 쳐다보다가 돌아선다.

희수	야.
기수	(돌아보는)
희수	다친 건 괜찮아?
기수	언제 다친 거.
희수	응? (보다가) 아니야. (가는)
기수	야.

희수가 쳐다보면, 기수가 바짓단을 잡아 올려 발목을 보여준다.
기수의 발목에 인대 수술 자국 흉터가 보인다.

기수	너도 조심해. 아무도 믿지 마.

희수가 갸웃거린다. 기수가 돌아서서 걸어간다.

#21 [플래시백] 강당 – 2학년 2학기/기수의 회상
찌그러진 라바콘이 뒹군다. 기수가 강당 바닥에 쓰러져 발목을 부여

잡고 있다.

윤성욱이 난처한 표정으로 기수를 쳐다본다. 기수의 표정이 고통으로 일그러진다.

강당 문이 열리고, 최일환이 놀란 표정으로 달려온다.

일환이 멀뚱히 서 있는 성욱을 밀치고 기수의 발목을 살핀다.

기수의 발목이 꺾여 무섭게 부어오르고 있다.

#22 정원고등학교/교실 (늦은 오후)

희수가 교실에 들어오면, 텅 빈 교실에 봉석이 혼자 앉아 있다.

희수 (가방 챙기며) 나 기다렸어?

봉석 아니. 응. 아니.

희수 응이야. 아니야. 응이 아니야.

봉석 (웃는) 뭐 좀 생각하느라.

희수 집에 안 가니. 이제 야자도 없는데.

봉석 가야지. (꾸물대며 가방 메는)

희수 너 왜 그래. 오늘따라 착 가라앉아서… 어?

희수가 보면 봉석의 보조 가방이 없다.

희수 너 물 가방 어쨌어?

봉석 안 가져왔어.

희수 왜?

봉석 조금씩 적응해나가기로 했어.

희수 엄마도 아셔?

봉석 응. 어제 엄마랑 많은 이야기를 했어.

희수 괜찮겠어…?

봉석   괜찮을 거야. 언제까지 이렇게 살 순 없잖아. 나도… 뛰어야 할 땐 뛰고 싶어졌어.

희수는 봉석의 담담한 표정 속에 숨겨진 아쉬움과 안타까움을 읽는다.

인서트_ 7화 #69
강훈의 품에 안긴 희수가 강당 저 멀리 있는 봉석을 본다.
달려오려다 넘어진 봉석의 표정에 절망감이 가득하다.

희수   너 혹시….
봉석   (웃는)
희수   아니야.
봉석   집 안에선 모래주머니도 안 차고 잘만 돌아다니는걸. 조심하면 돼.
희수   (갑자기, 두 손 뻗어 봉석의 양손 덥석 잡고 빤히 쳐다보는)
봉석   (당황) 왜. 왜 이래. (몸이 스르르 떠오른다)
희수   에휴. (손 떼고, 자기 가방 얼른 목에 걸어주는)
봉석   (민망한 표정의 봉석이 스르르 가라앉는다)
희수   걱정된다.
봉석   너만 아니면 돼.
희수   (멈칫)
봉석   (윽)
희수   (피식)
봉석   (벌게지는)
희수   (웃는) 내일부턴 괜찮겠네.

희수가 앞장선다. 봉석이 가방을 앞뒤로 메며 묻는다.

봉석 너 어디 가?

희수 (쳐다보는)

일환v.o 아무한테도 얘기하지 마.

희수 (넌 아무가 아니니까) 둔촌동 스포츠센터.

#23 정원고등학교/1층/복도/교장실 앞 (늦은 오후)

기수가 복도를 서성이다가 윤성욱과 마주친다.

성욱 너 학교에서 뭐 하냐? 다 나가야 하는 거 몰라?

기수가 대꾸도 없이 성욱을 지나쳐서 걸어간다.

성욱 새끼가 선생님한테 인사도 안 하네.

성욱이 멀어지는 기수를 끝까지 지켜본다.
기수가 복도를 돌아 나가자, 잠겨 있는 교장실 문을 열쇠로 열고 들어간다.

#24 학교 앞/하굣길 (늦은 오후)

텅 빈 운동장을 희수와 봉석이 걸어간다.
봉석은 희수의 가방까지 앞뒤로 맸다.
문득 희수의 콧잔등에 눈송이 하나가 내려앉는다.

희수 와. 또 눈 온다. (허연 입김이 화아)

봉석이 보면, 옷을 얇게 입은 희수 입에서 허연 입김이 새어 나온다.

봉석   안 추워?

희수   내가 춥겠냐?

봉석   (얇은 희수 옷차림이 신경 쓰이는) 진짜 안 추워?

희수   (씩씩한) 감기 한번 안 걸렸다. (입김은 허옇게 나오는)

봉석   (파카 벗어주려고 꾸물꾸물 가방 벗는)

희수   아 됐어.

봉석   (꿈지럭) 그래도.

희수   괜찮다니까.

봉석   (가방 벗는) 그래도.

희수   (정색) 하지 마라. 제발. 오그라든다.

봉석   (민망한) 그, 그럼. 이거라도. (가방에서 보조배터리 꺼내 주는) 이거 발열
        장난 아니야.

        희수가 자신의 비밀을 알면서도 상관없이 배려하는
        봉석의 태도에 마음이 녹는다.
        희수가 보조배터리를 꼭 쥐어본다. 따뜻하다.

희수   따뜻하다.

봉석   그치.

희수   너.

#25 정원고등학교/별관/3층/자율학습실 (늦은 오후)

강훈이 문을 열고 들어선다. 답답한 칸막이로 된 책상들이 텅 비었다.
모두 하교한 자율학습실엔 아무도 없다. 창밖에 눈이 내리고 있다.

#26 정원고등학교/교문 앞 (늦은 오후)

희수와 봉석이 교문을 지나간다. 교문 너머 편의점이 보인다.

희수 배 안 고파?

봉석 넌?

희수 고파.

희수가 보조배터리를 손에 꼭 쥔 채 편의점으로 앞장선다.

#27 편의점 (늦은 오후)

희수가 2리터 물병을 두 개 산다. 삼각김밥 1+1을 산다.

cut to

희수와 봉석이 스탠드 테이블에서 삼각김밥과 컵라면을 먹는다.
봉석이 삼각김밥을 먹는데, 희수가 봉석의 가방에 물병 두 개를 넣어
준다.

봉석 (뒤돌아보며) 괜찮다니까.

희수 (물병 넣으며) 너도 그렇잖아.

봉석 어?

희수 내가 괜찮다고 할 때마다 내 말 안 믿는 거.

봉석 믿는데 안 괜찮은 거야.

희수 알아.

봉석 (입가에 밥풀)

희수 너 그럴 때마다, 그게 좋더라.

봉석 (머엉)

희수 너 그럴 때마다, 내가 너였으면 벌써 떴을 거야.

#28 봉석 집/외부 (늦은 오후)

1층 식당 현관문에 '임시휴업' 안내판이 붙어 있다.

#29 봉석 집/2층/미현 방 (늦은 오후)

미현이 장롱 앞에 서서 정장을 입는다.

미현na 같은 학교. 같은 반에. 초능력을 가진 학생이 또 있다.

미현이 머리를 틀어 올려 묶는다.

미현na 우연일까.

장롱 서랍을 열면 낡은 핸드폰이 여러 개 있다.
핸드폰 하나를 꺼내 전원을 확인하고 핸드백에 넣는다.

미현na 아니. 어쩌면 셋.

인서트_ 4화 #22

희수 세상엔 이런 사람도 있고 저런 사람도 있고, 너 같은 사람도 있고 나 같은 사람도 있으니까.

인서트_ 4화 #22

미현 1층에서 듣고 있는 미현의 귀. (c.u)

미현이 재봉틀의 반짇고리에서 두식이 주고 간 권총을 꺼낸다.

#30 치킨집/외부 (늦은 오후)

셔터가 내려진 치킨집. 셔터에 '금일휴업' 종이가 붙어 있다.

#31 희수 집/거실 (늦은 오후)

정장에 넥타이를 맨 주원이 거실로 나온다.

신발장 문을 열면 구두 옆에 군화가 놓여 있다.

신발장 안을 가만히 보던 주원이 현관문 위의 센서등을 올려다본다.

밝은 실내의 센서등이 켜지지 않는다.

주원이 군화를 꺼내 신고 바짓단을 내려 군화를 감춘다.

주원이 현관문을 열고 나간다. 문이 닫힌다. 센서등이 깜빡인다.

#32 학교 앞/버스 정류장 (저녁)

봉석과 희수가 학교 앞 버스 정류장에 서 있다.

뒤에 남자 한 명이 서 있다.

희수   (맞은편 버스 정류장 보며) 너 집에 안 가?

봉석   순환버스야. 이쪽에서 타도 한 바퀴 돌아서 집에 가.

희수   (웃는)

버스가 정류장에 선다. 문이 열리고, 클래식 음악이 들린다.

봉석의 표정이 밝아진다.

봉석   (꾸벅) 안녕하세요!

계도   (웃는) 그래.

#33 시내버스/버스 정류장 (저녁)

봉석이 교통카드를 꺼내며 버스에 올라탄다.

희수 뒤에 남자 승객이 기다린다.

희수   (봉석의 교통카드 밀치고 자기 핸드폰 찍는) 둘이요.

(E)   삐삑.

봉석 어?

희수 나도 핸드폰 있지롱. 내가 한 번 찍어주기로 했잖아.

봉석 (생각난) 아.

뒤의 승객이 핸드폰으로 요금 결제하는 모습을 보고 있다.

계도 (요금 체크하며) 너희들 왜 일루 가?

봉석 어디 갈 곳이 있어서요.

계도 데이트 가니?

봉석 (좋단다) 그게 그러니까 아하하핳ㅎ

희수 (싹둑) 운동 가요.

계도 스포츠센터?

봉석 (뻘쭘) 네.

계도 체대 입시?

희수 어떻게 아세요?

계도 나도 체대 입시생이었어. 나 니네 학교 선배다.

봉석 (더 반가운) 우우와아아.

계도 우와는 무슨. (뒤의 승객 보고) 들어가 앉아라.

봉석과 희수가 안으로 들어가 버스 문 앞 좌석에 나란히 앉는다.
뒤에 올라탄 승객이 핸드폰을 리더기에 대는데 아무 소리도 나지 않
는다.

계도 안 돼요? 교통카드나 현금 없어요? 핸드폰 줘봐요. (핸드폰 받는) 교통
카드 설정했어요? (장갑 벗고, 승객 핸드폰 만지작) 교통카드 안 되는 폰
이네. 버스 처음⋯ (멈칫) 어⋯?

계도가 멈칫, 경계하는 표정으로 승객을 쳐다본다.
무표정한 남자의 얼굴. 정준화다.
요금통에 적힌 요금표. [일반: 1,300원]
준화가 2천 원을 요금통에 넣는다.
계도가 다시 멈칫한다. 준화가 낸 천 원 지폐가 신권이 아닌 구권이다.
계도가 거스름돈을 누르면서 잔뜩 긴장한 표정으로 준화를 곁눈질한다.
남자가 거스름돈을 챙기고도 들어가지 않는다.

준화   (억양 이상한) 핸드폰 달라.

계도   (퍼뜩) 아? 아. 네. (핸드폰 주는)

남자가 핸드폰을 받아 안쪽으로 들어간다.
계도가 룸미러를 본다. 준화가 희수와 봉석의 옆을 지나쳐서 맨 뒷좌
석에 앉는다.
준화의 앞쪽에 나란히 앉은 봉석과 희수가 이야기를 나눈다.

봉석   (입 헤벌리고) 우리 학교 선배님이셨구나….

희수   너 저번부터 기사 아저씨한테 유난히 살갑더라? 아는 분이야?

봉석   (소근) 번개맨이야.

희수   번개맨?

봉석   번개파워 번개맨 몰라? EBS 모여라 딩동댕.

희수   난 모여라 딩동댕 안 봤는데.

봉석   (둠칫둠칫) 번개맨♪ 번개맨♪ 번개! 번개! 파워충전! 번개맨♪♬ 몰
라…?

잔뜩 들뜬 봉석의 엉덩이가 들썩거린다.
희수가 얼른 팔짱을 껴서 앉힌다.

희수   (창피한) 알았어. 진정해.

팔짱 긴 희수의 손에 여전히 봉석의 보조배터리가 쥐어져 있다.

희수   (계도 보며) 지금은 버스 기사 하시네?

봉석   (뿌듯) 2기 번개맨이셨지. 지금 번개맨은 한 5기 번개맨일걸?

희수   넌 어떻게 그걸 기억하냐.

봉석   나 어릴 때부터 친구 없었잖아. 집에서 TV만 봤거든. (흥분) 근데! 번개맨이 막 하늘을 날면서 번개파워로 악당들을 물리치는 거야! 정말 멋있었어. 어린 시절 내내 번개맨만 기다렸어. (또 흥분) 그런데! 그렇게 기다렸던 번개맨이 어느 날 내 눈앞에 진짜로 나타난 거야.

희수   (따뜻한 눈으로 봉석 보는)

봉석   너무 떨려서 아는 척도 못 하고 맨날 인사만 했어.

희수   그랬구나.

봉석   (운전하는 계도 뒷모습 보며) 나의 슈퍼히어로. 나의 영웅이었어.

희수   (웃는) 지금은?

봉석   한번 영웅은 영원한 영웅이야.

버스 운전석. 계도가 미심쩍은 표정으로 자꾸 룸미러를 본다.
승객(정준화)의 핸드폰을 만졌던 손을 쳐다본다.

#34 버스노선 도로 (저녁)

계도의 버스와 검은색 승용차 한 대가 도로에서 엇갈린다.
승용차가 정원고등학교 방향으로 진입한다.

#35 정원고등학교/교문 앞 (저녁)

교문 앞에 택시가 선다. 정장을 입은 미현이 택시에서 내린다.

학생들이 우르르 교문을 빠져나오고 있다. 교문에 안내문이 붙어 있다.
[교육시설 안전점검으로 인해 일몰 후 교문 출입을 금지합니다. -교육부-]
미현이 안내문을 가만히 보더니 핸드폰을 꺼내 전화를 건다.

미현   (전화 받으면) 어디니? (듣고) 응. 알았어. 엄마 밖이야. 오늘 늦을 수도
있으니까 밥 먹고 있어. (전화 끊는)

#36 시내버스 (저녁)

봉석   (전화 받는) 네. (잠시 멈칫) 어⋯ 집에 가는 중이에요. (듣고) 네? (듣고)
네. 네. (전화 끊는)

봉석이 전화를 끊으면 옆에 앉은 희수가 빤히 쳐다보다가

희수   (묻는) 엄마?
봉석   (겸연쩍은) 응.
희수   집에 가는 길이라고?
봉석   (켕기는) 이거 순환버스잖아. 집에 가는 길 맞아.
희수   엄마 속인 거네.
봉석   (주저하다) 울 엄마 밖이래. 나⋯ 오늘 좀 늦어도 될 것 같아.
희수   불효자식.
봉석   너 훈련 도와줄 수 있어.
희수   착한 녀석.

버스가 정류장에 서고 승객들이 올라탄다.
문 옆에 나란히 앉아 있는 봉석과 희수.
맨 뒷좌석에 준화가 앉아 있다.
계도가 자꾸 룸미러를 힐끗거리며 준화를 주시한다.

뒷좌석 통로에도 승객들이 선다. 승객들로 가득 찬 버스가 출발한다.
거리가 어두워진다. 가로등이 켜지고, 계도의 버스 라이트가 켜진다.

#37 정원고등학교 / 운동장 (저녁)

미현이 교문 안으로 들어서며 은밀하게 학교를 둘러본다.
학교 곳곳에 설치된 CCTV들.
미현은 고개를 돌리지 않은 채 시선만으로 확인한다.

지성   (수위실에서 나오며) 학교 사정상 외부인 출입 금지입니다.

미현   외부인 아닙니다. 학부모예요.

지성   (미현 얼굴 보고 멈칫) 무슨 일로 오셨나요? (돋보기안경 클로즈업)

미현   학부모 면담 왔습니다. 3학년 5반 최일환 선생님 계신가요.

지성   (쳐다보다) 4층 진학지도실로 가세요.

미현   (보다가) 네. 감사합니다.

미현이 학교 건물로 걸어간다. 어두워지는 운동장에 눈발이 날린다.

#38 정원고등학교 / 교문 / 운동장 (저녁)

주원이 교문으로 걸어간다.
교문 너머 미현이 학교 건물 안으로 들어가고 있다.
[교육시설 안전점검으로 인해 일몰 후 교문 출입을 금지합니다. -교육부-]
교문에 붙은 안내문을 보고 주원이 핸드폰을 꺼내 전화를 건다.

주원   (전화 받으면) 어디니?

#39 시내버스 (저녁)

희수   (전화 받는) 어. 아빠.

주원F   (전화 목소리) 어디니?

희수   나 운동하러 스포츠센터 가는데?

주원F   스포츠센터?

희수   학교 강당 폐쇄돼서 선생님이 소개시켜주셨어.

옆에 앉은 봉석의 귀에 핸드폰 속 주원의 목소리가 들린다.

주원F   선생님이?

희수   응.

주원F   (잠시 말이 없다가) 오늘은 어디 돌아다니지 말고 그냥 집으로 가.

희수   왜?

주원F   아빠 말 들어라.

희수   (잠시 고민하다. 흔쾌히) 응. 알았어. (전화 끊는)

봉석이 내심 아쉬운 표정을 짓는다.
시내버스 안 LED 전광판에 불이 켜진다. [이번 정류장: 5호선 강동역]
사람들이 일어서는데 희수가 아무 일 없다는 듯 앉아 있다.

봉석   안 내려?

희수   왜 내려?

봉석   (중얼) 불효자식….

희수   뭐?

봉석   아니야.

희수   (다시 봉석 팔짱 끼고 창밖 보며) 눈 오는 날 같이 있으니까 좋다.

봉석   (희수 옆얼굴 멍하니 보다가 헤벌쭉)

버스가 '5호선 강동역' 정류장에 서고, 퇴근길에 몰린 승객들이 버스에 올라탄다.

승객들이 버스에 올라타는데, 계도는 계속 룸미러만 보고 있다.

봉석과 희수가 문 옆에 나란히 앉아 있고 맨 뒷좌석에 준화가 앉아 있다.

룸미러 시야. 맨 뒷좌석의 준화가 핸드폰을 들여다보며 앞에 앉은 희수를 힐끗거린다.

승객들로 룸미러 시야가 가려진다. 계도의 표정에 긴장감이 서린다.

인서트

준화의 핸드폰. 동영상 캡처 화면 속 희수의 얼굴.

#40 정원고등학교/교문/운동장 (저녁)

주원이 교문 안으로 들어서는데도 수위실 창구 문이 열리지 않는다.

교문을 비추는 CCTV 렌즈를 똑바로 올려다본다.

렌즈와 주원의 눈이 마주친다.

주원이 운동장 곳곳에 설치한 CCTV를 확인하며 건물로 걸어간다.

cut to

수위실 안. 몸을 숨긴 지성이 주원을 지켜보며 전화기를 든다.

#41 정원고등학교/진학지도실 (저녁)

노크 소리에 일환이 돌아본다.

일환	네. 들어오세요.
미현	(문 열고 들어오며) 최일환 선생님?
일환	네. 접니다.
미현	안녕하세요. 선생님 반 학생 학부모 되는 사람입니다.
일환	(엉거주춤) 아. 예. 들어오시죠.

미현	(꾸벅) 죄송합니다. 아이가 고3인데도 한 번도 찾아뵙지 못했습니다.
일환	아닙니다. 괜찮습니다. (상담 테이블 가리키며) 여기 앉으시죠.

#42 정원고등학교/로비 (저녁)

주원이 학교 1층 로비로 들어선다. 로비에도 CCTV가 설치되어 있다.
복도를 둘러보면 복도 곳곳에도 CCTV들이 설치되어 있다.
주원이 CCTV들을 확인하며 로비를 걷는데, 윤성욱이 나타나 주원의
앞을 막는다.

성욱	누구시죠?
주원	학부모 면담 왔습니다. 3학년 5반 선생님 계십니까.
성욱	(탐색하는 눈) 약속을 잡으셨나요?
주원	아닙니다.
성욱	(약속하지 않았다는 말에 그제야) 어쩌죠. 최일환 선생님 이미 귀가하셨습니다.

주원이 말없이 쳐다본다. 성욱이 필요 이상으로 눈을 피하지 않는다.

성욱	학교에서 안전사고가 있어서 점검 지침이 내려왔거든요. 이게 교육부 지침이라 안전점검 마칠 때까지 당분간 전체 단축 수업해요. 보세요. 수업도 다 끝나서 학교 안에 아무도 없잖아요.

성욱은 필요 이상으로 설명이 길다.
긴장을 감추려는 성욱의 행동을 주원이 간파한다.
주원이 보면, 두 손을 늘어뜨린 성욱의 자세가 은연중 몸에 밴 방어
자세다.
주원의 시선이 슬쩍 발끝을 향한다.

주원이 발을 살짝 내밀어 간격을 좁히면, 성욱이 스윽 물러나며 간격을 확보한다.

주원 알겠습니다. 감사합니다.

성욱 (긴장 풀어지는)

주원 (학교 안내도 보며) 학교 좀 구경해도 되겠습니까.

성욱 아. 그게…

주원 수업도 끝났으니 방해될 일도 없을 것 같은데요.

성욱 그… 외부인은…

주원 학부몹니다.

성욱 (말문 막힌) 네. 그러시죠. 그럼 이만.

성욱이 꾸벅 인사하고 교장실 쪽으로 빠른 발걸음을 옮긴다.
주원의 시선이 학교 안내도의 강당으로 향한다.

#43 정원고등학교/남자 화장실 (저녁)

텅 빈 화장실. 화장실 안쪽의 문이 하나 닫혀 있다.
닫힌 문 안쪽. 기수가 변기 뚜껑 위에 다리를 올리고 앉아 있다.
천장이 뚫린 화장실을 올려다보며 불도 안 붙인 담배를 물고 있다.
바짓단이 올라간 기수의 발목에 인대 수술 자국이 선명하다.

#44 정원고등학교/진학지도실 (저녁)

어두워진 창밖에 눈이 내린다.
미현이 상담 테이블에 앉아 있고, 일환이 믹스커피를 탄다.
미현의 동공이 클로즈업된다. 미현이 진학지도실 구석구석을 가만히 둘러본다.
일환이 미현 앞에 커피를 놓아주고 맞은편에 앉는다.

미현이 슬쩍 위를 보고 일환과 시선을 맞춘다.

미현 어제 학교에서 사고가 있었죠. 어떻게 된 건지 알 수 있을까요.

일환 아. 네. 그거요. (침착한) 강당 시설이 노후돼서 생긴 작은 사고였습니다. 다행히 인명사고는 없었고요, 아무도 다치지 않았습니다.

미현 다행이네요. 어떤 학생이 사고를 막았던데… 누구죠?

일환 우리 반 반장입니다.

미현 이름이 뭐죠?

일환 이강훈입니다.

미현 (단도직입) 초능력자입니까?

일환 (흡)

미현 (쳐다보는)

일환 (어색하게 웃는) 아닙니다. 애들이 그런 이야기를 좋아하죠. 몸이 재빠르기는 한데 초능력자일 것까지야.

미현 동영상을 봤어요.

일환 우리 반에 유튜버를 꿈꾸는 학생이 있어요. 그 아이가 편집을 재미있게 한 것 같습니다.

미현 우리 애도 봤다고 하던데요?

일환 (웃는) 녀석도 참. 워낙 급박한 상황이라 과장되게 받아들인 것 같아요. 다른 아이들도 마찬가지예요. 오랫동안 수능 준비에 심신이 지쳤던 수험생들이니까요. 그리고, 남자가 여자를 위기에서 구한다. 감수성 예민한 아이들 입장에선 반장이 무슨 초능력자처럼 보였겠지요.

미현 (틈을 주지 않고 계속 말 거는) 우리 애도 그랬을까요?

일환 (웃는) 같은 남자가 봐도 멋있게 보였을 테니까요.

미현 (찰나의 순간, 눈가 꿈틀, 다시 평온하게) 학교가 시끄럽진 않나요?

일환 인터넷 실검에도 올라가고, 방송국에서도 전화도 왔었죠. 하지만 교육부에서 학생인권 보호지침이 내려와서 금방 정리되었어요. 학교에서도 면학 분위기 조성을 위해 단속 중이니 걱정하지 않으셔도 됩니다.

미현 우리 애 대학 진학에는 영향 없겠지요?

일환 수능도 끝났고 남은 학업에도 지장이 없을 겁니다.

미현 우리 애가 성적이 별로 안 좋아서….

일환 (웃는) 봉석이도 그만하면 썩 좋은 성적은 아니지만, 맞춰서 잘 지원하면 대학에 갈 수 있을 겁니다.

미현 제가 봉석이 엄마인 건 어떻게 알았죠?

일환 네…?

쉴 새 없이 말을 걸던 미현이 갑자기 입을 다물고 가만히 쳐다본다.
미현의 고요한 시선에 일환이 당황한 기색을 감추지 못한다.

미현 제가 처음에 말씀드렸는데요. 전 한 번도 학교에 찾아온 적이 없어요.

일환 ……!

미현 전 오늘 선생님 처음 뵙습니다.

일환 (당황한) 어머님이 계속 대화 나누며 봉석이를…

미현 아닙니다. 한참 대화를 나누다 보면 말하지 않았던 단어도 들었던 것처럼 느껴질 때가 있죠. 대화 중에 각자 호칭이 달라도 지칭하는 사람이 같으면 그렇게 느껴지죠. 선생님은 우리 애가 남자애라고 단정 지었지만, 저는 우리 애가 아들인지 딸인지 말하지 않았어요. 저는 분명히 '우리 애'라고만 했지, 봉석이라고 말한 적은 없는데요.

일환 (말문 막힌)

미현 제가 봉석이 엄마인 건 어떻게 알았죠?

#45 정원고등학교/강당 (늦은 저녁)

강당 문에 [내부공사중 - 사용금지] 종이가 붙어 있다.
주원이 강당 문을 열고 들어선다. 문 옆에 강당 스위치가 켜져 있다.

텅 빈 강당에 환하게 불이 켜져 있다.

강당 저편 바닥에 부서진 농구대와 서전트 점프판이 방치되어 있다.

주원이 강당을 가로질러 가서 벽을 올려다본다.

구조물이 부착되었던 벽에 볼트들이 뜯기지 않은 채 튀어나와 있다.

주원이 허리를 숙여 바닥에 떨어진 너트를 면밀하게 들여다본다.

인서트

녹슨 육각 너트를 스패너로 돌린 흔적이 마모되어 있다.

고개 숙여 너트를 들여다보는 주원의 눈이 섬뜩하다.

다시 강당을 둘러보면 구석구석 곳곳에 수많은 CCTV가 설치되어 있다.

주원이 강당 문 쪽으로 걸어간다.

#46 정원고등학교/진학지도실 (늦은 저녁)

미현　제가 봉석이 엄마인 건 어떻게 알았죠?

미현의 무표정한 시선. 일환이 눈을 피하지 않는다.

일환　봉석이 인스타에서 봤습니다.

미현　(쳐다보는)

일환　학생들 근황에 항상 신경 쓰고 있어요. 우리 반 애들이 어떻게 지내나. 말 못 할 고민은 없나. 가끔씩 인스타 찾아보곤 하거든요.

미현　(쳐다보는)

일환　저도 사실 어머님과 말씀 나누다가 봉석이 인스타에서 어머님을 본 기억이 났습니다. 혹시 무슨 문제라도….

미현　아닙니다. 실례했습니다.

일환　봉석이는 한부모 가정이어서 조금 더 신경이 쓰였을 뿐입니다.

미현   감사합니다.

#47 정원고등학교/교장실 (늦은 저녁)

한쪽 벽의 커다란 유리장이 옆으로 (슬라이드 레일) 밀려나 있다.
유리장 뒷벽. 수십 대(6×4)의 모니터들이 빼곡하게 들어차 있고, 모니터당 4분할 화면으로 교내 곳곳에 설치된 100여 개의 CCTV 영상을 재생하고 있다.
성욱이 관제센터를 방불케 하는 모니터들 앞에 헤드폰을 끼고 앉아 있다.
우측 2번 모니터. 진학지도실의 모습이 탑 앵글로 보인다.
좌측 5번 모니터. 분할된 화면으로 강당의 전경이 보인다.
헤드셋을 낀 성욱이 모니터를 통해 미현과 주원의 상황을 지켜보고 있다.

인서트_ #45 [2번 모니터]

점프판을 들여다보던 주원이 아무것도 찾지 못한 모습이다.
주원이 일어서서 강당 문 쪽으로 걸어간다.

인서트_ #46 [5번 모니터]

"저도 사실 어머님과 말씀 나누다가 봉석이 인스타에서 어머님을 본 기억이 났습니다. 혹시 무슨 문제라도….”/“아닙니다. 실례했습니다.”/“봉석이는 한부모 가정이어서 조금 더 신경이 쓰였을 뿐입니다.”/“감사합니다.”

극도로 신경을 곤두세우다가, 얕은 한숨을 쉬는 성욱.
계속 모니터를 주시한다.

#48 정원고등학교/진학지도실 (늦은 저녁)

상담 테이블 위 천장의 환기구.
환기구 속에 작은 카메라 렌즈가 숨겨져 있다.

일환 이후로는 학내에 안전사고가 없도록 더욱 주의하겠습니다.
미현 네. 알겠습니다.
일환 봉석이 대학 진학도 잘되도록 각별히 노력하겠습니다.
미현 네. 감사합니다.

cut to_ 교장실

교장실에서 모니터로 지켜보는 성욱.

일환이 면담을 마무리하려는데도 미현은 가만히 손을 모으고 앉아 있다.
어색해진 분위기에 정적이 찾아온다.

일환 더 하실 말씀이라도….

#49 정원고등학교/강당 (늦은 저녁)

창밖 눈 내리는 저녁 하늘이 어둡다.
주원이 강당의 조명 스위치를 모두 끈다. 강당이 어둠에 휩싸인다.
강당 구석구석 곳곳에 설치되어 있는 CCTV 불빛들이 보이지 않는다.
다시 강당을 가로질러 농구대와 점프판으로 걸어간다.

cut to_ 교장실

교장실에서 모니터로 지켜보는 성욱.

주원이 부서진 점프판 앞에 서서 사방을 둘러본다.

주원의 눈과 마주치는 빨간 점들.

어둠 속에 빛나는 CCTV들의 빨간 불빛들이다.

강당 안의 CCTV들이 모두 점프판 방향으로 돌려져 있다.

틀어진 CCTV들을 확인한 주원의 눈에 분노가 서린다.

주원이 가장 가까운 CCTV를 똑바로 응시한다.

#50 정원고등학교/진학지도실 (늦은 저녁)

미현   선생님. 언제부터 이 일을 하셨죠?

일환   일…이요?

미현   (쳐다보는)

일환   무슨… 말씀이십니까?

미현   언제부터 교단에 서셨나 해서요.

일환   (쳐다보다가 고개 숙이는)

일환이 생각에 잠기며 말없이 커피를 한 모금 마신다.

순간, 미현의 동공이 정확하게 천장 환풍기 속에 감춰진 카메라 렌즈를 응시한다.

#51 정원고등학교/교장실 (늦은 저녁)

5번 모니터를 보던 성욱이 경악한다.

인서트_ #50 [5번 모니터]

미현의 눈동자가 정확하게 성욱을 응시한다.

성욱의 눈이 커지는데, 미현이 어쩌다 눈이 마주친 것처럼 다시 시선을 내린다.

성욱 (중얼) 설마… 아니겠지….

그때, 누군가 쳐다보고 있는 것 같은 이상한 느낌에 2번 모니터를 보면.

인서트_ #49 [2번 모니터]
주원의 눈동자가 정확하게 성욱을 응시한다.

주원이 분노한 표정으로 화면을 똑바로 쳐다보고 있다.
입 모양으로 들리는 주원의 말.
"이 개새끼가… 너 누구냐."
성욱이 흠칫 물러선다.

#52 정원고등학교/별관/3층/자율학습실 (늦은 저녁)

창밖으로 눈이 내린다. 자율학습실 히터가 꺼져 있다.
강훈의 입에서 입김이 나온다.
강훈이 꺼진 히터를 물끄러미 보다가 다시 교재(NIAT)를 본다.

#53 강훈 집 앞/슈퍼마켓 (늦은 저녁)

재만이 슈퍼마켓 앞 평상에 우두커니 앉아 있다.
평상에 눈이 쌓이는데도 웅크리고 앉아서 언덕길 아래를 바라본다.
재만 손목의 전자시계. 재만 발목의 전자발찌.

#54 시내버스/도로 (늦은 저녁)

시내버스 안 LED 전광판. [이번 정류장: 둔촌 종합상가]
정류장이 가까워지고, 계도가 속도를 줄이며 계속 룸미러를 본다.
룸미러 속 계도의 시선이 맨 뒷좌석에 앉은 준화를 본다.
전방과 룸미러를 번갈아 보는 계도. 버스가 정류장에 천천히 진입한다.

희수 (전광판 보며) 엇. (하차 벨 누르며 일어서는)

봉석 여기야? (일어서는)

그때, 준화가 따라 일어선다. 룸미러 속 계도의 눈이 움찔한다.

계도가 핸들을 틀며 급브레이크를 콱 밟는다. 버스가 요동치며 급정거한다.

일어서려던 준화가 털썩 주저앉고, 뒤쪽 통로에 서 있던 승객들이 와락 쏠린다.

봉석 (일어서다 넘어질 뻔) 으익!

희수 (얼른 봉석 잡아주는) 웃차!

희수가 잽싸게 봉석을 잡아주다 보조배터리를 떨어뜨린다.

계도가 룸미러를 보며 버스 문을 연다.

준화가 다시 일어서는데 우왕좌왕하는 승객들로 통로가 막힌다.

희수와 봉석이 내리고, 준화가 쫓어서 내리려는데, 버스 문이 닫혀버린다.

준화가 멈칫하며 내리지 못하는데, 계도가 그대로 버스를 출발시킨다.

계도가 액셀을 거칠게 밟자 버스가 속력을 낸다.

승객들이 난폭운전에 화를 낸다. 계도가 승객들의 항의를 못 들은 척 계속 달린다.

내리지 못한 준화가 계도를 응시한다. 계도가 버스 전광판 버튼을 누른다.

cut to_ 도로

버스 전면의 행선지 전광판에 **[운행종료]**가 뜬다.

#55 거리 (늦은 저녁)

봉석이 멀어지는 버스를 보며 갸우뚱한다.
희수가 여전히 팔짱을 끼고 있다.

봉석 (팔짱 보고 얼굴 붉어진) 넌 진짜 중심 잘 잡더라.

희수 (으쓱) 나야 뭐 완벽하지. 난 훈련받은 사람이잖 (멈칫)

봉석 왜?

희수 보조배터리 떨어뜨렸다….

봉석 (웃는) 괜찮아. 나 번개맨 아저씨랑 친해. 다음에 찾으면 돼.

마주 보며 웃는다. 희수가 팔짱을 풀지 않는다. 봉석도 그대로 좋다.
봉석과 희수가 눈 내리는 길을 팔짱 끼고 걷는다.
저 앞에 3층짜리 '둔촌동 스포츠센터' 건물이 보인다.

#56 시내버스/도로/다음 정류장 (늦은 저녁)

계도가 룸미러를 외면한 채 계속 속력을 낸다.
준화가 문 앞에 우뚝 서서 계도를 응시한다.
다음 정류장이 가까워지자 승객들이 문 앞에 나와서 선다.
계도가 버스 정류장을 지나쳐서 계속 달린다.
문 앞에 섰던 승객들이 "아저씨!/어 뭐야!/기사 아저씨 내려요!" 소리
친다.
계도는 승객들의 항의에도 계속 달린다. 과속으로 버스 내부가 흔들
거린다.
승객들이 휘청이는데 준화는 미묘하게 똑바로 서 있다. 준화의 핸드
폰이 울린다.

덕윤F (전화기 너머로 들리는) 현 상황은.

준화	(낮은 목소리) (북한 억양) 놓쳤습니다.
덕윤F	(전화) 문제가 생겼나.
준화	(가만히 계도를 쳐다보며) 일 없습니다.
덕윤F	(전화) 찾아내서 반드시 확인하라. (끊는)

계도가 룸미러로 준화와 눈이 마주쳤다가 흠칫 외면한다.
준화가 운전석 쪽으로 천천히 걸어온다. 계도가 고무장갑을 벗는다.

#57 승용차/내부 (늦은 저녁)

덕윤이 전화를 끊는다. 시동을 꺼놓은 차 안이 조용하다.
뒷좌석에 김덕윤과 권용득이 있고, 운전석에 배재학, 조수석에 박찬
일이 앉아 있다.
앞 유리창에 눈이 쌓여 앞이 보이지 않는다.
덕윤이 다시 어디론가 전화를 건다. 신호가 가고

덕윤	(받으면) 현 상황은.
미화원F	(어렴풋이 들리는) 일이 생겼슴다.

덕윤의 고요한 눈빛에 살기가 돈다. 덕윤이 전화를 끊는다.

재학	(룸미러 보며) (북한 억양) 갔네까.
덕윤	(끄덕)

재학이 시동을 켜자, 촤악— 와이퍼가 전면 유리창을 쓸어낸다.
와이퍼에 눈이 치워지고, 이정표가 보인다. [정원고등학교 500M→]

#58 골목길/정원고등학교 근처 (늦은 저녁)

길가에 주차되어 있던 차가 출발한다.

차 지붕에 얹어져 있던 눈발이 흩날린다.

골목길을 벗어나면 저 앞에 정원고등학교가 보인다.

#59 정원고등학교/교장실 (늦은 저녁)

성욱이 모니터 속 주원과 눈이 마주치고 경악한다.

100여 개의 CCTV 모니터 화면에 학교 곳곳의 상황이 비친다.

cut to_ 강당 주원이 모니터를 응시한다.

cut to_ 진학지도실 미현이 일환과 마주 앉았다.

cut to_ 수위실 불이 꺼져 있다. 유리가 짙게 선팅되어 안이 보이지 않는다.

cut to_ 자율학습실 강훈이 혼자 공부를 하고 있다.

cut to_ 복도 미화원이 복도 바닥에 쭈그리고 앉아 껌 자국을 떼고 있다.

강당 모니터를 보면 주원이 강당을 나오고 있다.

성욱이 다급하게 진학지도실 모니터에 시선을 돌린다.

#60 정원고등학교/4층/진학지도실 (늦은 저녁)

미현과 일환이 테이블에 마주 앉아 있다.

진학지도실이 고요하다.

미현의 의도한 침묵에 일환이 조금씩 불편해지는데

미현   선생님. 언제부터 이 일을 하셨죠?

일환   일…이요?

미현이 가만히 일환을 쳐다본다.

일환이 선뜻 대답 못 하고 마주 본다.
일환의 뒤통수가 클로즈업된다.

#61 [플래시백] 강원도/교전지/골짜기 아래 - 13화 #36

클로즈업된 특전사의 뒤통수. 그 뒤를 특전사 분대원들이 따른다.
위장크림을 잔뜩 바른 특전사 대원들이 숲속을 수색하고 있다.
특전사가 선두에 나서서 전진하는데, 시야가 미치지 않는 곳, 작은 이
파리 하나가 흔들리더니— 총구 하나가 수풀을 헤치고 나온다.
특전사가 총구를 보지 못하고 전진한다.
총구가 정확히 특전사의 머리를 겨냥하는데—

"엎드려!!!!!!"

(E)   타앙-!

특전사의 얼굴에 핏방울이 튄다. 누군가의 팔뚝이 총알을 대신 막았다.
특전사가 고개를 들어 보면 주원과 눈이 마주친다.
주원이, 특전사가 괜찮은지 슥 보고 그대로 빗발치는 총알 세례 속으
로 뛰어간다.
특전사가 떨리는 손으로 얼굴에 묻은 피를 닦아내면—
잔뜩 발랐던 위장크림이 함께 닦이며 젊은 일환의 얼굴이 드러난다.

제16화
경계인간

1

정원고등학교 / 4층 / 진학지도실 (늦은 저녁)

미현 선생님. 언제부터 이 일을 하셨죠?

일환 일···이요?

미현 (처다보는)

일환 무슨··· 말씀이십니까?

미현 언제부터 교단에 서셨나 해서요.

미현이 똑바로 처다본다.
미현의 깊은 눈에 일환의 시선이 갈 곳을 잃는다.
일환의 얼굴 클로즈업되며 타이틀 '무빙'과 소제목 '제16화: 경계인
간'이 뜬다.

[일환 과거/모노톤] 국정원 로비 (점심)

일환의 우물거리는 얼굴 클로즈업. [자막: 2004년]
일환에게서 멀어지면, 점심식사를 마친 직원들과 요원들이 로비를 오
간다.
국정원 사람들이 오가는 로비에 일환이 우두커니 서서 쿠킹호일에 싼
김밥을 먹는다.
사람 얼굴 하나라도 놓칠까 사방을 살피던 일환이 멈칫한다.
오가는 사람들 사이에 조래혁이 지나간다.
일환이 김밥을 휴지통에 버리고 조래혁에게 다가간다.

3

[일환 과거/모노톤] 국정원 / 기획판단실 / 집무실 (오전)

암막 커튼이 내려진 집무실이 어둡다.
민 차장이 일환의 신상명세서 경력을 들여다본다.

인서트

경력: 국가대표/전국검도대회 2연패. 96년 강릉무공훈장 수여. 특전사 하사관 전역. 2001년 국정원 입사. 現 방첩2국 소속.

민 차장   검도 국가대표와 군 경력을 인정받아 국정원에 들어왔군.

민 차장이 고개를 들면, 일환이 차렷 자세로 서 있다.

민 차장   신원은 확실하군. (서류 덮으며) 블랙이 되고 싶다고?
일환   네.
민 차장   우리는 국정원 내부에서도 철저하게 감춰진 부서인데 어떻게 알았나.
일환   8년 전. 강릉 무장공비 소탕작전 당시 조래혁 과장님을 뵀습니다.

민 차장이 일환을 유심히 쳐다본다.
일환이 조금도 자세를 흐트리지 않는다.

민 차장   왜 블랙이 되려는 거지.
일환   (군기 바짝) 호시탐탐 평화를 위협하는 북괴의 야욕을 섬멸하고, 내 몸과 마음을 바쳐 국가에 보답하기 위해서입니다!
민 차장   그런 거 말고.
일환   (멈칫)
민 차장   요즘 그런 이유는 통하지 않아.
일환   저는 강릉에서 북괴의 만행을 제 눈으로 직접 봤습니다.
민 차장   (쳐다보는)
일환   그것이 이유입니다.
민 차장   (다시 힘주어 묻는) 굳이, 블랙이 되고 싶은 이유.
일환   강릉에서, 전우가 옆에서 죽어가는데 아무것도 할 수 없었습니다. 내 나라의 평화를 지키고자 했는데 전우조차 지키지 못했습니다. 무력감을 느꼈습니다. 그때 블랙 요원이 우리를 구했습니다. 무력한 절망 속에서 희망이 되어주셨습니다.

민 차장이 보면, 아까부터 일환의 시선이 벽에 걸린 액자를 보고 있다.
국정원 원훈. [소리 없는 헌신, 오직 대한민국 수호와 영광을 위하여]

일환 그분과 같은 최정예 블랙 요원들로 이루어진 조직이 있다고 들었습니다. 그분들께 한 팔의 도움이라도 되고 싶습니다.

민 차장 한 팔의 도움이라….

일환 맡겨만 주십시오. 국가에 도움이 되는 일이라면, 조직에 도움이 되는 일이라면, 무슨 일이든 하겠습니다. 저도 블랙이 되고 싶습니다.

일환의 목소리가 결의로 가득하다.
민 차장이 말없이 숙고한다. 정적이 흐른다.

민 차장 (정적을 깨는) 국가를 위해서 무슨 일이든 다 하겠다고 했나.

일환 어떤 일이든 마다하지 않겠습니다.

민 차장 블랙이 뭔지는 아나.

일환 (막상 대답 못 하는)

민 차장 블랙은 신분을 감추고 임무를 수행하는 사람이야.

일환 네.

인서트
[소리 없는 헌신, 오직 대한민국 수호와 영광을 위하여]

민 차장 다시 말해서, 신분을 감추고 국가를 위해 일하는 사람이지.

일환 (눈빛 흔들리지 않는)

인서트

[소리 없는 헌신, 오직 대한민국 수호와 영광을 위하여]

민 차장   감춘다는 것은 모두에게 비밀이 생기는 것이지. 가능하겠어?

일환   네.

민 차장   어떤 일이든 상관없고?

일환   넵!

힘차게 대답하는 일환의 자세가 조금의 미동도 없다.
어둠의 덩어리처럼 앉아 있는 민 차장의 사시안이 빛난다.

민 차장   알겠네.

일환   (눈가 꿈틀)

민 차장   자네는 이제부터 블랙이야.

#4   [일환 과거/모노톤] 정원고등학교/교문 (오전)

교문에 걸린 플래카드. [2005학년도 본교 배정을 환영합니다]

민 차장v.o   이제부터 자네는 고등학교 선생이 되는 거야.

일환이 교문으로 들어간다.

#5   [일환 과거/모노톤] 정원고등학교/1층/교장실 (오전)

조래혁이 일환에게 서류 박스 하나를 건넨다.
일환이 박스를 열어 보면 '2005학년도 학적부'와 주황색 NTDP 파일
이 들어 있다.

민 차장v.o 학생들을 가장 가까운 곳에서 관찰할 수 있는 직업이지.

#6 **[일환 과거/모노톤] 정원고등학교/교실 (오전)**

일환이 교실에 앉은 학생들을 하나하나 둘러본다.

일환 초임 교사 최일환이다. 체육 담당이고 너희들의 담임 선…생이다.

학생들 사이에 전계도가 앉아 있다.
일환의 시선이 잠시 전계도에게 머문다.

반장 (일어서서) 차렷! 선생님께 인사!
일환 (얼결에) 단! ㄱ… (단결 외치려다 멈칫)

반사적으로 경례하는 일환의 모습에 학생들이 멍하니 보다가 빵 터진다.
"깜짝이야ㅋㅋ/우리 선생님 왜 저래ㅋㅋ/선생님, 그게 뭐예요./여기 군대 아니에요."
학생들이 까르르 웃는다. 일환의 얼굴이 벌게진다. 학생들이 한목소리로 인사한다.
"선생님. 안녕하세요!!!"
선명한 선생님 호칭. 학생들의 밝은 얼굴을 보는 일환의 표정이 더 어색해진다.

#7 **[일환 과거/모노톤] 정원고등학교/교문 (아침)**

학생들이 등교한다.
일환이 교문을 지키고 서서 학생들을 유심히 바라본다.
일환은 잔뜩 심각한데, 교문을 지나가는 학생들이 자꾸 인사한다.
"선생님. 안녕하세요/안녕하세요. 선생님."

인사를 받는 일환의 표정이 겸연쩍다.

#8 [일환 과거/모노톤] 정원고등학교/강당 (오후)

체육시간. 학생들이 줄 서서 멀리뛰기를 한다.

일환이 진지한 표정으로 학생들의 기록을 적어나간다.

기록표를 보면 다들 고만고만하다. 기록표 중에 전계도의 이름이 있다.

학생들이 윗몸일으키기를 한다. 윗몸일으키기 하는 전계도의 머리가 뻗치기 시작한다.

계도의 다리를 잡아주던 학생이 앗 따가 진저리치며 도망친다.

민망한 표정의 계도가 어쩔 줄 몰라 한다. 일환이 싯업보드를 가져와서 다시 시킨다.

땀을 뻘뻘 흘리며 윗몸일으키기 하는 계도의 몸에서 정전기 스파크가 튄다.

펑크족처럼 뻗친 전계도의 머리를 보며 학생들이 와하하 웃는다.

일환은 난처해진 계도를 아랑곳하지 않고 기록을 체크한다.

머리만 뻗쳤을 뿐, 기록은 평범하다.

#9 [일환 과거/모노톤] 정원고등학교/강당 (오후)

체육시간. 학생들이 오래달리기를 한다.

일환이 안테나 봉을 길게 뽑아 휘두르며 학생들의 오래달리기를 독려한다.

멀리서 부담임(국정원 파견직)이 한심하다는 표정으로 쳐다본다.

학생들의 맨 앞에서 계도가 제법 잘 달린다.

계도는 누가 옆에서 달리다가 감전되는 게 싫어서 앞서 달릴 뿐이다.

일환이 오직 전계도만 닦달하고 독려한다.

계도에게 집중하다 뒤를 보면, 몇몇 학생들이 탈진해서 쓰러진다.

단호했던 일환의 표정에 언뜻 미안함이 스친다.

[일환 과거/모노톤] 정원고등학교/진학지도실/운동장 (밤)

책꽂이에 학적부가 꽂혀 있다. 일환의 책상에 NTDP 파일이 펼쳐져 있다.

일환이 계도의 NTDP 서류를 놓고 고민에 빠진다.

계도의 NTDP 인적사항에 **[부: 전영석(봉평)]**, 특기사항에 [H/EP]가 적혀 있다.

창밖을 보면, 계도가 어두운 운동장을 혼자 달리고 있다.

계도가 달리다가 지쳐 발을 헛디디고 넘어진다.

일환이 체대 입시 지원표와 계도의 체력 검사표를 비교해본다.

계도의 체력 검사표는 모든 부분이 미달이다. 일환의 눈이 갈등으로 깊어진다.

그때, 노크도 없이 부담임이 들어온다. 일환이 얼른 NTDP 파일을 감춘다.

부담임   곧 졸업입니다. (창밖의 계도 보며 한심한 표정) 쟤 어쩔 겁니까.

일환   뭘.

부담임   내 입장도 생각하셔야죠. 나도 명색이 국정원 요원인데 기간제 교사랍시고 이런 데서 뺑뺑이나 돌고 있다고요.

일환   (정색하는) 이런 데? 이것도 임무야.

부담임   선배는 학교에 계속 남아도 난 파견직 끝납니다. 기면 기다, 아니면 아니다, 보고할 건수는 있어야죠.

일환   어떻게.

부담임   능력이 있는지 확인해야죠. 제가 알아서 하겠습니다.

일환   그래서, 뭘, 어떻게.

부담임   위험해지면 능력을 쓰겠죠. 아날로그한 방법으로 심플하게 갑시다.

일환   아날로그?

부담임   이 학교도 일진 애들이 있지 않습니까?

일환   (보다가 뭔 말인지 깨닫고) 야. 학생을

부담임   (말 끊는) 왜요? 우리 어차피 선생도 아니잖습니까.

일환   (멈칫)

부담임이 나가버리고, 혼자 남은 일환의 표정이 복잡해진다.

#11 [일환 과거/모노톤] 정원고등학교/강당/제어실 (밤)

계도가 혼자 텅 빈 강당에서 훈련하고 있다.
정원고 일진 남학생들이 강당 문을 박차고 들어온다.
계도가 어리둥절 쳐다보는데 일진들이 다짜고짜 시비를 건다.

일진1   야이 씨발 너 혼자 여기 전세 냈어? 여기 원래 우리 아지트였어.

계도   (주춤) 어? 나 선생님 허락받았는데. 체대 입시 훈련….

일진2   그러니까, 지금 수포자들 앞에서 대학 가는 거 자랑하냐고 씨발놈아.

계도   (찔끔) 아니, 그게 왜 그렇게 되는….

일진3   (강당 문 걸어 잠그는) 개새끼가 존나 말대답하네.

계도   (겁먹은) 어…?

일진들이 주먹을 쥐고 계도에게 걸어간다. 계도가 주춤주춤 물러선다.

cut to_ 제어실

제어실에 숨은 일환이 무표정한 얼굴로 강당을 내다본다.
강당에서 계도의 비명 소리가 들리고 일환이 움찔한다.
비명 소리가 들릴 때마다 계도의 NTDP 파일을 보며 마음을 다잡는다.
폭행당하는 소리가 이어지고, 일환의 표정에 죄책감이 스민다.
일환이 죄책감을 신념으로 덧씌운다.

cut to_ 시간 경과/강당

일진들이 강당 밖으로 나가고, 엉망으로 얻어맞은 계도가 강당 한복판에 엎어져 있다.

계도의 손에서 작은 스파크가 이는 듯했다가 매가리 없이 사그라진다.

cut to_ 제어실

제어실에 숨어 지켜보던 일환의 표정이 일그러진다.

신념이 죄책감에 밀려난다. 일환이 한숨을 쉰다.

인서트

일환이 계도의 NTDP 서류 '결과란'에 '부적격'을 수기한다.

#12 **[일환 과거/모노톤] 정원고등학교/진학지도실 – 6화 #3/일환 시점**

일환과 계도가 테이블에 마주 앉았다.

얼굴에 멍이 채 가시지 않은 계도가 묻는다.

계도 전문대 가라고요? 갑자기요?

계도가 당황한다. 일환이 복잡한 표정으로 계도를 쳐다본다.

#13 **[일환 과거/모노톤] 정원고등학교/교문 (오전)**

교문에 걸린 플래카드. [경축. 2008학년 - 신입생 입학식]

#14 **[일환 과거/모노톤] 정원고등학교/강당 (오후)**

체육수업. 학생들이 멀리뛰기를 한다.

여학생 한 명이 압도적으로 멀리 뛴다.

일환의 눈이 번쩍 뜨인다. 여학생이 뒤를 돌아본다.

#15 [일환 과거/모노톤] 정원고등학교/진학지도실 (오후)

일환이 흥분한 표정으로 NTDP 파일을 펼친다.

서류에 여학생의 사진이 붙어 있다. [이름: 양세은]

인적사항에 [모: 홍성화(나주)] 특기사항에 [H/MA]가 적혀 있다.

모든 면에서 월등한 양세은의 체력 검사표를 보며 체대 입시 지원표를 꺼낸다.

#16 [일환 과거/모노톤] 정원고등학교/강당 (오전)

일환과 세은이 1대 1 체대 입시 훈련을 한다.

세은이 라바콘 지그재그 달리기를 하는데 몸놀림이 바람과 같다.

일환이 훈련을 멈추지 않는다.

세은이 있는 힘껏 뛰어올라 서전트 점프판을 때린다. 기록을 깬다.

일환이 만족한 표정으로 점프판을 보는데, 세은이 거칠게 숨을 몰아쉬고 있다.

세은이 털썩 주저앉는다. 호흡이 가쁜 듯 숨을 몰아쉬는 모습이 어딘가 이상하다.

#17 [일환 과거/모노톤] 장례식장 (밤)

검은 정장을 입은 일환이 절을 한다.

빈소에 양세은의 영정사진이 놓여 있다.

일환의 표정에 슬픔과 안타까움과 허탈함이 섞인다.

상주에게 맞절하고 고개를 들면 나주가 마주 본다.

일환 죄송합니다. 학생이 암인데도… 선생이 몰랐습니다.

나주 선생. 그렇군요.

나주가 가라앉은 눈으로 일환을 쳐다본다.

일환이 저도 모르게 눈을 피한다.

#18 [일환 과거/모노톤] 정원고등학교/교실 (오후)

종례를 마친 학생들이 교실 밖으로 나간다.
비어 있는 책상들 중에 국화꽃이 놓여 있는 책상이 있다.
창밖 운동장으로 하교하는 학생들을 보며 일환이 생각에 잠긴다.

#19 [일환 과거/모노톤] 정원고등학교/운동장 (오후)

학생들이 오래달리기를 한다.
달리기에 처지는 학생들과 일환이 함께 달린다.
일환이 맨 뒤에서 달리며 앞서 달려가는 학생들의 뒷모습을 본다.
학생들을 보는 일환의 시선이 흔들린다.

#20 [일환 과거/모노톤] 정원고등학교/교실 (오전)

칠판에 '스승의 날. 선생님 감사합니다.' 판서가 쓰여 있다.
반장이 일환의 가슴에 꽃을 달아주려는데 일환이 저도 모르게 주춤
물러선다.
반장이 갸우뚱하자 일환이 마지못해 가슴에 카네이션을 단다.
일환이 복잡한 표정으로 가슴에 꽃을 달고 서 있다.
학생들이 박수 치며 웃는다.
"선생님. 스승의 날 축하드려요!!!"
학생들의 밝은 표정 면면이 일환의 망막에 스친다.
칠판에 쓰인 '선생님' 글자. 일환의 가슴에 달린 '카네이션' 꽃.
울지도 웃지도 못하는 일환의 표정이 클로즈업된다.

#21 [일환 과거/모노톤] 정원고등학교/진학지도실 (오후)

일환이 카네이션을 물끄러미 보다가 책상 맨 아래 서랍에 넣는다.

#22 [일환 과거/모노톤] 정원고등학교/교실 (오전)

수능 입시 공부를 하는 학생들이 피로에 절어 있다.

학생들을 바라보는 일환의 표정이 안쓰럽다.

#23 [일환 과거/모노톤] 정원고등학교/운동장 (오후)

일환이 쓰러진 여학생을 업고 보건실로 달려간다.

학생들이 일환을 따라 달린다.

옥상으로 달리는 일환을 학생들이 감동한 표정으로 바라본다.

#24 [일환 과거/모노톤] 정원고등학교/진학지도실 (밤)

늦은 밤. 스탠드 불빛 아래, 일환이 학생들의 성적표와 대학지원 배치 표를 대조한다.

학생들 한 명 한 명 지원 가능한 대학교들을 검토한다.

#25 [일환 과거/모노톤] 정원고등학교/교실 (오후)

일환이 자율학습을 지도한다. 칠판에 적혀 있는 '수능 D-50일'.

안테나 봉으로 칠판의 수능 핵심 문제를 하나하나 지적하며 풀어준다.

#26 [일환 과거/모노톤] 정원고등학교/외부 (밤)

늦은 밤. 불이 꺼진 학교. 진학지도실의 불만 켜져 있다.

#27 [일환 과거/모노톤] 정원고등학교/진학지도실 (밤)

일환이 모의고사 채점지를 펴놓고 학생들의 내신등급을 체크한다.

내신이 올라간 성적표를 볼 때마다 입꼬리가 슬며시 올라간다.

일환의 책상 책꽂이. 학적부가 2005년에서 2010년까지 어느새 다섯 권을 채웠다.

#28 [일환 과거/모노톤] 정원고등학교/교문 - 몽타주

입학식 플래카드의 연도만 바뀐다.

[경축. 2009학년/2010학년/2011학년 - 신입생 입학식]

#29 [일환 과거/모노톤] 정원고등학교/진학지도실 - 몽타주

연극 무대 같은 상담 테이블.

카메라 원형으로 돌며, 일환의 뒤통수로 가릴 때마다 앞에 앉은 학생

들이 바뀐다.

cut_ 평범한 남학생. cut_ 평범한 여학생. cut_ 근육질의 남학생.

cut_ 모델 같은 여학생. cut_ 오드아이의 남학생. cut_ 머리가 백발

인 여학생. cut_ 기묘하게 관절을 꺾어 보이는 남학생. cut_ 최면술

을 해보겠다며 볼펜을 흔드는 여학생. 등등.

카메라가 돌 때마다 유심히 쳐다보는 일환의 얼굴. 낙담과 실망이 비

친다.

다시 카메라 돌다가 멈추면— 일환의 도무지 알 수 없다는 표정.

일환의 맞은편에 빙글빙글 웃는 얼굴의 남학생이 앉아 있다.

남학생　아. 선생님. 나 전학 가요.

일환　　(벙찐)

남학생　(어쩐지 뭔가 알고 있는 표정) (싱긋) 왜요?

인서트

NTDP 파일을 펼치면, 서류 맨 위 이름란이 '김영탁'이다.

일환이 영탁의 「등급란」에 '보류' 「결과란」에 '전학 수속'을 쓴다.

#30 [일환 과거/모노톤] 정원고등학교/교문 - 몽타주

졸업식 플래카드의 회차가 바뀐다.

#31 [일환 과거/모노톤] 정원고등학교/진학지도실 (밤)

NTDP 파일을 펼쳐놓고 학생들의 신상명세 서류 「결과란」에 '부적 격'을 수기한다.

서류를 넘길 때마다 계속되는 '부적격' 수기들. 일환이 한숨을 쉰다.

일환의 책꽂이에 꽂힌 학적부가 2005년에서 2015년까지 열 권을 채 웠다.

일환의 공허한 표정 위로 민 차장의 목소리가 겹쳐진다.

민 차장v.o 오래 걸릴 일이야. 당장은 성과를 내지 못하더라도 계속 해야 하네.

#32 [일환 과거/모노톤] 국정원/기획판단실/집무실 - 플래시백/#3 에 이어서

민 차장 자네 임무는 잠재 능력자들을 발굴하고 국가인재로 육성하는 거야. 자네는 국가를 위해 큰일을 하는 거야.

일환 (결의에 찬 표정으로 쳐다보는)

민 차장 잠재 능력자들을 찾으려면 철저하게 객관적이어야 하네.

일환 네.

민 차장 학생들은 객관적 판단의 대상일 뿐이야. 주관적이고 개인적인 감정은 판단력을 흐리게 해.

일환 네.

민 차장 냉정하게 판단하고, 쓸모없는 감정은 버려.

일환 네.

민 차장 아무리 시간이 오래 걸려도 자네가 하는 일을 잊지 말게.

일환 네.

민 차장 자네는 블랙이야.

#33 [일환 과거/모노톤] 정원고등학교/운동장 (오후)

플래카드. [제11회 - 여러분의 졸업을 진심으로 축하합니다]
학생들이 웃으며 가족사진을 찍는다.
운동장 한구석에 일환이 우두커니 서 있다.
졸업생들을 물끄러미 바라보는 일환의 표정이 복잡하다.

민 차장v.o 학생들은 객관적 판단의 대상일 뿐이야. 주관적이고 개인적인 감정은 판단력을 흐리게 해. 냉정하게 판단하고, 쓸모없는 감정은 버려.

가족들과 사진을 찍던 학생들이 일환을 보고 달려온다.
달려오는 학생들을 보며 일환의 표정이 더욱 복잡해진다.

민 차장v.o 아무리 시간이 오래 걸려도 자네가 하는 일을 잊지 말게.

학생들이 일환을 끌어안는다.
일환의 표정이 미안함과 고마움이 섞여 혼란스럽다.
학생들이 "선생님." 하면서 운다.
일환의 손이 멈칫하다가 학생들을 쓰다듬는다.

학생들 선생님.
민 차장v.o 자네는 블랙이야.

늘 울지도 웃지도 못하던 일환의 눈에 물기가 스민다.

#34 [일환 과거/모노톤] 정원고등학교/교문 (오전)

교문에 걸린 플래카드. [경축. 2016학년 - 신입생 입학식]

#35 [일환 과거/모노톤] 정원고등학교/복도/교실 (오전)

1학년 3반 교실. 입학식을 마친 교실이 어수선하다.
학생들 사이에 강훈과 봉석이 앉아 있다.
강훈과 봉석의 얼굴이 NTDP 파일의 사진과 교차된다.

교실 구석에 앉아 있는 봉석. 유난히 뚱뚱하다.

인서트

봉석의 파일. 인적사항에 [부: 김두식(문산)] 특기사항에 [H/F].

교실 맨 앞에 앉아 있는 강훈. 표정이 어둡다.

인서트

강훈의 파일. 인적사항에 [부: 이재만] 특기사항에 [H/P].

#36 [일환 과거/모노톤] 정원고등학교/진학지도실 (저녁)

신입생 이강훈이 진학지도실 문을 열고 들어온다.
일환이 강훈을 보며 웃는다.
강훈이 여전히 어두운 표정으로 꾸벅 인사한다.

#37 [일환 과거/모노톤] 정원고등학교/교장실 (저녁)

조래혁이 윤성욱을 소개한다.
체육 교사 차림의 성욱이 일환에게 경례를 붙인다.
오랜만의 경례에 일환이 어색하게 마주 경례한다.

#38 [일환 과거/모노톤] 정원고등학교/진학지도실 (저녁)

윤성욱이 방기수의 체력 검사표를 들이민다.

일환이 한참을 고민하다 고개를 끄덕인다.

#39 [일환 과거/모노톤] 정원고등학교/교실 (오전)

칠판에 쓰인 이름. 방기수.

전학 온 방기수가 삐딱한 표정으로 맨 뒷자리에 가서 앉는다.

#40 [일환 과거/모노톤] 정원고등학교/진학지도실 (오후)

기수가 노크도 없이 문을 벌컥 열고 들어온다.

일환이 다급하게 서류를 감추다가 바닥에 떨어뜨린다.

기수가 언뜻 서류에 쓰인 자신의 등급을 본다. [잠재가능성 B.]

기수가 저게 뭔가 보는데, 일환이 얼른 서류를 집어 주황색 파일에 넣고 치운다.

기수가 상담 테이블에 앉는다. 일환이 체대 입시 지원표를 꺼낸다.

#41 [일환 과거/모노톤] 정원고등학교/강당 – 15화 #21/일환 시점

당황한 표정의 성욱이 쓰러진 기수를 쳐다본다.

일환이 강당으로 뛰어 들어온다.

발목이 꺾인 기수가 고통으로 몸부림친다.

일환의 표정이 무너진다.

#42 [일환 과거/모노톤] 정원고등학교/교실 – 1화 #38/일환 시점

희수가 자기소개를 한다. "안녕. 장희수야. 잘 부탁해."

일환이 유난히 상기된 표정으로 희수의 얼굴을 본다.

희수의 얼굴이 NTDP 파일의 사진과 오버랩된다.

인서트

희수의 파일. 인적사항에 [부: 장주원(구룡포)] 특기사항에 [H/PH].

#43 [일환 과거/모노톤] 정원고등학교/교문 - 2화 #43/일환 시점

봉석과 희수가 교문 앞에서 부딪친다.

(E)   투웅…!!!

찰나의 순간, 봉석이 기묘하게 수평으로 부웅 떠서 저만치 나뒹군다.
'어…?' 일환이 그 순간을 놓치지 않고 본다.
저만치 쓰러진 봉석을 보는 일환의 눈.

#44 [일환 과거/모노톤] 정원고등학교/강당 - 7화 #69/일환 시점

희수가 넘어지고, 머리 위로 농구대와 점프대가 무너진다.
"위험해!!!!!!!!!!" 일환이 비명을 지르며 달려간다.
순간, (E) 터엉-! (E) 터엉-! (E) 터엉-! 강훈이 화살처럼 쏘아져 나간다.

(E)   꽈앙-!

먼지가 걷히면 강훈이 희수를 간발의 차이로 구해냈다.
처참하게 부서진 농구대와 점프판. 강당 바닥이 갈라져 있다.
일환의 표정이 일그러진다.

#45 [일환 과거/모노톤] 정원고등학교/진학지도실 (밤)

일환이 NTDP 파일에서 지난 서류들을 하나씩 들춰본다.
일환의 손에서 수십 장의 학생 신상 서류들이 넘어간다.
서류 한 장 한 장마다 학생들의 얼굴 사진이 스쳐 지나간다.
파일이 멈칫할 때마다 일환의 상념이 오버랩된다.

전계도의 서류 「결과란」. '부적격'.

인서트_ #11

일진들에게 얻어맞는 계도를 보는 일환의 복잡한 표정.

양세은의 서류「결과란」. '말소'.

인서트_ #17

영정사진 속 세은을 보는 일환의 황망한 표정.

방기수의 서류「결과란」. '부적격'.

인서트_ #41

다리 인대가 끊어진 기수를 보는 일환의 절망스러운 표정.

서류에 붙은 학생들의 사진을 보는 일환의 눈빛에 회한이 서린다.
그리고, 맨 마지막 세 장의 서류. 일환이 펜을 손에 쥔다.
김봉석. 장희수. 이강훈의 서류「결과란」이 아직 비어 있다.
일환의 표정에 강당의 사고가 오버랩된다.

인서트_ 제 몸을 가누지 못해 넘어지는 봉석의 모습.
인서트_ 죽을 뻔한 위기에 처하는 희수의 모습.
인서트_ 붕괴되는 구조물에 뛰어드는 강훈의 모습.

일환의 표정이 회한으로 얼룩진다.
펜을 쥔 손이 갈등한다.
고개를 들어 보면 — 책상에 꽂혀 있는 2005년부터 2018년까지의 학
적부들.
책상 서랍을 열면 — 말라버린 카네이션이 가지런히 놓여 있다.

일환의 눈이 깊어진다.
우두커니 앉아 있는 일환의 뒷모습. 화면 점점 어두워진다.

민 차장v.o 자네는 블랙이야.

일환이 짙은 어둠 속에 묻힌다.
지속되는 암흑.
그리고, 암흑 속에서 울리는 미현의 목소리.

미현v.o 선생님…?

#46 **정원고등학교/4층/진학지도실 (늦은 저녁 - #1에 이어서)**
미현의 '선생님' 소리에 일환이 퍼뜩 현재로 돌아온다.

일환 아. 네.
미현 (쳐다보는)
일환 뭐라고 하셨었죠?
미현 언제부터 교단에 서셨는지 여쭤봤어요.
일환 10년이 훨씬 넘었네요.
미현 평생을 교직에 바치신 건가요.
일환 …아마도요.
미현 교직 생활이 어떠셨나요.

의외의 질문에, 일환이 잠시 생각하다가 이내 담담하게 말한다.

일환 힘들고 행복했습니다.

#47 버스 정류장/도로 (늦은 저녁)

버스 정류장에 사람들이 서 있다.

[운행종료]가 표시된 계도의 버스가 정차하지 않고 지나간다.

#48 시내버스/도로/파출소 앞 (늦은 저녁)

승객들의 항의 소리가 시끄럽다. 계도는 룸미러를 보면서 과속한다.

항의하는 승객들 사이로 정준화가 운전석 쪽으로 걸어온다.

계도가 룸미러를 보면서 입에 고무장갑을 물어 슬그머니 벗는다.

한 발자국. 두 발자국. 준화가 서서히 다가오는데―

룸미러와 전방을 번갈아 보던 계도의 시야― 길가의 파출소가 보인다.

계도가 핸들을 크게 틀고 (E) **끄끼기긱!!!** 버스가 요동을 치며 승객들이 휘청거린다.

중심을 잃은 버스의 사이드미러가 (E) **따악!!** 가로수에 부딪혀 꺾인다.

(E)   덜컹!!! 삥!!!!!!

도로 턱에 타이어가 터지며 인도에 올라탄다.

승객들이 비명을 지르며 넘어지는데― 찰나의 순간, 룸미러를 보면 ― 준화는 무중력상태처럼 난장판 속에서 중심을 잡고 서 있다.

계도의 눈이 커지며 브레이크를 밟는다.

(E)   끼이익!!! 쿵…!!!

버스가 파출소 앞 화단을 부수며 멈춘다.

파출소에서 경찰들이 뛰어나온다.

계도가 벌떡 일어나 손을 뒤로 뻗으면, 승객들이 뒤엉켜 바닥에 널브러져 있다.

쓰러진 사람들 사이에 준화가 꼿꼿하게 서 있다.

경찰들이 버스 문을 두드린다.

계도가 얼른 문을 열고, 다시 뒤돌아보면— 버스 안에서 준화가 사라졌다.

준화가 있던 곳. 창문이 열려 있다.

열린 창문으로 눈송이들이 역풍에 밀린 것처럼 휘몰아쳐 들어온다.

계도가 창밖을 내다보면 아무도 없다.

#49 정원고등학교/강당/운동장 (늦은 저녁)

주원이 강당 문을 박차고 나온다.

눈 내리는 교정에서 학교 건물을 올려다본다.

건물 외부 곳곳에도 CCTV가 있다.

주원이 CCTV들을 흘겨보며 성큼성큼 걸어간다.

#50 정원고등학교/1층/교장실 (늦은 저녁)

성욱이 CCTV 모니터들을 통해 주원의 동선을 쫓는다.

CCTV가 바뀔 때마다 주원이 화면을 똑바로 쳐다보며 걸어온다.

점점 다가오는 주원의 시선. 주원이 학교 건물로 들어온다.

순간, CCTV의 사각으로 감춰지는 주원의 모습. 성욱이 당황한다.

그때, (E) 덜컥…! 잠긴 교장실 문손잡이가 돌아간다.

성욱의 고개가 문 쪽으로 홱 돌아간다.

#51 스포츠센터/로비/계단 (늦은 저녁)

안내데스크 직원이 퇴근하고 없다.

봉석과 희수가 안내판을 본다. [3층 - 실내 체육관]

#52 스포츠센터/체육관 (늦은 저녁)

봉석과 희수가 텅 빈 체육관에 들어선다.

1층과 2층이 뚫려 있는 구조로, 2층 난간에 달리기 트랙이 있다.

높은 천장과 밝은 조명. 최신식 서전트 측정기와 각종 운동기구들.

1층에 각종 공이 들어 있는 수납함이 있고, 2층 난간에 클라임로프들이 늘어져 있다.

봉석 (감탄하는) 와아. 되게 좋다. 여기 혼자 써도 되는 거야?

희수 우리 선생님이 허락 맡아놓으셨대.

봉석 (둘러보며) 우리 학교 강당보다 훨씬 좋네.

희수 우리 학교도 좋아. (멈칫, 표정 야릇한)

봉석 (쳐다보는) 왜?

희수 나 자꾸 우리라 그런다?

봉석 응. 그게 왜.

희수 (피식) 학교가 좋아졌나봐.

봉석 우리 학교 되게 낡았는데.

희수 (웃는) 선생님이 좋은걸. 안 그런 척하면서 되게 자상해서.

봉석 그건 그래.

희수 전학 오길 잘했어.

봉석 (흐뭇하게 쳐다보는)

희수 선생님도 좋고. 도 좋고.

희수의 건너뛴 '너'에 봉석이 갸우뚱하는데, 희수가 스트레칭을 시작한다.

봉석 내가 뭐 도울 거 없어?

희수 (2층 트랙 올려다보며 스트레칭) 응. 나 웜업해야 돼. 달리기.

봉석 그래.

봉석이 방해되지 않게 응원석(벤치 객석)에 가서 앉는다.
희수가 몸을 풀다 보면, 저만치 앉은 봉석의 표정이 하는 것도 없는데
진지하다.

희수 뭐 하냐?

봉석 응원.

희수 그렇게 가만히?

봉석 마음을 보내고 있어.

희수가 오도카니 앉아 있는 봉석을 보고 그만 웃는다.

희수 (아주 작게 중얼) 너 예뻐서 어떡하니.

봉석 (멀리서 듣고) 히이.

희수 (멀리서) 왜 웃어?

봉석 아니야.

#53 정원고등학교 / 1층 / 교장실 (늦은 저녁)

(E) 덜컥…!

잠긴 교장실 문손잡이가 덜컥거린다.
성욱이 모니터를 확인하면, 교장실 문밖에 미화원(윤사봉)이 걸레를
들고 서 있다.

성욱 (한숨) 아. 난 또… 씨….

다시 모니터를 확인하면, 주원은 계단을 올라가고 있다.
휴우. 성욱이 안도한다. 다시 모니터를 보면 미화원이 여전히 교장실

밖에 서 있다.

문이 잠겼으면 가겠거니 했는데, 미화원이 계속 문손잡이를 돌린다.

(E)   덜컥, 덜컥!

사봉v.o (문밖에서) 문 좀 열어주셔요.

성욱   (무시하는)

사봉v.o (문밖에서) 어째 문을 아이 염까. 내 아까 들어가는 거 봤쑴다.

성욱   (짜증) 저 조선족 아줌마가….

성욱이 헤드폰을 벗고 다가가는데, (E) 철컥…! 어떻게 열었는지 문손
잡이가 돌아간다.

성욱   (문손잡이 잡고 버티며) 왜 그러시죠?

대답이 없다. 미화원이 다시 노크한다.

(E)   똑! 똑!

#54 정원고등학교 / 4층 / 진학지도실 (늦은 저녁)

(E)   똑! 똑!

상담 테이블에 마주 앉은 미현과 일환이 동시에 문을 본다.

일환   네.

문이 열리고 드러나는 주원의 얼굴.

주원   최일환씨 계신… (멈칫)

찰나의 순간, 미현이 주원을 보고, 주원이 미현을 본다.
주원을 본 일환이 자기도 모르게 벌떡 일어선다.

일환   네. 제가 최일환입니다.
주원   처음 뵙겠습니다. 장희수 아빠 되는 사람입니다.

일환이 다소 상기된 표정으로 주원에게 걸어간다.
미현이 주원에게 시선을 거두며 핸드백에서 핸드폰을 꺼낸다.

주원   상담 중이신가요.
일환   그
미현   (테이블 밑 휴지통에 핸드폰 넣는) 아니요. 상담 끝났습니다. (일환에게) 시
       간 내주셔서 감사합니다.
일환   (그제야 돌아보는) 아. 네. 가시게요?
미현   학교 좀 보고 갈게요. (일환에게) 안녕히 계세요.

미현과 주원이 문 앞에서 엇갈린다. 미현이 복도를 걸어간다.
주원이 문 안으로 들어서는데 일환의 표정이 미묘하다.

#55 정원고등학교/4층/복도 (늦은 저녁)

진학지도실에서 나온 미현이 텅 빈 복도를 걸어간다.
미현이 핸드백을 열면 또 다른 핸드폰이 들어 있다.
블루투스 이어폰을 꺼내 한쪽 귀에 꽂고 복도를 걷는다.
복도 창밖을 보면, ㄷ자 형태의 건물 외부 사이에 창고 건물이 있다.

정원고등학교 / 1층 / 교장실 (늦은 저녁)

(E)   똑! 똑!

계속 들리는 노크 소리. 성욱이 문손잡이를 잡고 버틴다.

성욱   왜 그러냐구요.

성욱이 교장실 안을 가리며 문을 살짝 열면, 문틈으로 미화원이 보인다.

사봉   (문틈으로) 청소해야 됨다.
성욱   (짜증) 내일 해요.
사봉   지금 해야 됨다.
성욱   아 쫌.
사봉   청소.

사봉의 손에 들린 걸레 속에 껌칼(스크래퍼)이 숨겨져 있다.

#57   정원고등학교 / 4층 / 진학지도실 (늦은 저녁)

주원이 상담 테이블에 앉아 있다.
일환이 정수기 온수를 받아 믹스커피를 탄다.
주원의 눈이 천장을 스치듯 보고, 아래로 보면 테이블 밑에 휴지통이
보인다.
일환이 커피를 두 손으로 공손히 놓아주고 맞은편에 앉는다.

일환   (상기된) 반갑습니다.
주원   (지그시 쳐다보는)

주원을 보는 일환의 표정이 미묘하게 상기되어 있다.

#58 [플래시백] 강원도/교전지/골짜기 아래 - 13화 #36

얼굴에 위장크림을 잔뜩 바른 일환의 얼굴.
"엎드려!!!!!!"

(E) 타앙-!

일환의 얼굴에 핏방울이 튄다. 주원의 팔뚝이 총알을 막았다.
일환이 주원의 눈과 마주친다.
주원이 그대로 빗발치는 총알 세례 속으로 뛰어간다.
일환이 팔뚝에 피를 흘리며 달려가는 주원의 뒷모습을 멍하니 바라본다.

#59 정원고등학교/4층/진학지도실 (늦은 저녁)

일환의 시선이 자꾸 주원의 팔뚝으로 간다.
미묘한 정적이 흐르고, 주원이 무겁게 입을 연다.

주원 최일환씨. (선생이라 호칭하지 않는)
일환 네.
주원 제 딸아이에게 체대 입시를 권했다고 들었습니다.
일환 네. 맞습니다.
주원 우리 아이는 체대 입시 훈련을 하다가 사고를 당할 뻔했고요.
일환 (표정 어두워지는) 네. 죄송합니다.
주원 다행히 사고를 피했지만 아주 위험했더군요.
일환 정말 죄송합니다.

주원이 일환을 지그시 쳐다본다.

일환의 표정에 진심이 묻어 있다.

#60 정원고등학교/계단 (늦은 저녁)

미현이 사방의 CCTV들을 확인하며 계단을 내려온다.
미현의 한쪽 귀에 꽂은 이어폰에서 일환과 주원의 대화 소리가 들린다.

"우리 아이는 체대 입시 훈련을 하다가 사고를 당할 뻔했고요./네. 죄송합니다./다행히 사고를 피했지만 아주 위험했더군요./정말 죄송합니다."

미현이 대화를 엿들으며 1층 건물 밖으로 나온다.
창고 문에 다가서면 '기계실' 팻말이 붙어 있다.

주원F (이어폰으로 들리는) 최일환씨.

#61 정원고등학교/4층/진학지도실 (늦은 저녁)

주원과 일환이 마주 앉은 상담 테이블 밑에 휴지통이 있다.

인서트
휴지통 안. 핸드폰이 들어 있다.

사과하는 일환을 뚫어져라 보는 주원.
주원이 무겁게 입을 연다.

주원 최일환씨.
일환 네.
주원 모르셨습니까.

일환	네?
주원	정말 모르셨습니까.
일환	무슨….
주원	조금 전 강당에 가서 사고 현장을 살펴봤습니다.
일환	네.
주원	사고는 고의였습니다.
일환	(놀라는)

#62 **정원고등학교/외부/기계실 앞 (늦은 저녁)**

기계실 문에 번호자물쇠가 걸려 있다.

미현이 진학지도실의 대화를 들으면서, 한쪽 귀를 자물쇠에 대고 번호를 맞춰간다.

건물 외부 CCTV가 미현의 모습을 비추고 있다.

미현의 귀. (E) 끼릭… 끼리릭… 미현의 신중한 손놀림. (E) 달칵. 자물쇠가 열린다.

미현이 문을 열고 기계실 안으로 들어간다.

#63 **정원고등학교/2층/남자 화장실 앞 복도 (늦은 저녁)**

기수가 화장실 안쪽에서 문을 열고 나온다.

조용히 고개를 내밀고 복도 밖을 보는 기수.

어두운 복도에 아무도 없다.

#64 **정원고등학교/1층/교장실 (늦은 저녁)**

CCTV 모니터들. 윤성욱은 보이지 않고, 사봉이 모니터 앞에 앉아 있다.

21번 모니터. 강훈이 자율학습실에 혼자 앉아 공부하고 있다.

8번 모니터. 기수가 화장실에서 나와 맞은편 제1교무실로 들어간다.

9번 모니터. 기수가 교무실 책상을 뒤진다. 책상 위 이름. [최일환]

사봉이 9번 모니터에서 시선을 옮겨 5번 모니터를 주시한다.
헤드폰을 쓰자 진학지도실의 대화 소리가 들린다.

#65 정원고등학교/4층/진학지도실 (늦은 저녁)

주원 녹슨 너트를 돌린 자국이 있었습니다.

일환 네?

주원 강당의 모든 CCTV 카메라가 사고 지점으로 돌려져 있었습니다.

일환 (놀라는)

주원 그리고, 이 학교에는 CCTV가 너무 많습니다.

#66 정원고등학교/외부/기계실 (늦은 저녁)

구석에 낡은 소파와 정수기 통이 놓여 있고, 반대편 벽에 건물 전체의
배전반이 있다.
접이식 의자 앞 책상에 크지 않은 CCTV 모니터가 있다.
미현이 CCTV 모니터를 들여다본다.

주원F (이어폰으로 들리는) 그리고, 이 학교에는 CCTV가 너무 많습니다.

몇 되지 않는 모니터들이 교문과 학교 주변을 비출 뿐이다.

미현na 대 수가 맞지 않아.

#67 정원고등학교/4층/진학지도실 (늦은 저녁)

주원 처음엔 담임교사인 최일환씨를 의심했습니다.

일환 (꿈틀)

주원 조금 전에 나간 학부모는 과거에 제가 알던 사람입니다.

일환 ······!!!

주원	그 학부모의 아이. 우리 아이와 같은 반이겠지요.
일환	(침 삼키는)
주원	(쳐다보는)
일환	(갈라지는 목소리) 네.
주원	그리고, 우리 아이를 구한 남학생도 같은 반이겠지요.
일환	네.
주원	동영상 속 남학생의 움직임. 아주 오래전에 봤던 기억이 나더군요.
일환	(쳐다보는)
주원	그런 움직임은 한 번 보면 잊을 수가 없습니다.

플래시백_ 14화 #48

지하수로. 주원에게 달려드는 재만의 움직임.

(오버랩)

플래시백_ 7화 #69

강당. 희수에게 달려가는 강훈의 움직임.

주원	나는 그 아이의 학부모가 누군지 알 것 같습니다.

#68 강훈 집 앞/슈퍼마켓 (늦은 저녁)

슈퍼마켓 앞 평상에 우두커니 앉아 있는 재만.
눈이 점점 더 쌓이는데도 하염없이 앉아서 손목시계를 들여다본다.

#69 정원고등학교/별관/3층/자율학습실 (늦은 저녁)

강훈이 텅 빈 자율학습실에 혼자 앉아 여전히 공무원 시험공부를 한다.

#70 정원고등학교/1층/복도 (늦은 저녁)

미현이 건물 안으로 들어와 CCTV들의 개수를 세며 걷는다.

미현이 교장실 앞을 지나쳐서 걸어간다.

#71 정원고등학교/1층/교장실 (늦은 저녁)

불 꺼진 교장실.
사봉이 모니터를 통해 문밖 복도를 지나가는 미현을 확인한다.
다시 5번 모니터를 보면

주원F 우리 아이는 전의 학교에서

#72 정원고등학교/4층/진학지도실 (늦은 저녁)

주원 우리 아이는 전의 학교에서 퇴학당한 후에 이 학교에서만 전학을 받아줬습니다. 그리고 최일환씨 반에 들어왔습니다.

일환 (쳐다보는)

주원 과거가 얽혀 있는 부모들의 아이가, 같은 학교, 같은 반에 세 명.

일환 (쳐다보는)

주원 우연일까요.

일환 그건….

주원 그리고, 아이들의 일거수일투족을 감시하는 수많은 CCTV들. 결국 사고를 위장해서라도 어떤 것을 알아내려고 한 것은 아니었을까.

일환 설마….

주원 학교 내에 숨겨진 관리자가 있는 것은 아닐까.

일환이 숨을 죽인다. 주원이 일환을 뚫어져라 쳐다보며 말한다.

주원 처음엔 담임교사인 최일환씨를 가장 먼저 의심했습니다. 그런데…

플래시백_ #54

조금 전 상황. 진학지도실 문 앞. 미현이 주원과 엇갈린다.
"위."
미현이 주원의 옆을 스치며 아주 작은 목소리로 말한다.

주원이 일환을 똑바로 쳐다보며 말한다.

주원 바로 여기, 천장에도 감시 카메라가 있습니다.

일환이 움찔, 천장을 올려다본다.
주원이 일환의 표정을 놓치지 않는다.
일환의 눈이 커진다. 환풍기 속에 아주 작은 렌즈가 보인다.

#73 정원고등학교 / 1층 / 교장실 (늦은 저녁)

주원F 바로 여기, 천장에도 감시 카메라가 있습니다.

렌즈를 올려다보는 일환의 눈.
5번 모니터를 보는 사봉과 눈이 마주친다.
사봉이 무표정한 얼굴로 모니터를 보며 핸드폰을 꺼낸다.

사봉 (받으면) 들어오셔야겠숨다.

사봉이 모니터들을 보며 위치를 알려준다.

사봉 본관 4층 진학지도실. 본관 2층 제1교무실. 별관 3층 자율학습실.

#74 정원고등학교 / 1층 / 복도 (늦은 저녁)

복도를 지나치던 미현의 귀가 클로즈업된다.

미현이 돌아서서 교장실을 쳐다본다.

#75 정원고등학교/외부/후문 앞 (늦은 저녁)

후문 근처에 주차되어 있던 승용차가 시동을 끈다.
차 문이 열리고 김덕윤, 권용득, 배재학, 박찬일이 차에서 내린다.
좀이 쑤셨던 재학이 끄드드드 기지개를 켜며 담배(고향: 북한 담배)를
꺼낸다.
재학이 담배를 입에 물었다가 [학교 앞 금연] 표지판을 보고 남뱃갑에
다시 넣는다.
용득이 트렁크 문을 열려다가 하늘을 올려다본다.
아직 완전한 밤이 되지 않았다.

덕윤 더 어두워질 때까지 대기. 부르면 오게 하라.

용득이 주먹으로 트렁크를 '통. 통.' 두드리고 '지이익' 둥글게 긁는다.
트렁크 안에서 '통.' 두드리는 소리가 난다.
네 명이 후문 앞으로 다가가 선다. 후문에 교육부 안전 지침서가 붙어
있다. [교육시설 안전점검으로 인해 일몰 후 교문 출입을 금지합니다. -교육부-]
후문의 큼지막한 걸쇠에 자물쇠가 걸려 있다.
찬일이 자물쇠를 손으로 움켜쥐고 비틀어 뜯어낸다.
후문이 열리고 네 명이 학교로 들어간다.
눈이 쏟아진다.

#76 정원고등학교/1층/교장실 (늦은 저녁)

CCTV 모니터 속 미현이 다시 교장실로 걸어오고 있다.
사봉이 헤드폰을 벗으며 일어선다.

정원고등학교 / 1층 / 복도 (늦은 저녁)

미현이 교장실 문을 노크한다.

(E)   똑. 똑.

사봉   (문 안에서) 네.

미현이 문을 열고 들어간다.

정원고등학교 / 1층 / 교장실 (늦은 저녁)

미현이 문을 열고 들어온다.
미화원이 유리장의 트로피와 감사패들을 걸레로 닦고 있다.
유리장은 이미 닫혀 모니터들을 가렸다.
미화원이 감사패를 닦으며 무심한 표정으로 묻는다.

사봉   누구심까.

미현   (미화원 복장 보고) 학부모예요. 교장선생님 안 계세요?

사봉   퇴근하셨슴다.

미현   늦게까지 일하시네요.

사봉   (감사패 닦으며) 네. 이거로 하나하나 다 깨까시 닦아야 됨다.

미현이 가만히 미화원을 쳐다본다.
미현의 이어폰에서 주원의 목소리가 들린다.

이어폰F/주원 본인이 본인을 감시할 리는 없겠지요.

미현과 사봉의 거리가 멀다.
교장의 책상 밑. 윤성욱의 시체가 숨겨져 있다.

미현   먼지가 보여요?

사봉   (닦으며) 네?

미현   불도 _끄고_.

사봉   (멈칫)

내려져 있는 전등 스위치. 창문을 가린 암막 커튼.
순식간에 정적이 흐른다.

이어폰F/주원 누군가 감시하고 있다는 걸 몰랐습니까.

닫힌 유리장 사이로, 감춰진 모니터들의 불빛이 희미하게 새어 나온다.

미현   난 보여요.

사봉이 닦고 있는 걸레에 핏방울이 묻어 있다.
미현이 교장실 문을 닫는다.

이어폰F/주원 당신 누구야.

미현   당신 누구야.

사봉이 걸레 속에 숨겨놓은 껌칼을 움켜쥔다.

#79 스포츠센터/체육관 (늦은 저녁)

희수가 2층 트랙을 달린다.

(E)   하아. 하아. 하아. 하아. 하아.

1층 응원석에 앉아 있는 봉석의 귀에 희수의 고른 호흡 소리가 들린다.
쉬지 않고 트랙을 도는 희수의 얼굴에 땀이 흐른다.

(E)   하아. 하아. 하아.

봉석이 조용히 체육관 철문을 열고 나간다.
체육관 철문이 닫힌다.

#80 스포츠센터/건물 외부 (늦은 저녁)

봉석이 스포츠센터 밖으로 나온다. 하늘에서 눈이 쏟아진다.
고개를 돌려 보면, 건물 3층의 체육관 유리창만 불이 밝게 켜져 있다.
차도 건너편에 편의점이 보인다. 봉석이 눈 쌓인 계단을 조심스럽게
내려간다.
봉석이 편의점으로 걸어간다. [드론컷] [준화 시점]

#81 파출소 앞/시내버스 (늦은 저녁)

승객들이 계도의 버스에서 내려 뒤따라온 동용의 시내버스에 옮겨 탄다.
계도가 승객들에게 고개 숙여 사과한다. 동용이 승객들에게 연락처를
받는다.

동용   (승객들에게 전화번호 받으며) 이게 뭔 난리여. (승객들 들으라는) 바쿠가
        빵꾸난겨? 그라믄 어쩔 수 없는 일이제. 사람 크게 안 다친 게 다행이
        여. (승객들 항의하는 눈빛) 아 거, 다 보험처리 해준당게.

계도   (우물쭈물) 그, 그게….

동용   (속삭이는) 보험회사 오면 다쳤다는 승객들 전화번호 넘기고, 보험처리
        할라믄 시간 좀 걸릴 거여. 기다렸다 빵꾸 때우고 살살 몰아서 회차
        혀. 회사에 잘 말해줄텅게 걱정 말고.

계도	(꾸벅) 감사합니다. 아저씨.

동용이 승객들을 달래서 자신의 버스에 태운다.
계도가 자신의 버스를 본다. 뒤쪽 창문이 열려 있다.

#82 정원고등학교 / 교문 (늦은 저녁)

한별이 두리번거리며 교문으로 들어온다.
사람이 없는 줄 알았던, 불 꺼진 수위실 문이 열리자 한별이 흠칫한다.

지성	학생.
한별	(찔끔) 계, 계셨어요…?
지성	(문 열고 나오며) 이 시간에 무슨 일이지.
한별	(우물쭈물) 저… 그게 학교에 뭐 두고 온 게 있어서요.
지성	오늘은 문 닫았으니까 내일 와.
한별	꼭 찾아야 할 게 있는데요….
지성	(교문에 붙은 안내문 가리키는) 안 돼. [교육시설 안전점검으로 인해 일몰 후 교문 출입을 금지합니다. -교육부-]
한별	(울상)
지성	가.

한별이 교문 밖으로 쫓겨나고, 지성이 교문을 잠근다.
지성이 다시 수위실로 들어간다. 수위실 불을 켜지 않는다.
교문 밖에서 한참을 망설이던 한별이 학교 후문 쪽으로 걸어간다.

#83 스포츠센터 / 체육관 (늦은 저녁)

철문이 열리고 준화가 들어온다.
희수가 2층 트랙에서 달리기를 하고 있다.

준화가 트랙을 달리는 희수를 물끄러미 올려다본다.

(E) 철컥…!

준화가 철문을 안에서 잠근다.

#**84** **스포츠센터/체육관/2층 트랙 (늦은 저녁)**

희수가 달리다 보면, 1층 응원석에 웬 남자가 앉아 있다.
남자가 알 수 없는 표정으로 올려다본다.
희수가 갸우뚱하며 계속 달린다.
다시 한 바퀴를 달려 코너를 도는데, 1층에 앉아 있던 남자가 2층 트
랙 앞에 서 있다.

희수 (멈칫) 어…?

언제 올라온 거지. 희수가 1층과 2층을 번갈아 본다.
희수의 걸음이 늦춰진다. 남자가 희수의 진로 방향을 막고 서서 말한다.

준화 학생. 잘 뛴다야.
희수 (걸음 늦추며) 어떻게….
준화 얼마나 뛰었나.
희수 (경계하는) 누구세요?
준화 어른이 물으면 대답을 해야디. 얼마나 뛰었나 묻지 않네.

묘하게 낯선 억양에 희수가 경계한다.

희수 열 바퀴 정도 뛰었는데요.

준화   (둘러보며) 한 바퀴 이백 메타 되나. (흐음) 지친 태도 없이 잘 뛰네.
희수   누구신데요. 저 여기 사용 허락받았어요.

준화가 뒤통수를 벅벅 긁으며 희수를 가만히 쳐다보는데, 썩 내키지 않는 표정이다.

준화   학생. 확인하자.

준화가 난데없이 희수의 허벅지를 걷어찬다.

(E)   뻐억!!!!!!

#85 스포츠센터 앞 편의점 (늦은 저녁)
봉석이 편의점 쿨러에서 1+1 이온음료 캔을 고른다.

#86 스포츠센터/2층 트랙 (늦은 저녁)
난데없이 걷어차인 희수가 쓰러진다.

준화   아프네?
희수   (성질 꽉 난) 뭔 짓이야!!!
준화   아프네. 안 아프네.
희수   그럼 안 아프냐!!!
준화   진짜 아프네?

희수가 아프다면서도 당장 대들 것처럼 일어선다.
준화가 희수의 꼿꼿한 다리를 보고 갸우뚱하더니 재차 로우킥을 찬다.

(E)　뻐억!!!

희수가 같은 데를 또 얻어맞고 우당탕 넘어진다.
준화가 가만히 내려다본다.
머리카락이 엉망으로 헝클어진 희수가 웅크리고 앉아 있다.
준화가 희수를 유심히 보는데, 제대로 짜증 난 목소리가 들린다.

희수　졸빡치네….
준화　졸… 뭐?

희수가 고개를 드는데, 헝클어진 머리카락 사이로 보이는 눈빛이 살벌하다.
준화의 눈빛에 이채가 스친다. 희수가 일어서며 얻어맞은 다리를 탈탈 턴다.

준화　도망쳐도 소용없어.
희수　안 도망가.

싸움을 배운 적 없는 희수가 어설프게 양팔을 들어 주먹을 움켜쥔다.

희수　(가드 올리며) 너 가만 안 둬. 나 17대 1이다.
준화　(뭔 말인지 모르다가, 아아, 피식 웃는) 기래? 기렇게 하라.

준화가 벼락같이 하이킥을 날리고, 희수가 가드를 올려 막는다.

(E)　퍼억!!!

막았는가 싶었는데, 준화의 회축이 희수의 정수리를 내려찍는다.

(E) 쾅악!!!

혀 깨무는 소리. 희수의 입에서 피가 튄다.
이어서, 정수리를 디딤발 축 삼아 구둣발로 희수의 코를 올려 찬다.

(E) 쩌억!!!

코뼈 부러지는 소리. 희수의 코에서 쌍코피가 솟구친다.

#87 스포츠센터/체육관/문밖 (늦은 저녁)

봉석의 손에 이온음료 두 개가 들려 있다.
봉석이 문손잡이를 돌리는데 안에서 잠겼다.

봉석 어? (문 두드리는) 희수야~ 희수야~! 문이 잠겼어~!!

봉석이 철문을 두드린다.

(E) 탕! 탕! 타앙!

#88 스포츠센터/2층 트랙 (늦은 저녁)

(E) 탕! 탕! 타앙!

1층에서 봉석의 철문 두드리는 소리가 들린다.
희수가 코를 감싸 쥐고 웅크린다.
감싸 쥔 손가락 사이로 생피가 흘러나온다.

준화가 구두에 묻은 피를 트랙 바닥에 직직 문질러 닦으며 묻는다.

준화   비명 한 번 안 지르는 거이, 아픈 거 맞네?

희수가 스윽 일어나며 입과 코에 묻은 피를 쓰윽 닦는다.
준화의 눈이 커진다. 핏자국만 남았을 뿐 부러졌던 코가 아물었다.
희수가 피 닦아낸 입을 우물우물한다.

준화   말해보라.
희수   닥쳐.
준화   길게 말해보라.
희수   찐따새꺄 닥쳐.
준화   (뭔 말인지 모르는) 알아듣게 말해보라.
희수   개새끼야. 너 입 닥치라고.
준화   (알아들은) 니… 혀 깨물디 않아서?

희수가 핏물을 한 움큼 퉤 뱉어내고 준화에게 달려든다.
희수의 발길질과 주먹질을 준화가 간단한 동작으로 모두 피한다.
"야!! 이얍!! 개새끼야!! 으아!!" 기합 소리만 요란할 뿐 한 방도 때리지 못한다.
악에 받친 희수가 연신 마구잡이로 휘둘러도 준화는 피하기만 한다.
희수가 재차 주먹을 뻗는다. 준화가 희수의 팔을 잡아채 뒤로 꺾는다.

희수   어. 어!!! 자, 잠깐만!!!

준화가 희수의 팔을 꺾은 손아귀에 힘을 준다.

스포츠센터/체육관/문밖 (늦은 저녁)

철문을 두드리던 봉석이 멈칫한다. 봉석의 귀가 클로즈업된다.
철문 안에서 낯선 남자의 목소리가 들린다.

봉석　누구지…!

이어서 싸우는 소리가 들린다.
봉석이 당황해서 어쩔 줄 몰라 하는데,

(E)　빠각!!!
희수　까악!!!!!!

희수의 비명 소리가 들린다.

스포츠센터/2층 트랙 (늦은 저녁)

"까악!!!!!!" 팔이 부러진 희수가 비명을 지른다.
준화가 뒤로 두어 발자국 물러서서 희수의 상태를 확인한다.
트레이닝복 안쪽으로 희수의 팔이 꺾여 있다.

희수　(부러진 팔 붙들고) 이 씨발놈아아!!!

준화가 유심히 보는데, 희수의 눈빛이 살아 있다.
희수가 다시 가드를 올린다. 부러진 팔이 어느새 멀쩡하다.

준화　(놀라는) 어…?
희수　(다시 달려드는) 내가 너 반드시 때리고야 만다!!!

준화가 달려드는 희수를 그대로 등에 들어 멘다.

희수 뭐, 뭐야!!
준화 (트랙 난간으로 걸어가는)
희수 (발버둥 치는) 놔!!! 이거 놔!!! 내려놓으라고 미친 새끼야!!!!!!
준화 다시, 마지막으로.
희수 뭐라는 거야, 이 미친 변태 새끼야!!!

거꾸로 둘러메진 희수가 갑자기 확 뒤집힌다.

준화 확인.
희수 어?

준화가 희수를 2층 난간에서 1층 바닥으로 집어 던진다.
희수가 떨어진다. [슬로 모션]
그때,

(E) 쾅장창!!!!!!

건물 밖에서, 봉석이 유리창을 깨고 날아 들어온다.

봉석 희수야!!!!!!!!!!

제17화
각성

남산길 (밤/1994년)

남산타워 위로 보름달이 높게 떴다.

벚꽃잎 떨어진 가지에 버찌 열매가 알알이 맺혔다.

가로등 불빛 아래, 미현과 두식이 남산길을 나란히 걷는다.

두식이 썰렁한 농담을 하며 저 혼자 웃고, 미현은 또 시작이다 어색하게 웃고 있다.

두식   (웃기지도 않는 농담하는) 그래서 덩달이가

미현   (싹둑) 전부터 궁금한 게 있는데요.

두식   네? 뭐요?

미현   어떻게 나는 거예요?

두식   그냥 이렇게 태어난걸요. 태어났을 때부터 몸이 떴어요.

미현   (수긍하는) 음. (나도 '초감각'이 그러니까)

두식   (웃는)

미현   그래도 뜨는 것과 나는 건 다르잖아요. 잘 나는 방법이 있지 않아요?

두식   (걸으며) 미현씨는 어떻게 잘 걸어요?

미현   (걸으며) 왼발 다음에 오른발, 다음에 왼발.

두식   (걸으며) 그렇죠. 왼발 다음에 오른발. 안 딛으면 넘어지니까.

미현   (쳐다보는)

두식   같아요. 나도 처음에는 잘 날지 못했어요. 떨어지는 게 무서웠거든요.

미현   당연히 무섭죠.

두식   처음엔 몰랐죠. 아. 아무리 높이 떠봤자 결국 떨어지는구나.

미현   당연히 떨어지죠.

두식   그 당연한 걸 처음엔 몰랐고, 그래서 못 날았죠. 날기 전부터 떨어지는 것을 두려워했으니까.

미현   (쳐다보는)

두식   아무리 높게 멀리 난다고 해도 언젠가는 떨어져야 해요.

두식이 손바닥을 펴서 나는 모양을 만든다.
새 날듯이 손바닥 슈웅 하며

두식   추락하지 않으면 비행이 되죠.

미현   (쳐다보는)

두식   날아오르는 게 중요한 게 아니라, 잘 떨어지는 게 중요하더라구요.

닿을 곳 없는 허공에 안착하듯 두식의 손이 내려온다.
미현이 두식의 손을 본다.

두식   잘 난다는 건 잘 떨어지는 거예요.

미현이 천천히 내려지는 두식의 손을 잡아준다.
두식이 멈칫한다. 미현이 웃는다.
미현과 두식이 손을 꼭 잡고 걸어간다.
밤하늘에 둥근 달이 떠 있다.

#2   스포츠센터/체육관/문밖 (늦은 저녁) - 16화 #89에 이어서

철문을 두드리던 봉석이 멈칫한다. 봉석의 귀가 클로즈업된다.
철문 안에서 낯선 남자의 목소리가 들린다.

봉석   누구지…!

이어서 싸우는 소리가 들린다.
봉석이 당황해서 어쩔 줄 몰라 하는데,

(E)   빠각!!!

희수 꺄악!!!!!!

희수의 비명 소리가 들린다.
봉석이 철문을 두드려도 열리지 않는다.
사방을 둘러봐도 들어갈 곳이 없다.
봉석이 건물 밖으로 달려 나간다.
넘어질 듯 달려가는 봉석의 발이 무겁다.
봉석의 발목에 모래주머니가 채워져 있다.

#3 뚝방길 (밤) - 15화 #17에 이어서

미현과 봉석이 뚝방길 벤치에 나란히 앉아서 이야기를 나눈다.
수없이 바닥을 굴러 흙투성이가 된 봉석을 보며 미현이 낮은 목소리
로 말한다.

미현 엄마가 아빠한테 어떻게 날 수 있는지 물어봤거든.
봉석 (쳐다보는)
미현 아빠가 그랬어.

#4 스포츠센터/외부 (늦은 저녁)

봉석이 헐레벌떡 건물 밖으로 뛰어나온다.
계단에 쌓인 눈에 발이 미끄러져 계단 밑으로 구른다.
봉석의 바지가 찢어지고 무릎이 까져 피가 흐른다.

미현v.o 날지 못하는 것은 떨어지는 것을 두려워하기 때문이래.

봉석이 피 터진 무릎을 짚고 다시 일어선다.

미현v.o   그것만 기억해.

봉석이 다리를 절면서도 있는 힘껏 건물 뒤쪽으로 달려간다.

미현v.o   아무리 높게 멀리 난다고 해도 언젠가는 떨어져야만 해.

건물 뒤에 다다르면, 저 높이 강당의 유리창이 보인다.
봉석이 고개를 든다. 하늘에서 눈송이들이 꿈결처럼 천천히 떨어진다.

미현v.o   잘 난다는 것은 잘 떨어지는 것일 뿐이래.

봉석이 발목의 모래주머니를 풀어버린다.

미현v.o   그러니까 봉석아. 정말 날아야 할 땐…

모래주머니들이 바닥에 팽개쳐진다.

미현v.o   떨어지는 것을 두려워하지 마.

봉석이 아래로 떨어지는 눈송이들을 헤치고 위로 솟구쳐 오른다.

#5   <u>**스포츠센터/내부 (늦은 저녁) - 16화 #90에 이어서**</u>
준화가 희수를 2층 난간에서 1층 바닥으로 집어 던진다.
희수가 떨어진다.

(E)   쾅장창!!!!!!

그때, 봉석이 유리창을 깨고 날아 들어온다.

봉석   희수야!!!!!!!!!!

[슬로 모션 시작]
희수가 떨어지며 봉석을 본다.
깨진 유리에 긁힌 봉석의 얼굴을 본 순간, 희수의 눈에 눈물이 핑 돈다.
봉석이, 몸을 잘 가누지 못해, 하나도 안 멋있게, 내던져진 오징어처럼
날아온다.
봉석이 이를 악물며 몸을 틀어 있는 힘껏 손을 뻗는다.

봉석v.o   그런데, 엄마.

떨어지는 희수. 봉석에게 팔을 벌린다.

봉석v.o   난 아직도 무슨 말인지 잘 모르겠어요.

봉석이 희수를 공중에서 낚아채 끌어안는다.

봉석v.o   잘 날고, 잘 떨어지는 거.

희수를 끌어안은 봉석의 몸이 처진다.

봉석v.o   그 잘한다는 게 뭐죠?

봉석이 희수를 안고 바닥에 곤두박질칠 것처럼 바닥에 쏠린다.

미현v.o 글쎄, 엄마가 생각하기엔…

희수를 끌어안은 봉석의 손등이 체육관 바닥에 긁힌다.

미현v.o 여기까지인가보다 할 때…

봉석의 얼굴에 좌절감이 스친다.

미현v.o 한 번 더 힘을 내보는 게 아닐까.

안간힘을 쓰는 봉석을 느끼며 희수가 말한다.

희수 난 괜찮아. 놔.

봉석이 더욱 희수를 끌어안는다. 희수가 먹먹하다.
희수가 봉석을 끌어안는다.

미현v.o 그러니까 봉석아.
봉석 (이 악무는) 으으윽…!!!
미현v.o 힘내. [슬로 모션 끝]
봉석 으아아아아아아아아아아아!!!!!!!!!!!!!!!!

봉석이 희수를 부둥켜안고 체육관 천장 높이 날아오른다.
높이 날아오르는 봉석의 모습이 하얗게 흩어진다.
새하얀 화면에 타이틀 '무빙'이 뜨고, 소제목 '제17화: 각성'이 여백을
가득 채운다.

타이틀 옅어지고―

봉석이 희수를 안고 눈송이처럼 천천히 내려온다.
봉석의 양발이 바닥에 착지한다.

봉석　(숨 몰아쉬는) 하아… 하아… 하아… 나… 내가…

희수　(품에 안겨서 봉석 보는)

봉석　(울컥하는) 내가… 뜨는 게 아니라… 내가…

희수　날았어.

봉석　내가 날았어…?

봉석이 멍한 표정으로 멍하니 서 있다.

"응."

봉석이 뒤를 돌아본다.
어린 시절, 초등학교 운동장의 아이들이 봉석을 보며 웃는다. [2화 #25]
아이들의 웃는 얼굴이 맑고 밝다.
아이들 사이, 번개맨 망토를 두른, 망토아이가 미소 짓는다.

"이번에는 정말 멋지게 날았어."

뒤돌아보는 봉석의 눈에 눈물이 고인다.

#6 **정원고등학교/4층/진학지도실 (늦은 저녁)**
주원과 일환이 상담 테이블에 마주 앉아 있다.

주원 바로 여기, 천장에도 감시 카메라가 있습니다.

일환이 천장을 올려다보면, 환풍기 속 아주 작은 카메라 렌즈.
일환의 눈이 커진다.

주원 본인이 본인을 감시할 리는 없겠지요.
일환 (천장을 보며 당황하는)
주원 누군가 감시하고 있다는 걸 몰랐습니까.

주원이 테이블 위에 손을 올린다.
일환을 똑바로 쳐다보며 주먹을 꾸욱 움켜쥔다.

주원 당신 누구야.

고요하지만 날 선 주원의 추궁에 일환이 말을 더듬는다.

일환 (중얼) 나는…

떨리는 일환의 목소리. 주원이 뚫어져라 쳐다본다.
일환의 눈동자가 흔들린다.
일환은 차마 주원의 눈을 마주 보지 못하고 시선을 피한다.
일환이 시선을 피한 곳. 일환의 책상. 책꽂이에 꽂힌 오래된 학적부들.
10여 년이 넘은 학적부들에 일환의 손때가 묻어 있다.
일환의 시야가 아득해진다. 사방이 어두워진다. 민 차장의 목소리가
들린다.

민 차장v.o 아무리 시간이 오래 걸려도 자네가 하는 일을 잊지 말게.

어둠 속에 혼자 앉아 있는 일환의 뒷모습.

텅 빈 일환의 등.

일환의 모습마저 사라지고 화면 암전된다.

지속되는 어둠.

그리고, 어둠 속에서 들리는 목소리.

그동안 수없이 들었던 학생들의 목소리.

"선생님."

일환이 눈을 뜨고 화면 밝아진다.

일환이 고개를 들어 주원을 똑바로 쳐다본다.

일환의 눈동자가 흔들리지 않는다.

민 차장v.o   자네는 블랙이야.

일환   나는 선생입니다.

#7   <u>정원고등학교/1층/교장실 (늦은 저녁)</u>

미현   당신 누구야.

사봉이 걸레 속에 숨겨둔 스크래퍼(껌자국 떼는 칼)를 움켜쥔다.

미현의 차가운 시선이 사봉을 노려본다.

사봉이 스읍 옅은 숨을 쉬고 수건으로 계속 감사패를 닦는다.

사봉   (닦으며) 내 미화원임다.

미현   조선족 아니지.

사봉   (멈칫)

미현   억양이 달라. 조선족은 동북방언. 당신이 숨긴 건 서북방언.

사봉   (대놓고 서북방언) 그걸 어뜨케 암미까?

미현   연변에서 조선족들을 만났었으니까.

사봉의 표정이 변한다.
수건 속에 스크래퍼를 숨긴 채, 사봉의 발끝이 미세하게 틀어지는데

미현   칼.

사봉   (멈칫)

미현   피 냄새가 나.

교장의 책상 밑에 숨겨진 윤성욱의 시체. 목에 피가 흐른다.

미현   대답해. 어디서 왔어.

사봉   풍양. [평양]

(E)   휘익!!

사봉이 대답과 동시에 미현의 미간에 스크래퍼를 던진다.
미현이 고개를 틀어 피하면, 벽에 스크래퍼가 박힌다.
미현의 빠른 반응에 사봉이 되레 놀란다.

미현   난 아직 묻고 싶은 게 많

순간, 미현의 시야를 채우는 사봉의 발바닥.
사봉이 바람처럼 도약해 쇄도하는 찰나, 미현의 눈엔 사봉의 움직임
이 분절로 보인다.
미현이 핸드백 끈을 휘둘러 사봉의 발목을 감아 뒤로 돌린다.
둘의 위치가 역전되고, 사봉이 벽에 꽂힌 스크래퍼를 뽑아 미현의 뒷

목에 휘두른다.

미현이 몸을 굴려 피한다. 사봉이 착지하면, 둘의 위치가 바뀌었다.

미현이 책상 뒤에 숨겨진 성욱의 시체를 발견한다.

사봉   아아. 니 잘한다.

미현   탈북자 아니지?

사봉   (쳐다보는) (수긍하는)

미현   왜 왔어.

사봉   니는 왜 왔서. 뭘 찾는데 그렇게 돌아다니니.

미현   너랑 같은 거.

사봉   (피식) 그게 뭔데?

미현   (대답 못 하는)

사봉   (스크래퍼 꼬나 쥐는) 더 할 수 있겠니?

그때, 미현의 귀에 들려오는 복도의 발자국 소리. 미현의 귀. (c.u)

저벅저벅 들려오는 발자국 소리가 가까워진다.

미현   혼자 아니지?

사봉   (발자국 소리 뒤늦게 들은) 귀두 밝구나.

(E)   픽! 퍼픽!!

사봉이 말을 맺기도 전에, 미현이 유리장의 감사패들을 집어 던진다.

(E)   퍼픽!!

귀신같은 몸놀림으로 피하는 사봉.

연이어 날아와 벽에 부딪혀 박살나는 감사패들.

128

(E)   픽! 쨍그랑!! 픽!! 픽!!

감사패가 동이 나자 미현이 비교적 가벼운 트로피를 집어 던진다.

(E)   땡!

사봉이 스크래퍼로 트로피들을 쳐낸다.

(E)   땡!

한 발 한 발.

(E)   땡!

어둠 속에서 간격이 좁혀진다.

(E)   땡!

속수무책으로 창가까지 몰리는(유인하는) 미현. 사봉이 돌진한다. 미현이 책상 위의 뭔가를 집어 던진다. 사봉이 반사적으로 스크래퍼를 휘두른다.

(E)   쩌억!!

흙먼지가 날린다.

사봉   웁

흙가루에 사봉이 눈을 감은 찰나,

(E)   투투투투두두툭…!!

커튼 뜯는 소리가 나더니

(E)   촤악!! 쨍그랑!!

사봉의 얼굴에 암막 커튼이 씌워진다. 당황한 사봉이 뒤로 펄쩍 뛰어
물러난다. 스크래퍼를 휘두르며 얼굴을 덮은 암막 커튼을 젖히면, 바
닥에 깨진 난초 화분이 있다. 커튼이 뜯긴 곳에 유리창이 깨져 있다.
미현이 사라지고 없다.

사봉   (깨진 유리창 보며) (중얼) 그사이 일부러….

사봉이 깨진 창문으로 밖을 내다본다.
화단 한복판에 도망치다 벗겨진 미현의 신발 한 짝이 떨어져 있다.
그때, 문이 열리고 재학이 들어선다. 재학이 사봉을 유심히 쳐다보며
묻는다.

재학   소속.
사봉   보위부 산하 남파부. (되묻는) 소속.
재학   호위총국 산하 특기부.

서로의 신원을 확인한다.
재학이 난장판이 된 교장실과 깨진 유리창을 쳐다본다.

재학	난리네.
사봉	(창밖 보며) 도망쳤어.
재학	(쳐다보는) 누구.
사봉	특수 기력자 부모.
재학	부모?
사봉	잡으면 돼. 파일을 찾고 있는 것 같았어. 아직 학교 안에 있을 거야.

사봉이 벽으로 다가가 유리장을 밀면 CCTV 모니터들이 펼쳐진다.
재학이 책상 뒤 성욱의 시체를 발견하고 묻는다.

재학	죽여서(죽였어)?
사봉	걸리적거려서.
재학	파일을 찾는 거이 임무 아니네?
사봉	(모니터 훑어보며) 관련자들 싹 다 죽이는 것도 임무야.

#8 정원고등학교 / 4층 / 진학지도실 (늦은 저녁)

일환과 주원이 마주 앉아 있다.
주원이 의심을 풀지 않은 눈으로 일환을 쳐다본다.
그때 (E) 드르륵…! 진학지도실 문이 열린다.
주원과 일환이 고개를 돌려 보면 문 앞에 낯선 남자가 서 있다.

일환	누구십니까…?

무표정한 남자는 말없이 안을 보는데, 남자의 뒤쪽에 거구의 남자가
버티고 서 있다.
압도될 만큼 커다란 거구의 남자는 얼굴이 온통 흉터로 가득하다.
거구의 용득을 배경처럼 뒤에 세운 덕윤이 입을 연다.

덕윤	(억양이 미묘한) 학생들 파일은 어디 있나.
일환	(쳐다보다가) 무슨 파일….
덕윤	잠재 기력자 파일.
일환	기력자…?
덕윤	니들 말로 초능력자.

주원과 일환이 꿈틀한다. 주원이 고요하게 일환과 덕윤을 번갈아 본다.

덕윤	내놔.

#9 국가안전보위부/부장실 (밤) - 7화 #78에 이어서

덕윤이 책상 위의 핸드폰을 내려다본다.
스마트폰에서 영상이 재생된다.

인서트

한별이 촬영한 영상. 희수를 구하는 강훈의 초능력이 재생된다.

동영상을 내려다보는 남자의 검지 없는 손이 꽉 쥐어진다.
보위부장이 램프 갓을 올리면, 뒷벽에 걸린 김일성 삼대의 사진이 드러난다.

보위부장	남으로 가라.

램프 불빛에 드러나는 김덕윤의 얼굴.
핸드폰 속 동영상을 보는 덕윤의 눈이 꿈틀거린다.

보위부장	우리 보위부는 남조선에서 차세대 기력자들을 키운다는 첩보를 이미

입수했었어. 의심되는 근거지를 파악하기까지 오래 걸렸지.

인서트

책상 위 명패. [국가안전보위부장 김현성]

[자막: 국가안전보위부 - 북한의 정보기관]

보위부장 정보 수집을 위해 보위부 정예요원을 심어놨지.

인서트

책상 위 윤사봉의 신상명세 서류와 사진.

보위부장 물증을 찾으랬더니만, 엉뚱한 데서 남조선놈들의 흉계가 드러났어. 당장 남으로 가서 합류하라.

덕윤 물증이 뭡네까.

보위부장 어린 기력자들을 키우는 파일이 있어.

덕윤 임무는 뭡네까.

보위부장 기력자 양성 계획을 박살낸다. 관련자들 싹 다 죽이구, 그 파일 찾아오라.

#10 정원고등학교/별관/3층/자율학습실 (밤)

텅 빈 자율학습실에 강훈이 혼자 앉아 공부한다.

벽시계가 8시를 넘어간다.

강훈이 문득 벽시계를 보고, 부랴부랴 교재를 덮고 가방을 챙긴다.

#11 강훈 집 앞/슈퍼마켓 (밤)

눈이 쌓여가는 평상에 재만이 앉아 있다.

재만이 손목시계를 보며 언덕길 아래를 두리번거린다.

윤영이 가게에서 나오며,

윤영　눈 오는데 좀 들어와요.

재만　괘, 괜찮아.

윤영　(언덕길 내려다보며) 수능 끝나서 이제 좀 일찍 온다더니….

재만　아, 아무 일 없겠지…?

윤영　(웃는) 공부 더 하나 보죠. 전화해볼 테니 들어와요. 감기 걸려.

재만　괘, 괜찮아.

재만이 언덕길 아래를 내려다본다.
윤영이 못 말리겠다는 듯 가게로 들어간다.

#12　정원고등학교 / 1층 / 교장실 (밤)

재학과 사봉이 CCTV 모니터를 본다.
모니터 곳곳에서 각각의 상황이 나열된다.

인서트_ 진학지도실

테이블에 앉아 있는 주원과 일환. 문밖에 선 덕윤과 용득.

인서트_ 자율학습실

가방을 챙기는 강훈.

인서트_ 3층 복도

자율학습실 쪽으로 걸어가는 찬일.

인서트_ 제1교무실

일환의 책상을 뒤지고 있는 기수.

재학   (방기수 보며) 저건 뭐야.

사봉   (모니터 보느라 대답 없는)

재학   왜?

사봉의 눈이 학교 내부와 외부의 CCTV 모니터들을 훑는다.

사봉   (중얼) 그년이 안 보여.

모니터를 훑는 사봉. 순간, 뭔가 생각났는지 사봉의 표정이 굳는다.
사봉이 화다닥 창가로 달려가서 미현이 흘리고 간 신발을 다시 본다.
눈 쌓인 길 위에 미현의 신발만 있을 뿐, 주변에 발자국이 없다.

#13   정원고등학교/1층/교장실/교장실 밖 화단 – #7 미현 시점

사봉이 쉐도한다. 미현이 뒤로 물러서며 책상 위의 난초 화분을 집어
던진다.
사봉이 반사적으로 스크래퍼를 휘두르면 화분이 깨져 흙먼지가 날린다.
사봉의 시야가 가려진 찰나, 암막 커튼을 뜯어 사봉의 얼굴에 뒤집어
씌운다.
미현이 유리창을 깨고 밖으로 몸을 날린다.
창밖으로 나온 미현이 신발 한 짝을 벗어 멀리 화단에 던진다.
미현이 달아나지 않고 창문 턱 아래 벽에 붙는다.
화단과 건물 사이에 몸을 숨긴 미현이 숨죽이고 귀를 기울인다.

(v.o)

"소속./보위부 산하 남파부. 소속./호위총국 산하 특기부./
난리네./도망쳤어./누구./특수 기력자 부모./부모?/
잡으면 돼. 파일을 찾고 있는 것 같았어. 아직 학교 안에 있을 거야."

미현na 파일…?

(v.o)

"죽였어?/걸리적거려서./파일을 찾는 거이 임무 아니네?"

미현na 무슨 파일을 찾는다는 거지?

(v.o)

"관련자들 싹 다 죽이는 것도 임무야."

미현na (눈이 커지는) 설마…!

미현의 표정이 살벌해지며 눈에 살기가 돈다.

#14 정원고등학교 / 1층 / 교장실 (밤)
사봉과 재학이 발자국 없는 신발을 본다.

재학 (감탄하는) 보통내기 아인데. 내가 찾아보지.
사봉 아니. 이년은 내끼야. (모니터 가리키며) 동무는 저거나 쫓아가.

모니터 속, 기수가 제1교무실에서 일환의 책상을 뒤지고 있다.

재학 관련자인가.
사봉 (힐끗) 관련자였어.
재학 였어?
사봉 (무섭도록 냉정한) 어차피 지금 학교 안에는 관련자들밖에 없어. 그냥 싹 다 죽이면 돼. (다른 모니터 훑으며) 이년이 어디로 갔지….

사봉은 독이 오른 모습으로 미현을 찾아 모니터들을 훑는다.
재학이 모니터 속 기수를 가만히 쳐다본다.
기수의 교복 차림이 클로즈업된다.

재학   아니지. 그동안 얼마나 뭘 키웠는지 확인해야지.

재학이 교장실 밖으로 나간다.
사봉은 여전히 뚫어져라 수많은 CCTV 모니터들을 훑어보며 미현을
찾는다.
외부 모니터 하나가 갑자기 하얗게 가려진다.
사봉의 눈이 커진다. 외부 CCTV 모니터들이 연달아 하얗게 가려진다.

#15   정원고등학교/외부 (밤)

(E)   픽!

눈덩이가 날아와 CCTV 카메라 렌즈를 맞힌다.
미현이 CCTV들의 사각으로 이동하며 바닥의 눈을 뭉친다.
눈 팔매질로 CCTV 카메라들을 정확하게 맞추는 미현.

(E)   픽! 픽!

눈 위를 달리는 미현의 발에 신발 한 짝이 없다.
하나하나 가려지는 CCTV 카메라들.

(E)   픽! 픽!

미현이 CCTV들을 가리며 기계실 쪽으로 달려간다.

#16 정원고등학교/1층/교장실 (밤)

당황한 사봉이 하얗게 가려지는 모니터들을 쳐다본다.
모니터 하나에서 눈덩이가 떨어지며, 기계실로 들어가는 미현의 모습이 보인다.
사봉의 눈이 커지는데, 정전이 되며 모니터들이 일제히 꺼진다.

사봉　이 종간나 에미나이.

사봉이 교장실 밖으로 나간다.

#17 정원고등학교/전경 (밤)

운동장에서 바라보면 학교 건물 전체의 불이 한꺼번에 꺼진다.

#18 정원고등학교/기계실 (밤)

창문 하나 없는 기계실의 짙은 어둠. 작은 사무공간의 한쪽 벽.
배전반의 덮개가 열려 있고, 메인 차단기가 내려져 있다.

#19 정원고등학교/4층/진학지도실 (밤)

갑작스러운 정전. 어두워진 진학지도실.
주원이 꺼진 형광등을 힐끗 보고, 바위처럼 가만히 앉아서 상황을 관망한다.
문밖. 덕윤의 뒤에 말없이 서 있는 용득의 거구가 어둠에 묻혀 더욱 거대해 보인다.
덕윤은 동요하지 않고 재차 용건만 말한다.

덕윤　내놔. 파일.
일환　무슨 말인지 모르겠습니다. 그런 거 없습니다.

덕윤	학생들 파일. 잠재 기력자들 모아서 관리했잖아.
일환	어디서 오셨습니까.
덕윤	답을 해야 답을 하지. 파일 내놔.
일환	(대답 않는)
덕윤	남조선의 개들은 답이 없군.
일환	남조선…?
덕윤	파일만 내놓으면 끝나. 잘 판단해.
주원	야.

주원이 불쑥 끼어든다.

주원	(덕윤 쳐다보는) 너 말투가 왜 그래.
덕윤	(주원 쳐다보는)
주원	재수 없잖아.
덕윤	(쳐다보는)
주원	(경상도 사투리) 윽지로 서울말 쓰이 더 재수없다.

덕윤이 주원을 지그시 쳐다본다.

#20 정원고등학교/3층/4층/연결계단 (밤)

갑작스러운 정전. 강훈이 자율학습실 문을 열고 나오다가 멈칫한다.

강훈	(올려다보며) 응?

주변을 둘러보면 학교 전체가 컴컴하다.
강훈이 갸우뚱하며 걸어가는데, 계단 통로 건너편에 누군가 서성이고
있다.

건너편 본관 쪽에 남자가 서 있는데, 계단 천장에 가려 얼굴이 보이지 않는다.
강훈이 누구지 싶다가 그냥 가려는데 남자가 부른다.

찬일 이보라.

강훈 (쳐다보는)

찬일 여기 자율학습실이 어데가.

강훈 (뒤 가리키며) 여기요.

남자가 천장 밑으로 고개를 숙여 강훈을 유심히 본다.

찬일 방금 거기서 나와서(나왔어)?

강훈 네.

계단 창으로 들어오는 빛에 찬일의 얼굴이 비친다.
복도의 어둠 속에 서 있는 강훈의 얼굴이 잘 보이지 않는다.
강훈이 계단을 내려가려는데 남자가 다가온다.

찬일 서보라.

강훈 (중간 계단에 서는)

찬일이 강훈에게 걸어가며 주머니에서 핸드폰을 꺼낸다.
핸드폰 액정화면. 강당 사고에서 희수를 구한 강훈의 얼굴 캡처 사진.
멀리서 찍은 영상을 캡처한 사진은 강훈의 얼굴이 흔들려서 흐릿하다.
찬일이 핸드폰 사진 속 강훈의 얼굴을 확대한다.

#21 정원고등학교/4층/진학지도실 (밤)

"윽지로 서울말 쓰이 더 재수읎다."
주원이 덕윤에게 시비조로 말한다.
뒤에 장승처럼 서 있던 용득이 나서려는데, 일환이 조용히 일어나 책
상으로 간다.
일환이 허리를 숙여 책상 서랍을 연다.
덕윤이 책상을 뒤지는 일환을 보며 말한다.

덕윤   허. 겨우 거기 뒀었나.

덕윤이 피식 웃는다. 일환이 돌아선다.
피식하던 덕윤의 표정이 다시 무표정이 된다.

일환   나가.

어둠 속에서 일환이 꺼낸 것은 작은 막대기처럼 보인다.

인서트
열린 서랍 안에 일환이 늘 쓰던 안테나 지시봉이 들어 있다.

일환이 안테나 지시봉을 두고 그동안 숨겨뒀던 삼단봉을 꺼내 들었다.

일환   학생들 파일은 선생만 볼 수 있다.
(E)   촤악!!

일환이 삼단봉을 펼쳐 덕윤과 용득에게 겨눈다.

일환   학교에서 나가.

덕윤이 일환을 쳐다보다가 한 발 옆으로 물러선다.
덕윤의 뒤에 서서 말 한마디 없던 용득이 앞으로 나선다.
용득의 발이 문 안으로 들어서려는데,

주원 어딜 들어와.

용득 (문턱에서 멈칫)

주원 선생님 말씀 못 들었어?

주원이 의자에 앉은 채 옆으로 돌려 앉는다.
테이블 아래 있던 주원의 군홧발이 드러난다.

주원 난 선생이 아니어서 말을 점잖게 못 한다.

주원이 무표정한 얼굴로 용득을 쳐다본다.

주원 거기서 한 발자국만 더 들어오면 니 발을 뽑아버릴 거다.

용득이 무표정한 얼굴로 주원을 마주 본다.

주원 들어와봐.

#22 정원고등학교 / 3층 / 4층 / 연결계단 (밤)

찬일이 강훈의 얼굴 사진을 확대한 핸드폰을 보며 강훈 쪽으로 걸어
온다.
그때, 강훈의 주머니에서 핸드폰이 울린다.
핸드폰을 꺼내 보면 액정화면에 뜨는 [엄마].
어둠 속에서 핸드폰 액정 불빛에 강훈의 얼굴이 비친다.

강훈   (엄마 전화 받는) 네. 엄마. 나 아직 학교

찬일   (멈춰 서며) 오. 너 맞구나.

강훈   (전화 받은 채 찬일에게) 네?

찬일이 벼락같이 달려들어 강훈의 턱을 걸어찬다.

(E)   뻐억!!!!!!

강훈   (비명) 아악!!!

#23 정원고등학교/4층/진학지도실 (밤)

"아악!"
멀리 복도에서 들리는 비명 소리. 일환의 눈이 커진다.

일환   강훈이…!

덕윤   테스트.

일환   뭐라고…?!

덕윤   파일을 내놓지 않으니 하나하나 확인을 해봐야 할 거 아닌가.

일환   ……!!!

덕윤   애들한테 좀 혹독한 테스트가 될 거야.

일환   (달려드는) 비켜어어어!!!

일환이 문을 막아선 용득에게 삼단봉을 휘두른다.
용득이 멀거니 서 있다.

(E)   따악!!

용득의 이마가 찢어지며 피가 터진다.

일환이 피하지도 않는 용득을 보며 되레 놀란다.

(E)   턱!

용득이 진학지도실 안으로 발을 들인다.
일환이 주춤하는 그때, 주원이 일어나서 용득의 앞을 막아선다.
머리 하나는 더 큰 용득이 주원을 내려다본다.
압도적인 신장 차이에도 주원은 조금도 위축되지 않는다.

주원   내가 뭐라고 했냐.

용득이 갸우뚱 쳐다본다. 주원이 발을 들어 용득의 발목을 밟는다.

(E)   콰악!! 으적!!

용득의 발목뼈가 뒤로 꺾이며 털썩 주저앉는다.

주원   발 뽑아버린다고 했지.

주원이 주저앉은 용득의 머리끄덩이를 잡고 말한다.

주원   (일환에게) 선생님은 가세요. 곧 따라가겠습니다.
일환   네, 네! (밖으로 나가는)
주원   (문밖의 덕윤에게) 너 거기 가만히 있어. 이 새끼 다음에 너다.
덕윤   그러지.

#24 정원고등학교/2층/제1교무실/복도/제2교무실 (밤)

어두운 교무실. 기수가 뒤진 최일환의 자리가 온통 지저분하다.

cut to_ 복도

교무실 문이 열리고, 기수가 조심스럽게 불이 꺼진 복도를 내다본다.
복도에 아무도 없다. 기수가 바로 옆 제2교무실로 걸어간다.

cut to_ 제2교무실

제2교무실 문이 살짝 열려 있다. 교무실 안쪽 책상의 이름표.「윤성욱」.

cut to_ 복도

기수가 제2교무실에 가려는데, 맞은편 계단 코너에서 웬 낯선 남자가
걸어 나온다.
기수가 못 본 척 얼른 다시 돌아서는데

재학 　잠깐.

기수 　(멈칫) (뒤돌아보는)

재학 　(어둠 속에서 다가오며) 니 여기 학생이니?

재학이 유심히 쳐다보며 다가온다.
기수가 뻣뻣하게 버티고 서서 대답한다.

기수 　그런데요.

재학 　(다가와 서며) 이 시간에 학교에서 뭐 하니.

기수 　누구신데?

재학 　어른이 물어보문 대답을 해야지.

기수 　(티꺼운) 그러니까 누구신데.

재학 　허 참. 학생이 버릇이 없네. (기수가 나온 교무실 보며) 저기를 어째 뒤졌

니. 찾는 거 있니.

기수   뭔 상관인데.

재학   니 선생이 체육 담당이니.

기수   (대답 않는 긍정)

재학   맞구나.

재학이 가만히 보면, 건장한 체격의 기수가 만만치 않은 인상이다.

재학   (유심히 보다가) 일반이니?

기수   뭐?

재학   일반이냐고.

기수   삼반이다.

재학   (응?)

분위기가 썰렁해진다.

재학   니 뭐 할 줄 아는 기 있니.

기수   뭘.

재학   뭐 아무거나 한번 해봐.

기수   뭐라는 거야 씨팔.

재학   (절레절레) 도덕(싸가지: 북한말) 없다야.

기수   도덕은 또 뭐야. 씹꼰대야?

재학   쩝.

마지못한 듯 쳐다보던 재학이 갑자기 따귀를 올려붙인다.

(E)   짜악-!

기수 (비명) 어억!!

따귀를 얻어맞은 기수가 악에 받쳐 소리 지른다.

기수 (소리치는) 야이 씨팔새끼야!!!

#25 정원고등학교/4층/복도/진학지도실 앞 (밤)

일환이 복도로 뛰쳐나온다.
강훈의 비명 소리가 들린 쪽으로 달려가려는데,
"어억!! 야이 씨팔새끼야아아!!!"
복도 아래에서 또 다른 비명 소리가 들리고 일환이 멈칫한다.

일환 기수…?!

순간 갈등하던 일환이 기수의 비명이 들린 쪽으로 달려간다.

#26 정원고등학교/연결계단/3층/복도 (밤)

강훈이 바닥에 쓰러져 버둥거린다.
강훈의 입술은 터지고 핸드폰은 박살났다.
찬일이 쓰러진 강훈을 보며 갸우뚱한다.

찬일 뭐이가 이건.
강훈 (피 닦으며) 끄으윽….
찬일 아니나?

찬일이 강훈의 얼굴 옆에 핸드폰을 갖다 대며,
핸드폰 속 사진과 비교한다.

찬일　맞는데…?

그때,

(E)　쐐액!!!

강훈이 앉은 자세에서 주먹을 휘두른다.
찬일이 뒤로 펄쩍 뛰어 계단 난간에 고양이처럼 착지한다.

찬일　어이쿠.

바람 같은 찬일의 몸놀림에 강훈이 놀란다.
놀란 표정도 잠시, 강훈은 독이 오른 표정으로 바닥에서 일어선다.

강훈　아저씨 뭡니까.

찬일이 계단 난간에 앉아 고개를 갸웃하다가,
아무 말 없이 강훈을 덮친다.
찬일의 주먹이 강훈의 얼굴을 향해 내리꽂힌다.
강훈이 찬일 못지않은 몸놀림으로 계단 뒤로 펄쩍 뛰어 피한다.

찬일　오.

찬일의 눈에 이채가 스치더니, 이내 틈을 주지 않고 폭풍처럼 쇄도한다.
물러서는 강훈의 뒷걸음질이 찬일의 빠른 걸음과 맞먹는다.
강훈이 주먹을 피하며 복도 코너를 돈다.
찬일이 기어이 쫓아오며 주먹을 휘두른다.

cut to_ 3층/별관 복도

강훈이 뒤로 달리고, 찬일이 주먹을 휘두르며 계속 쫓는다.
강훈과 찬일이 쫓고 쫓기며 별관에 들어선다.
강훈이 복도 끝을 쳐다본다.

찬일   어델 도망… 엇.
(E)   터엉-! 터엉-! 터엉-! 터엉-! 터엉-!

강훈이 다섯 걸음 만에 복도 끝까지 달려간다.

(E)   지이이이익…! 턱!

강훈이 제 속도를 못 이겨 복도 끝 벽에 멈춰 선다.
순식간에 멀어진 둘의 거리. 강훈이 순식간에 50여 미터를 뛰었다.
어두운 복도. 저만치 떨어진 찬일이 놀란 눈으로 강훈을 쳐다본다.

찬일   (큰 소리로) 역시 젊고 빠르구나야.
강훈   (노려보는)
찬일   나랑 같은 종인가.
강훈   종…?
찬일   (몸 웅크리고 발꿈치에 힘주며) 빠르기만으로는 알 수 없디.

순간, 강훈의 눈이 커진다.

#27 **정원고등학교/4층/진학지도실 (밤)**

살벌하게 변해버린 주원의 얼굴. 발목이 꺾여 허리 숙인 용득.
주원이 용득의 얼굴을 무릎으로 올려 찬다.

(E) 빠악!!!

용득이 벽을 짚고 일어서려는데, 주원이 용득의 머리를 잡고 벽에 친다.

(E) 쿵! 쿵! 쿵! 쿠웅!!!

벽에 금이 가며 용득의 머리가 온통 찢어져 피가 흐른다.
주원의 무자비한 폭력에 용득이 저항하지 못한다.

(E) 콰드드드드득······!!!

주원이 용득의 머리를 벽에 갈아버린다.

#28 정원고등학교/2층/복도 (밤)

기수 (소리치는) 야이 씨팔새끼야!!!

기수가 다짜고짜 주먹을 휘두르고 재학이 손쉽게 손목을 잡아 꺾는다.
손목이 꺾여 발꿈치가 들린 채 어어어억 뒤로 밀리는 기수.
재학이 따귀를 한 대 더 올려친다.

(E) 짝!!

기수 (얻어맞고) 악!

기수의 볼이 애플망고처럼 부어오른다.
재학이 기수의 손목을 더욱 꺾으며 말한다.

재학 내 말했잖니. 그러니까 뭐 좀 해봐라.

기수   (손목 아픈) 아아아아악!!!

재학   뭐 할 줄 아는 기 진짜 없니?

재학이 기수를 쳐다보는데, 뒤에서 바람 가르는 소리가 들린다.

(E)   패액…!!!

반사적으로 고개를 숙이면, 삼단봉이 재학의 정수리를 스친다.
재학이 바닥을 굴러 피하고 돌아보면, 쓰러진 기수가 놀란 눈으로 올려다보고 있다.
어느새 달려온 일환이 기수의 앞을 막아선다.
일환이 삼단봉을 치켜올려 검도 자세(상단세)를 취한다.

일환   (삼단봉 내려치는) 하압!!!!!!

재학이 삼단봉을 피하며 주먹으로 일환의 옆구리를 가격한다.

(E)   퍽!

일환이 비틀거리면서도 다시 상단세를 취한다.
재학이 정식으로 격술(북한 무술) 방어 자세를 취한다.
좁은 복도에서 일환과 재학이 대치한다.

일환   (삼단봉 후려치는) 헙!! 하압!! 헙!!! 하압!!!!!!

일환이 내려치기 후리기를 반복하고 재학이 격술로 맞서 싸운다.

(E)　　펙!

피하던 재학이 드디어 왼쪽 어깨를 얻어맞는다.

(E)　　펙!

일환과 재학이 치고받으며 싸운다. 삼단봉보다 주먹이 더 빠르다.

(E)　　퍼억!! 빽! 빽!

코피가 터진 일환이 다시 고지식한 상단세를 취한다.
태산처럼 버티고 선 일환의 뒷모습을 기수가 멍한 표정으로 바라본다.
재학의 주먹이 작열한다.

(E)　　퍼억!!

복도에 일환의 피가 튄다.

(E)　　펙! 펙!

연신 얻어맞으면서도 막무가내로 돌진하는 일환의 공격에 재학이 밀리기 시작한다.
기수의 앞을 막으며 필사적으로 삼단봉을 휘두르는 일환의 뒷모습.
멍하게 바라보는 기수의 표정이 복잡해진다.

(E)　　쩌억!!

기어코, 재학이 옆구리를 제대로 얻어맞는다.

재학   (아픈) 끄윽… 야. 무기 쓰는 건 반칙 아이니?

일환이 엉망이 된 얼굴로 숨을 고르며 다시 상단세를 취한다.

일환   후우우우웁… (삼단봉 치켜올리며) 닥쳐.
재학   (보다가) 글타문 뭐.

매서운 눈빛으로 삼단봉을 치켜올리던 일환의 눈이 커진다.

#29   스포츠센터/1층 체육관/2층 트랙 (밤)

봉석이 희수를 내려놓는다. 희수가 보면 봉석이 엉망이다.
달리다가 넘어졌던 무릎과 날다가 체육관 바닥을 스쳤던 손등이 모두
까졌다.

희수   (봉석의 무릎과 손등 보며) 괜찮아?
봉석   응. 아무렇지도 않아.

봉석은 희수 보라는 듯 애써 아무렇지 않은 척 웃는다.
희수가 봉석을 물끄러미 본다.
사랑스럽고 미안하고 고마운데 기껏 한다는 말이

희수   니가 나냐.

cut to_ 2층 트랙

2층 난간. 준화가 내려다보고 있다.

봉석을 보는 준화의 표정이 미묘하게 뒤틀린다.

준화가 봉석을 지그시 노려보며 핸드폰을 꺼내 전화를 건다.

준화　(전화 받으면) 찾았슴미다. 어떻게 할까요. (듣다가) 알갓습니다.

cut to_ 1층 체육관

희수가 태연히 통화하고 있는 준화를 올려다본다.

희수　나 한 대도 못 때렸어.

봉석　어? 아. (올려다보는) 누구야?

희수　몰라. (으드득) 나 어떻게든, 한 대만이라도 때릴 거야.

봉석　(희수 처다보는)

준화가 전화를 끊고 아래를 내려다본다.

희수가 앞으로 나서며 2층에 대고 고래고래 소리 지른다.

희수　(쩌렁쩌렁 소리 지르는) 아이 미친 새끼야!!! 너 죽었어!!!

준화　(피식)

희수　너 이리 내려와!!!!!!

준화　기래. 내려가마.

독기 가득한 희수의 표정. 희수만 보는 봉석의 눈.

봉석이 희수를 보는데, 올려다보는 희수의 눈이 서서히 커진다.

희수　어…?

봉석이 희수의 시선을 따라 위를 올려다본다. 봉석의 눈도 커진다.

위를 올려다보는 희수와 봉석의 입이 떡 벌어진다.

#30 정원고등학교/4층/진학지도실 (밤)

피투성이가 된 용득을 뒤로한 채, 주원이 덕윤에게 다가간다.
그때 덕윤의 핸드폰이 울리고, 덕윤이 (준화의) 전화를 받는다.
덕윤이 주원에게 태연하게 손을 들어 전화 좀 받게 잠깐 기다리라 한다.
주원이 어이없는 표정으로 저도 모르게 선다.

덕윤 (전화 받는) 어느 정돈지 확인하고 보고하라. (통화하며 손으로 주원에게
뒤를 가리키는) 보고 기다리겠다.

주원이 덕윤의 손짓에 고개를 돌리는데 (E) **턱.** 솥뚜껑 같은 손이 머리
통을 덮는다.

주원 어…?!

어느새 다시 일어선 용득이 주원의 정수리를 움켜잡았다.
주원이 아래를 내려다보면,
용득이 부러졌던 발목으로 꼿꼿하게 서 있다.
주원의 눈이 커진다.
용득이 한 손으로 주원의 머리통을 잡고 들어 올린다.

주원 끅. 끄으으으윽…!!

주원의 발이 들리며 버둥거리는데, 용득이 손아귀에 힘을 준다.

(E) 뿌드드득…!!

용득의 손등에서 힘줄이 튀어나오고, 주원의 이마에서 핏줄이 터진다.

덕윤 (전화 끊으며) 우리는 그동안 놀고만 있는 줄 알았나.

용득이 한 손으로 주원의 머리를 들고, 주먹으로 주원의 안면을 때린다.

(E) 떠억!!!

용득의 무지막지한 주먹질.

(E) 떠억!!!

피곤죽이 되는 주원의 얼굴.

(E) 떠억!!!
덕윤 남조선에만 초능력자가 있는 게 아니야.

주원의 얼굴이 뭉개진다.

(E) 떠억!! 떠억!!
덕윤 공화국에는 초인민 무력부대가 있다.

[용득/찬일/준화/재학 - 화면 4분할 컷]

cut to_ 아물어가는 용득의 상처.
cut to_ 복도 바닥을 짓이기는 찬일의 발뒤꿈치.
cut to_ 2층 트랙에서 떠오르는 준화.

cut to_ 총을 꺼내 겨누는 재학.

#31 정원고등학교/별관/3층/복도 (밤)

찬일 (몸 웅크리고 발꿈치에 힘주며) 빠르기만으로는 알 수 없지.

(E) 터엉-!

복도 저 멀리에서 찬일이 화살처럼 쏘아져 온다.

(E) 터엉-!

강훈의 눈이 경악으로 커진다.

(E) 터엉-!

복도의 창문들이 풍압에 덜컹거리고

(E) 터엉-!

순식간에 강훈의 앞에 다다르는 찬일.
강훈이 엉거주춤 물러서는데 뒤는 벽이다.
강훈이 찬일의 주먹을 가까스로 피하는데, 찬일은 발등을 노렸다.

(E) 빠악!!!
강훈 아악!!!

찬일의 주먹에 강훈의 발등이 뭉개진다.

찬일　까불디 말라. 내 진짜로 쳤으면 발목 동강났서.

강훈　(고통스러운) 끄으윽….

찬일　(강훈의 턱 잡아 들며) 쪽제비처럼 날래니 잡아둬야 하지 않갔서? 얌전히 있으라. 내 물어볼 거이 있어.

강훈이 턱을 잡힌 채 주먹을 날린다.
찬일이 주먹을 피하며 거참 답답하네 주먹을 휘두른다.

(E)　꽈아앙---!!!

강훈이 간발의 차이로 주먹을 피하면, 찬일의 주먹이 때린 뒷벽.

(E)　와르르륵…!!!

벽에 구멍이 뚫리며 건물 밖이 보인다.
강훈의 한쪽 다리마저 풀린다.
주저앉은 강훈의 얼굴 위로 돌가루가 떨어진다.

찬일　까불디 말라지 않았니.

#32 스포츠센터 / 1층 체육관 / 2층 트랙 (밤)

준화　기래. 내려가마.

봉석과 희수의 눈이 커진다. 준화가 2층 트랙에서 서서히 떠오른다.

희수　어…?

158

준화의 몸이 물속에 가라앉듯 체육관 1층으로 천천히 내려온다.
1층으로 내려온 준화의 발이 바닥에 닿지 않는다.
준화가 희수와 봉석 앞에 떠 있다.

준화 니들 부모를 원망하라.

#33 정원고등학교/2층/복도 (밤)

재학 끄윽… 야. 무기 쓰는 건 반칙 아이니?

일환이 엉망이 된 얼굴로 숨을 고르며 다시 상단세를 취한다.

일환 후우우우우… (삼단봉 머리 위로 치켜올리는) 닥쳐.
재학 (보다가) 글타문 뭐.
(E) 푸슉! 까앙!
(E) 푸슉! 까앙!
(E) 푸슉! 까앙!

귀신같은 속사. 한 발에 한 마디씩, 일환의 삼단봉이 깨져나간다.
일환의 손아귀가 찢어진다. 손잡이만 남은 삼단봉이 바닥에 떨어진다.
어느새 꺼낸 재학의 소음총. 총구에서 연기가 피어오른다.

재학 반칙 아이라고 하지 않았니?

#34 정원고등학교/4층/진학지도실 (밤)

용득이 무표정한 얼굴로 아래를 내려다본다.
꼿꼿하게 서 있는 용득의 발목에서 아직도 피가 배어 나온다.
용득의 발 앞에, 피투성이가 된 주원이 쓰러져 있다.

주원의 얼굴이 눈 코 입을 알아볼 수 없을 정도로 뭉개져 있다.
거친 숨을 몰아쉬는 주원의 호흡이 꺼져간다.
덕윤이 주원을 보며 차갑게 말한다.

덕윤　우리가 왜 이렇게 됐는지 아나. 다 너희 남조선 놈들 때문이다.

주원　(눈꺼풀 힘없이 떨리는)

덕윤　김두식. 그놈 때문이야.

주원이 정신을 잃는다.

#35 [에필로그] 정원고등학교 / 외부 / 후문 (밤)

눈 쌓인 김덕윤 일행의 승용차. 트렁크 문에도 눈이 소복하게 쌓였다.
한별이 눈 덮인 승용차를 지나쳐 후문으로 다가간다.

#36 [에필로그] 정원고등학교 / 운동장 / 기계실 (밤)

운동장에서 바라보면 불이 꺼진 학교 건물.
내리던 눈이 함박눈이 되어 쏟아진다.
본관과 별관 사이. 기계실 문이 굳게 닫혀 있다.

(v.o)
"우리가 왜 이렇게 됐는지 아나. 다 너희 남조선 놈들 때문이다."

미현의 이어폰에서 들리는 소리.

(v.o)
"김두식. 그놈 때문이야."

불 꺼진 기계실. 미현이 우두커니 서 있다.

짙은 어둠 속. 애절했던 미현의 눈에서 형형한 안광이 빛난다.

미현이 기계실 문을 열고 밖으로 나간다.

문틈으로 빛이 들어오면, 죽어 엎어진 사봉의 시체가 보인다.

#37 [에필로그] 정원고등학교 / 기계실 (밤)

사봉이 기계실 문을 열고 뛰어든다.

창문 하나 없는 기계실은 더욱 깜깜하다.

한쪽 벽에 배전반의 덮개가 열려 있다.

사봉이 배전반의 차단기를 찾아 어둠 속을 더듬다가— 홱 뒤돌아본다.

생수통을 엎어놓은 정수기 뒤— 미현이 어둠 속에 서 있다.

사봉	(씹어 먹을 듯이) 술래잡이 재밌디?
미현	파일은 찾았어?
사봉	그건 어뜨케 알았니.
미현	니들이 하도 떠들어서.
사봉	어디까지 들었니.
미현	관련자들 다 죽여버리겠다고.
사봉	다 들었구나.
미현	내 자식도 관련되어 있어.

어둠 속 미현의 표정이 싸늘하다.

사봉이 슬그머니 주머니에서 스크래퍼를 꺼내려는데

미현	칼.
사봉	(멈칫하는)
미현	45구경.

사봉   뭐?

사봉의 눈이 커지는 순간,
정수기에 얹어진 생수통 뒤로 뭔가 어른거린다.

(E)   퍽!

생수통이 터지면서 사봉의 이마에 총알구멍이 뚫린디.
미현이 생수통을 소음기 삼아, 가차 없이 사봉을 죽여버렸다.
죽은 사봉을 내려다보는 미현의 눈에 일말의 감정도 드러나지 않는다.
미현이 어둠 속에 우두커니 서서 이어폰에 귀를 기울인다.
칠흑 같은 어둠 속에 묻히는 미현의 모습.
길게 이어지는 암흑.
그때, 미현의 이어폰에서 들리는 소리.

(v.o)
"김두식. 그놈 때문이야."

김두식의 이름을 들은 미현의 눈이 먹먹해진다.
미현이 기계실 밖으로 나간다.
신발도 못 신은 왼발이 빨갛게 얼어 있다.
미현이 총을 쥐고 눈길을 걷는다.

제18화
남과 북

[과거/모노톤] 안기부/5차장실 - 8화 #25

[자막: 1994년] 굳은 자세로 서 있는 미현에게 민 차장이 말한다.

민 차장 조만간 김두식에게 극비임무가 주어진다.

미현이 고개를 든다.

민 차장 오직 그만이 가능한 임무야.

미현의 얼굴이 아득해지며 화면 암전된다.
암전된 화면에 타이틀 '무빙'과 소제목 '제18화: 남과 북'이 화면을 가득 메운다.
소제목 타이틀 '남과 북'에서 글자 '북'이 훨씬 크다.

#2 **[과거/모노톤] 주석궁/외부 (새벽)**

암전된 화면이 어두운 밤하늘과 이어진다.
유난히 어두운 평양 거리. 차갑고 웅장한 주석궁 건물이 보인다.
주석궁 건물 꼭대기. 높다랗게 솟은 깃대봉에 걸린 인공기가 펄럭인다.
인공기 위로 새 같은 것이 날아간다.

#3 **[과거/모노톤] 주석궁/CCTV 경비관제실 (새벽)**

벽시계가 새벽 3시를 넘어간다.
당직 근무원들이 CCTV 관제 모니터 앞에 앉아 철야 근무를 하고 있다.
가장 나른하고 피곤한 시간. 근무원들이 새어나오는 하품을 삼키며 눈을 비빈다.
근무원들이 밀려오는 졸음을 참으며 모니터에서 시선을 떼지 않는다.
짧은 순간, 모니터 화면들에 노이즈가 스치더니 이내 화면이 돌아온다.

당황하던 근무원이 정상으로 돌아온 모니터 화면에 안도한다.

근무원1 랭풍기 꺼라.

근무원2가 일어나 에어컨을 끈다.
낡은 에어컨에 붙어 있는 붉은색 절전 문구. [인민 경제의 핏줄. 전기를 아
껴 쓰자]
수많은 모니터 화면 중의 외부 모니터.
펄럭이는 인공기가 반복 재생 화면을 이어 붙인 듯 펄럭인다.

#4 [과거/모노톤] 주석궁 (새벽)

유럽의 궁이 연상되는 거대한 홀.
층고가 높은 천장에 화려한 샹들리에가 반짝인다.
대리석 벽 사이사이 창문을 가린 붉은색 벨벳 휘장들.
붉은색 벨벳 휘장들이 커튼처럼 길게 늘어져 외부의 시야를 차단하고
있다.
대리석 홀 중앙에 고급스러운 수경재배 화분이 장식되어 있다.
수경재배 화분의 뒤로, 2층으로 올라가는 나선형 석조계단이 엇갈려
있다.
석조계단 위 2층 양쪽으로 난간이 나누어지고 석조기둥들이 서 있다.
2층의 중앙복도 양옆으로 여러 개의 복도들이 뻗어 있고, 중앙 복도
의 맨 끝에 금칠을 한 거대한 금박 목재 문이 있다.
주석궁 요소마다 호위국원(호위총국 소속 군인)들이 삼엄한 경비를 서
고 있다.

#5 [과거/모노톤] 주석궁/홀 (새벽)

1층 홀. 나선형 석조계단 아래 호위국원1이 버티고 서 있다.

인이어를 꽂은 호위국원1은 검은 정장에 검은 구두를 신고 있다.

사방이 적막하다.

바람도 없는데 구석의 붉은색 벨벳 휘장이 바람에 흔들린다.

호위국원1이 휘장으로 다가간다.

휘장 밑으로 드러난 바닥에는 아무도 없다.

호위국원1이 천장 CCTV 카메라의 점멸되는 불빛을 보고 작동 중인 것을 확인한다.

조심스럽게 다가가 휘장을 젖히면, 창문이 살짝 열려 있다.

호위국원1이 창문을 닫는데, 휘장 뒤에서 내밀어지는 총구.

(E)   픅!

인서트_ [CG]

인체를 파고드는 총알. 총알이 늑골 아래 우폐와 기관지 사이를 꿰뚫는다. 총알이 뚫고 지나간 부위에서 순식간에 피가 차올라 기관지와 폐를 압박한다. 폐가 쪼그라들고 기관지가 밀린다.

휘장 뒤에서 손이 나와 쓰러지는 호위국원1을 잡는다.

호위국원1은 목에서 '새액- 새액-' 바람 새는 소리만 낼 뿐 아무 말도 못 한다.

휘장 뒤로 호위국원1이 사라진다. 사방이 다시 고요해진다.

홀을 순찰하던 호위국원2가 보면, 휘장 밑에 호위국원1의 구두가 보인다.

왜 저기 서 있는 거지, 호위국원2가 휘장을 젖히면, 피 흘리는 호위국원1이 서 있다.

놀라서 보는 순간, (호위국원1의 정수리 머리카락을 잡고 서게 한) 거꾸로 떠 있는 두식과 눈이 마주친다. 그리고, 마주치는 소음기 총구.

(E) 퓨!

인서트_ [CG]

총알이 늑골 아래 우폐와 기관지 사이를 꿰뚫는다.

호위국원2의 발도 휘장 밑에서 사라지고, 휘장의 중간 부분이 불룩해
진다.
불룩해진 휘장 뒤에서 호위국원2의 '새액- 새액-' 바람 새는 목소리
가 들린다.
길게 늘어진 휘장의 주름이 아나콘다가 먹이 삼키듯 천천히 천장까지
올라간다.
잠시 후. 홀의 맞은편에 걸린 늘어진 휘장이 불룩해지며 천천히 내려
온다.
다시 찾아오는 정적.
호위국원3, 4가 홀에 들어선다. 호위국원1, 2가 보이지 않는다.
이상한 낌새에 주변을 둘러보면, 한쪽 휘장이 유난히 불룩하다.
휘장 아래 바닥으로 핏방울이 점점이 떨어지고 있다.
가까이 다가가면 들리는 이상한 숨소리. '새액- 새액- 새액- 새액-'.
호위국원 3, 4가 다가가 휘장을 젖히면, 호위국원 1, 2가 한 덩어리로
벽에 걸려 있다.
호위국원3이 무전기에 손을 대는 순간. 뒤에서 '똡!' (입으로 내는) 소리
가 들린다.
반사적으로 돌아보는 호위국원3, 4.

(E) 퓨! 퓨!

늑골 밑이 뚫리며 우당탕 쓰러진다.

홀의 맞은편 휘장에 총구멍이 두 개 뚫려 연기가 피어오른다.
호위국원들이 쓰러지는 소리에 또 다른 호위국원들이 달려오는 소리가 들린다.
휘장 뒤. 흐릿하게 보이는 두식의 실루엣.
붉게 보이는 두식의 시야. 네 명의 호위국원이 홀에 들어선다.
휘장 뒤에서 움직이는 총구.

(E)   픅! 픅! 픅! 픅!

호위국원들이 늑골 밑에 총을 맞고 일제히 쓰러진다.
그제야 휘장 뒤로 두식의 얼굴이 비친다.
두식의 얼굴 윤곽과 함께 휘장이 부웅 떠오른다.
거대한 붉은 휘장이 펄럭 내려지면, 김두식이 모습을 드러낸다.
두식이 공중에 뜬 채 소리 없이 수경재배 화분에 다가간다.
화분 물에 총구의 달아오른 소음기를 담그자 (E) **치이이이이**… 허연 김이 피어오른다.
두식의 허리. 탄창 띠에 10여 개의 탄창을 둘렀는데 절반은 이미 없다.

cut to_ 주석궁 외부/옥상과 발코니

수많은 호위국원들이 총에 맞아 쓰러져 있다.
'새액- 새액- 새액- 새액-'.
쓰러진 호위국원들의 주변에 탄피들과 탄창들이 널려 있다.

화분에 열을 식힌 소음기를 떼어내고 탄창을 갈아 끼운다.
두식이 뒤를 본다. 호위국원들의 들썩이는 가슴이 아직 살아 있다.
두식이 심호흡을 하고 허공에 총을 쏜다.

(E)   타잉!!

2층 석조계단에서 호위국원들이 달려 나온다.
호위국원들이 계단 아래의 두식을 발견하고 일제히 총을 겨누는데—
두식이 일순간 튕겨지듯 (초고속 에스컬레이터에 탄 것처럼) 쏘아져 올라
온다.

#6 [과거/모노톤] 주석궁/석조계단 (새벽)

감각 인식의 허를 찔린 호위국원들이 당황한다.
무리들 가운데 돌연 뛰어든 두식을 겨누느라 총구가 서로 엉킨다.
두식이 호위국원들 한가운데서 한 바퀴 턴을 돌며 연사한다.

(E)   타타타타탕!

호위국원들이 짚단처럼 쓰러진다. '새액- 새액- 새액- 새액-'.
쌓여 있는 호위국원들 위로 두식이 떠오른다.
온통 검은색 옷을 입은 두식의 모습이 검은 연기와 같다.
주석궁 전체에 침입 비상벨이 울린다.

(E)   빼앵- 빼앵- 빼앵- 빼앵-!!!

#7 [과거/모노톤] 주석궁/2층/중앙복도 (새벽)

김두식이 중앙복도 맨 끝을 바라본다.
금강송 목재에 화려한 금칠이 된 거대한 금박문. 김일성의 침실이다.
중앙복도의 양옆 복도에서 수많은 호위국원들이 달려 나온다.
쏟아져 나오는 호위국원들의 맨 뒤로 호위총국장(60대)과 부국장(김덕
윤)이 보인다.

두식이 중앙복도 끝까지 정면돌파를 시작한다.

[**두식의 총구**]

일제히 두식을 겨냥하는 호위국원들의 총구.

두식의 총구에서 뿜어지는 불꽃들.

불꽃이 튈 때마다 비명도 못 지르고 쓰러지는 호위국원들.

'새액- 새액- 새액-'

바람 빠진 숨소리와 총성 외의 모든 소음이 사라진다.

'타앙- 타앙- 타앙-'

한 발 한 발 정확한 조준사격.

늑골 밑에 총을 맞고 쓰러지는 호위국원들.

'타앙- 타앙- 타앙- 타앙- 철컥'

탄창 교체.

다시 몰려오는 호위국원들.

앞이 막힐 때마다 옆 복도로 빠지며 호위국원들을 몰고 다니는 두식.

복도를 쫓아 들어오면, 어느새 천장에 붙어 총을 쏘는 두식.

총에 맞아 쓰러지는 호위국원들.

'새액- 새액- 새액-'

벽에 붙어 미끄러지듯 날면서 사각에서 총을 쏘는 두식.

바닥을 훑어 날면서 사각에서 총을 쏘는 두식.

백발백중. 빗나가지 않는 총알들.

호위국원들의 늑골이 정확하게 뚫린다.

'새액- 새액- 새액-'

탄창 교체.

두식이 중앙 복도를 나선형으로 회전하며 총을 난사한다.

'타앙- 타앙- 타앙-'

양쪽 복도를 오가며 중앙복도를 전진할 때마다 호위국원들이 쌓여간다.

'새액- 새액- 새액-'

쏘고, 피하고, 쏘고, 탄창을 교체하고, 두식의 모든 행동이 무용 같다.

난전 속에서 피아 식별이 어려워진다.

금박문 안에서 흰옷을 입은 호위국원들이 뛰어나온다.

'타앙- 타앙- 타앙-'

속수무책으로 당하는 호위국원들.

끊임없이 이어지는 총성들.

총성. 총성. 총성.

총성.

[덕윤의 시야]

눈앞에서 쓰러지는 호위국원들.

중앙복도를 믹서기 속처럼 휘저으며 전진하는 두식.

공간을 장악하는 검은 연기.

막을 수 없는 검은 악마와 같다.

덕윤의 눈에 두식의 모습이 공포로 각인된다.

호위총국장이 이를 악물며 총을 쏜다.

두식이 공중에서 몸을 틀어 피하며 호위총국장에게 총을 쏜다.

- 덕윤이 달려들어 호위총국장을 밀치고 -

- 밀쳐진 호위총국장이 가슴에 총을 빗겨 맞고 -

- 두식의 인상이 찡그려지고 -

- 덕윤과 두식이 동시에 서로에게 총을 쏜다 -

"타앙! 타앙!"

#8 **[과거/모노톤] 주석궁/중앙복도/침실 문 앞 (새벽)**

금박으로 장식한 침실 문 앞. 두식의 발이 바닥에 내려앉는다.

두식의 총구가 빨갛게 달궈져 있다. 두식이 한쪽 어깨에 총상을 입었다.

두식의 손을 타고 흘러내린 피가 총구에 닿자 (E) **치이이이이이**··· 김이
피어오른다.
김이 피어오르는 소리와 함께 모든 소음들이 돌아온다.
두식의 뒤로, 수십 명의 호위국원들이 복도를 가득 메운 채 쓰러져 있다.
모두 의식을 잃은 듯 숨소리만 내고 있다. '새액- 새액- 새액- 새액-
새애액---'.
두식이 탄창을 갈아 끼우며 금박문의 손잡이를 잡는다.
그때, (E) **턱!** 누군가 두식의 발목을 잡는다.
두식이 내려다보면, 늑골 밑에 총을 맞은 김덕윤이 두식의 발목을 잡
고 있다.

두식   대단한 정신력이군.

덕윤   (부릅뜬 눈) (목소리 나오지 않는) 새액··· 새액··· 새액···.

두식의 발목을 움켜잡은 덕윤이 밭은 숨을 쥐어짜며 기어이 말한다.

덕윤   새액··· 드··· 새액··· 들어가디 말라···.

두식   목소리가 안 나올 텐데.

덕윤   새액··· 제발··· 들어가디 말라··· 새액··· 새액···.

두식   모두 급소를 피해서 쐈다.

덕윤   (핏발 선 눈) 새액··· 새액··· 새액···.

두식   시간이 많지 않아. 살 사람이라도 살려라.

두식이 무표정한 얼굴로 덕윤을 내려다본다.
덕윤의 표정이 종잇장처럼 일그러진다.
모두 밭은 숨을 내쉬는데, 호위총국장은 숨을 쉬지 않는다.
덕윤이 보호하려다 오히려 죽게 된 호위총국장의 눈이 텅 비어 있다.

덕윤의 눈에 눈물이 고인다.
두식이 덕윤의 손을 뿌리치고 침실에 들어서려는데,

덕윤   쌔액… 쌔액… (애원하는) 제발… 제발… 들어가디 말라….

덕윤이 허파를 쥐어짜는 목소리로 안간힘을 내며 애원한다.
두식이 외면하고 문을 연다.
덕윤이 마지막 힘을 다해 총을 집는다.

덕윤   (커지는 숨소리) 쌔애액! 쌔애액!!!

덜덜 떨리는 덕윤의 총구가 두식을 향한다.

(E)   타앙-!!!

방아쇠에 걸린 덕윤의 검지 손가락이 날아간다.
두식의 총구에서 연기가 피어오른다.
덕윤의 의식이 흐려진다.
화면 암전된다.
길고 긴 암전.
어둠 속에서 울리는 김덕윤의 목소리.

(v.o)
"우리가 왜 이렇게 됐는지 아나. 다 너희 남조선 놈들 때문이다."

#9   정원고등학교/4층/진학지도실 (밤)
화면 밝아지며, 덕윤의 무표정한 얼굴이 클로즈업된다.

난장판이 된 진학지도실.
용득의 발밑에 피투성이가 된 주원이 쓰러져 있다.
눈 코 입이 처참하게 뭉개진 주원의 호흡이 꺼져간다.
덕윤이 차가운 표정으로 주원을 내려다보며 말한다.

덕윤   김두식. 그놈 때문이야.

주원이 정신을 잃는다.
덕윤이 무표정한 얼굴로 주원을 내려다본다.

#10 [과거/모노톤] 국가안전보위부/부장실 (오후)

무표정한 덕윤의 '젊은' 얼굴.
보위부장의 앞. 오른손에 붕대를 감은 덕윤이 서 있다.

보위부장   우리도 당하고 있을 수만은 없디.

덕윤   (눈가 꿈틀)

보위부장   남조선에 있으면 공화국에도 있을 것이다. 샅샅이 뒤져서 찾아내라.

덕윤   (붕대 쥔 손 꼭 쥐는)

보위부장   반드시 완수해서 살아남은 은혜에 보답하라.

덕윤   (경례하고 돌아서는)

덕윤이 돌아서는데, 보위부원들이 따라나선다.

덕윤   (멈칫)

보위부장   우리 보위부원들이 동무를 보좌해줄 것이다.

덕윤   (보위부원들 보다가 묻는) 감시입네까.

보위부장   야. 호위총국. 니가 왜 부하가 없는지 벌써 잊었네? (눈 치켜뜨는) 물러

터진 정신력으론 개죽음만 있을 뿐이야.

덕윤   (쳐다보는)

보위부장   어떤 희생을 치르더라도 임무를 완수하라.

덕윤   (쳐다보다가) 알갔습네다. (돌아서는)

보위부장   잊지 말라. 희생은 불가피하다.

덕윤이 보위부원들에게 둘러싸여 밖으로 나간다.

문이 닫힌다. 화면 서서히 암전되며 바람 소리 거세진다.

#11   [과거/모노톤] 함경북도/수리산/절벽 (겨울/저녁)

[자막: 함경북도 수리산] 수리산의 기암절벽 위.

절벽 위 벌판에 덕윤과 찬일이 서 있다.

메마른 덕윤의 얼굴에 눈보라가 몰아친다.

덕윤과 찬일의 뒤로, 보위부 소속 군인들이 총을 들고 서 있다.

보위부 소속의 군인들과 덕윤, 찬일의 (호위총국) 군복이 다르다.

덕윤의 앞쪽으로 10여 개의 발자국들이 눈 위에 찍혀 있다.

눈 위에 찍힌 발자국을 따라가면—

10여 명의 훈련병들이 절벽의 낭떠러지를 바라보고 뒤돌아 서 있다.

덕윤   (소리치는) 동무들은 혹독한 특수훈련을 이겨낸 잠재 기력자들이다!

눈보라를 견디는 10여 명의 훈련병들.

온몸이 상처투성이에 훈련복은 해지고 낡았다.

위태롭게 서 있는 훈련병들의 바로 앞.

낭떠러지 절벽 아래가 까마득하다.

벼랑 위로 피부를 찢을 것 같은 눈보라가 휘몰아친다.

덕윤 특수 기력자가 되기 위한 마지막 관문을 넘어라!

세찬 눈보라 소리가 덕윤의 피 토하는 목소리와 공명한다.
휘몰아치는 눈보라 속에서 덕윤의 눈에 핏발이 섰다.

인서트_ #7
혼자서 호위국원들을 전멸시키는 두식의 공포스러운 모습.

덕윤 동무들의 잠재 기력이 깨어나기를 기다릴 시간이 없다! 지금 이 순간
도 남조선 괴뢰도당은 더러운 음모를 획책하고 있을 것이다!

낭떠러지를 마주하고 선 훈련병들이 경직된 자세로 덕윤의 연설을 듣
는다.
절벽 앞에 뒤돌아 서 있는 훈련병들 사이에 정준화가 서 있다.
덕윤의 뒤에 도열한 보위부원들의 총구가 날카롭게 클로즈업된다.

덕윤 전사는 전장에서 죽는 것이 영광이다!

인서트_ #8
전멸한 호위국원들. 혼자서 의식을 잃지 않는 덕윤.

덕윤의 목소리가 잠시 떨린다.

인서트/플래시백_ #8
죽은 호위총국장을 보는 덕윤. 무너지는 덕윤의 표정.

덕윤이 고개를 든다.

덕윤   오욕의 생…은 죽음보다 못하다!!!

절벽에 서 있는 훈련병들의 모습이 눈보라 속에 부옇다.
절벽 아래를 보는 준화의 눈빛이 흔들린다.
암석으로 이루어진 골짜기 밑.
휘몰아치는 눈보라 사이로, 이미 떨어져 죽은 훈련병들의 시체가 보인다.
준화가 눈을 질끈 감는다. 비어져 나온 눈물이 바로 얼어붙는다.

덕윤   죽음의 돌파구를 열어라! 특수 기력자로 다시 탄생하라! 이 관문만 넘어서면!! 위대한 공화국의 최고 인민 전사가 되는 것이다!

절벽 앞에 도열한 훈련병들의 몸이 공포에 떨리고 바람에 후들거린다.
덕윤이 절도 있게 차렷하며 목청 높여 선창한다.

덕윤   (우렁찬 선창) 조선민주주의 인민공화국 만세!!!
훈련병들   (떨리는 복창) 조선민주주의 인민공화국 만세!!
덕윤   (떨리는 음성 고함으로 지우는) 인민을 지켜내자!!!
훈련병들   (복창) 이… 인민을 지켜내자!!

국가보위부 군인들이 훈련병들의 머리를 조준한다.

(E)   철컥. 철컥. 철컥. 철컥.
덕윤   동무들.

덕윤이 등 뒤의 총구를 느끼며 명령을 내린다.

덕윤   (미세하게 떨리는 목소리) 뛰어내리라우.

절벽까지 이어진 눈 위의 발자국.
그 발자국 끝에 서 있는 훈련병들.
훈련병들의 모습이 눈보라 속에 묻힌다.

긴 여백.

길게 이어진 눈 위의 발자국 끝. 벼랑 위에 아무도 없다.
덕윤이 무거운 표정으로 텅 빈 벼랑 끝을 바라본다.
순간, 벼랑을 보던 덕윤의 눈이 꿈틀한다.
덕윤의 시선이 위로 올라간다.
벼랑 아래에서 휘몰아쳐 올라오는 눈보라와 함께 준화가 올라온다.
하늘을 나는 준화. 덕윤의 눈이 격정으로 흔들린다.
국가보위부 군인들이 놀라서 총구를 떨군다.
준화가 몰아치는 하늘에 떠 있다.
덕윤을 내려다보는 준화의 표정이 혼란스럽다.

덕윤   내려오라.

준화의 표정이 일그러진다.

#12 스포츠센터/1층 체육관 (밤) - 17화 #32에 이어서

준화   기래. 내려가마.

준화의 몸이 물속에 가라앉듯 체육관 1층으로 천천히 내려온다.
1층으로 내려온 준화의 발이 바닥에 닿지 않는다.

준화가 희수와 봉석 앞에 떠 있다.

준화   니들 부모를 원망하라.

준화의 무표정한 얼굴이 클로즈업된다.

#13 [과거/모노톤] 함경북도/수리산/절벽 (겨울/저녁)

준화의 일그러진 표정에 갈등이 가득하다.
위태롭게 떠 있는 준화가 내려오지 않는다.
덕윤이 올려다보며 소리 지른다.

덕윤   왜 안 내려오니. 내려오라.

준화   하… 함께 훈련받았던 동무들이 주… 죽었습니다.

떨리는 준화의 목소리에 덕윤의 눈살이 찌푸려진다.

인서트

절벽 아래. 추락사한 훈련병의 시체들.

덕윤의 표정에 스치는 죄책감이 휘몰아치는 눈발에 흩날려 감춰진다.

준화   호위총국원 선발한다 하지 않았습미까! (떨리는) 난 기냥 호위총국원
            돼서 가족들 배부르게 먹여 살리고 싶었을 뿐임다!

덕윤   살고 싶은가. 최고 인민 전사만이 살 길이다.

준화   이보라요! 난 최고 인민 전사 되고 싶지 않습미다! 이건 훈련이 아니
            오! 우리가 몇 번째요! 지금까지 몇 명이 죽어나간 검미까!

덕윤   (가라앉은 목소리) 개죽음은 아니지.

준화	무, 무슨 말이오!!
덕윤	훈련 중에 죽은 군인은 전사자가 된다. 공화국의 예우가 따른다.
준화	예우!! 난 기딴 거 모르오! 나는 그저 살고 싶을 뿐이오!

준화가 몰아치는 바람에 밀리듯 떠오른다.
뒤에서 보위부원들이 재조준하는 소리가 들린다.

(E)	척! 척! 처처척!!

덕윤이 손을 들어 제지하지만, 보위부원들은 총구를 내리지 않는다.

덕윤	(다급한) 지금 이대로 가면 동무는 변절자가 된다.
준화	(멈칫)

준화가 자신을 겨누는 총구들을 보며 당황한다.

덕윤	변절자는 총살이다.
준화	(절망하는)

준화의 몸이 휘몰아치는 눈보라에 떠밀리듯 멀어진다.
보위부원들의 총구가 일제히 준화를 따라간다.
이대로 도망갈까, 준화가 눈보라 속에서 갈등한다.

덕윤	니 변절자 되면 니 가족은 어쩌할 거니.

준화의 얼굴이 울상이 된다. 덕윤이 준화를 똑바로 쳐다본다.
찬일이 눈동자만 굴려 덕윤을 바라본다. 찬일의 시선에 착잡함이 묻

어난다.

뒤에 선 보위부원들이 보지 못하는 덕윤의 표정은 안타까운 권유다.

덕윤　내려오라.

울상이 된 준화가 서서히 바닥에 내려온다.
준화의 발이 눈 쌓인 바닥에 닿는다.

#14　**스포츠센터/1층 체육관 (밤)**

준화의 발이 체육관 바닥에 닿는다.

준화　(봉석과 희수 앞에 서며) 이제 어칼래?

희수와 봉석이 꿀꺽 침을 삼킨다.

봉석　이, 이제 어떡하지….
희수　몰라.
봉석　(응? 쳐다보는)

대책 없는 희수의 말에 봉석이 주춤하는데,
준화를 노려보는 희수의 눈빛이 살아 있다.

희수　한 대만. 딱 한 대만이라도 때리고 말 거야.

희수가 주먹을 움켜쥔다. 준화가 고개를 갸웃하며 웃는다.

준화　(피식) 되겠니.

희수   (으득) 돼. 나 17대 1이라고 했잖아.

봉석   (불쑥) 이번엔 2대 1이야.

봉석의 발이 바닥에서 스르르 떠오른다. 희수가 놀라서 봉석을 본다.
봉석이 몸을 띄운 채 상체를 숙여 (멋있어야 하는데 어쩐지 웃긴) 돌격 자
세를 취한다.
희수가 고개를 끄덕인다. 봉석이 고개를 끄덕인다.
봉석과 희수가 서로를 보며 말한다.

봉석   파이팅.

희수   파이팅.

둘이 동시에 준화에게 달려든다.
희수와 봉석의 움켜쥔 주먹이 클로즈업된다.
"이야아아아아아아!!!!!!"

#15 정원고등학교/별관/3층/복도 끝 (밤) - 17화 #31에 이어서

(E)   꽈아앙---!!!

찬일의 주먹이 벽을 때린다.
다리가 풀려 벽에 기대어 주저앉은 강훈의 얼굴 위로 돌가루가 떨어
진다.

찬일   까불디 말라지 않았니.

주저앉은 강훈이 공포에 질린 눈으로 찬일을 올려다본다.
강훈이 다시 주먹을 휘두르고, 피하는 찬일의 얼굴에 짜증기가 돈다.

찬일이 강훈의 옷깃을 잡아 집어 던진다.
강훈의 웃옷이 찢어지며 바닥에 나동그라진다.
상의가 찢어진 강훈의 팔과 어깨에 화상 자국이 드러난다.
한쪽 다리를 다친 강훈이 깽깽이 발로 버티며 다시 일어선다.

찬일　　다시 해보갔네.

강훈이 한 발로 달려들어 주먹을 휘두른다.

강훈　　이야아아아!!!

강훈의 주먹을 찬일이 주먹으로 맞받아친다.

(E)　　빠아악!!!

공간이 흔들린다.
서로의 주먹을 때린 강훈과 찬일이 동시에 뒤로 물러선다.
찬일이 주먹을 까딱이며 감탄하고, 강훈이 아픈 주먹을 감싸며 휘청
거린다.
강훈의 뭉개진 발. 신발에서 점점 피가 배어 나온다.
동굴처럼 어두운 암흑의 복도. 창문 밖으로 내리는 새하얀 함박눈.
공간을 나누는 흑색과 백색이 이질적으로 대비된다.

찬일　　더 해보갔네.
강훈　　(으득) 도대체 왜….
찬일　　그러니끼니 잘 좀 숨어 살지 그랬니.

찬일의 무표정한 시선 너머, 창밖으로 하얀 눈이 내린다.

#16 **[과거/모노톤] 함경북도/수리산 (겨울/저녁)**

눈보라가 휘몰아치는 절벽 위.

덕윤이 혼자 남아 절벽 끝을 바라보고 있다.

뛰어내린 잠재 기력자들의 마지막 발자국들이 절벽 끝에 찍혀 있다.

덕윤의 뒤로, 찬일이 준화를 호송하며(언뜻 부축하듯) 걸어간다.

총을 겨눈 보위부원들이 멀찌감치 떨어져 경계하며 따라간다.

낮은 목소리로 대화를 나누는 준화와 찬일.

준화   (탈진한) 동무는 뉘기요….

찬일   (낮은 목소리) 동무보다 먼저 발탁된 사람.

준화   발탁…?

찬일   발각이 맞겠군.

준화   동무도 하늘을 나오…?

찬일   아니.

준화   (쳐다보는)

찬일   그냥 힘이 쎄오.

바람 소리에 둘의 대화 소리가 묻힌다.

함께 걷는 찬일과 준화가 멀어진다.

그 뒤로 여전히 절벽 아래를 내려다보고 있는 덕윤의 뒷모습.

혼자 남아 텅 빈 절벽을 바라보는 덕윤의 표정이 아무도 모르게 복잡
하다.

끝까지 발을 떼지 못하다가 돌아서려는데, 멈칫. 절벽을 뒤돌아본다.

덕윤이 성큼성큼 걸어가 절벽 아래를 유심히 내려다본다.

휘몰아치는 눈보라 속에서 '턱!' 피 묻은 손이 나와 바위를 잡는다.

덕윤의 눈이 커진다.
손톱이 모두 빠진 용득의 손이 바위를 짚는다.
피투성이가 된 용득이 절벽을 올라오고 있다.
덕윤이 격정에 찬 목소리로 외친다.

덕윤   올라오라!!

용득이 백척간두의 절벽에 매달려 손을 뻗는다.

덕윤   살려면 올라오라!! 끝까지 살아서 올라오라!!

거센 바람에 흔들리는 용득의 몸이 당장이라도 떨어질 듯 위태롭다.
피투성이가 된 용득의 눈에 눈물이 고인다.
휘몰아치는 바람 소리에 용득의 목소리가 묻힌다.
"사… 살려줘… 살고 싶어….”
피딱지가 말라붙은 용득의 눈가에 피눈물이 고인다.
덕윤이 피 토하듯 외친다.

덕윤   고통을 잊어라! 고통을 이겨낸 자만이 살 수 있다!! 고통을 모르는 자
만이 최고 인민 전사가 될 수 있다!!

떨리는 용득의 손. 마지막 남은 손톱이 바위에 긁혀 빠지며 미끄러진다.
용득이 고통을 이겨내며 다시 손을 뻗어 바위를 붙잡는다.
죽음의 공포와 절망으로 가득한 용득의 얼굴이 위를 올려다본다.

#17   **정원고등학교/4층/진학지도실/복도 (밤)**
용득의 무표정한 얼굴이 아래를 내려다본다.

용득의 발밑에 쓰러져 있는 주원. 죽은 듯이 움직이지 않는다.

문밖에서 주원을 보던 덕윤이 고개를 들어 용득을 본다.

금이 간 도자기 같은 용득의 얼굴. 오래된 흉터들을 방금 생긴 흉터와 핏물이 덮었다.

피투성이가 된 용득이 고개를 꼿꼿이 들어 덕윤을 마주 본다.

가만히 용득의 상태를 확인하는 덕윤의 시선.

속을 알 수 없는 덕윤의 눈./미세하게 떨리는 용득의 눈.

용득의 입이 달싹거리더니 떠듬떠듬 말한다.

용득　괘… 괜찮습니다.

덕윤　(물끄러미 쳐다보는)

용득　나… 나는 고통을 모… 모르는 최고 인민 전사….

물끄러미 바라보는 덕윤에게 다시 강조하듯 어눌한 말투로 같은 말만 반복한다.

용득　나… 나는 특수 기력자… 고 고통을 모르는 최고 인민 전사….

#18 정원고등학교/본관/2층/교무실 앞/복도 (밤)

불을 뿜는 재학의 총구.

(E)　푸슉! 까앙!

(E)　푸슉! 까앙!

(E)　푸슉! 까앙!

귀신같은 속사에 일환의 삼단봉이 한 마디씩 깨져나간다.

일환의 손아귀가 찢어지고, 손잡이만 남은 삼단봉을 바닥에 떨어뜨린다.

재학   반칙 아이라고 하지 않았니?

일환   (찢어진 손 움켜쥐며 주저앉는) *끄윽!!!*

재학이 총을 들고 다가온다. 총을 본 일환의 눈이 절망으로 무너진다.
일환이 뒤를 보면, 공포에 젖은 기수가 핸드폰을 꺼내 긴급통화 버튼
을 찾는다.
재학의 총구가 들린다. 일환이 기수의 핸드폰을 빼앗아 집어 던진다.

기수   왜, 왜 이래!!

재학이 멈칫한다. 일환이 기수를 온몸으로 감싼다.

일환   (기수를 온몸으로 감싸며) 사 살려주세요!!

기수   뭐 ㅎ (턱 입 막히는)

일환의 피 묻은 손이 기수의 눈과 입을 틀어막는다.

일환   살려주세요!! 이 학생은 아무것도 모릅니다!!

재학   (쳐다보는)

일환   얘는 아무것도 보지 못했고 아무것도 모릅니다!! 얘는 그냥 학생입니
다!! 학생입니다!! 앱니다!! 애예요!!

기수   (입과 눈이 막혀서 읍읍)

재학   (물끄러미 보다가) 쩝.

일환이 온몸으로 기수를 부둥켜안아 감싸며 총구 앞에서 애걸한다.
체면도 위신도 없이 비굴하게 엎드려 사정한다.

일환	살려주세요! 살려주세요! 다 어른들 잘못입니다!! 내 잘못입니다!!
재학	(삐딱하게 쳐다보는) 알구 있구만 기래.
일환	(간절하게) 애만이라도 살려주세요!!!

일환에게 안긴 기수가 울컥한다.
재학의 총구가 미세하게 내려진다.

재학	거 넘겨딮지 말라. 내도 [애가 있다] (순간, 흠칫, 옆으로 몸 날리는)
(E)	타앙-!
(E)	와장창!!!

재학이 제2교무실 뒷문을 부수며 안으로 뛰어든다.

(E)	탕! 탕! 탕! 탕! 탕!

고개도 못 내밀게 하는 연사. 재학의 앞에 박히는 총알들.

cut to_ 본관/4층/진학지도실 앞 복도
덕윤과 용득이 총소리에 고개를 든다.

cut to_ 별관/3층/복도 끝
찬일이 강훈에게 주먹을 휘두르다 총소리에 멈칫한다.

일환이 놀라서 뒤돌아보면 계단을 올라온 미현이 총을 겨누고 있다.

#19 정원고등학교/본관/2층/교무실 앞/복도 (밤)
총알을 다 쏜 미현의 총 슬라이드가 젖혀져 있다.

제2교무실 뒷문에서 찬일의 총구가 나온다.

(E)   푸슉! 푸슉! 푸슉! 푸슉!

미현이 총알을 피해 교직원 휴게실 창문을 부수며 뛰어든다.

(E)   와장창!!

복도에 무서운 정적만 남는다.
기수를 끌어안은 일환이 엉거주춤 어쩔 줄 모른다.
재학(제2교무실)과 미현(교직원 휴게실)이 벽을 사이에 두고 대치한다.

#20 정원고등학교/본관/2층/제2교무실 (밤)

재학의 귓가에 피가 흐른다. 미현의 총에 맞아 귓불이 날아갔다.
재학이 쓰라린 귓불을 만지면서 복도 밖에 촉각을 곤두세운다.

재학   (큰 소리로) 이야아. 총 잘 쏜다야. 아까 교장실, 그 에미나이니.

복도 저쪽에서 아무 대답이 없다.

재학   니 특수 기력자니. 솜씨 아주 좋다야. 하마트면 직쌀날 뻔했다.

재학이 귀를 기울인다. 조용한 복도. 여전히 아무 반응이 없다.

재학   한 방도 아이 맞았니? 운 좋다야. (소음기 돌려 빼며) 흡음기 끼우면 적
중률이 떨어지지?

재학이 미현의 위치를 확인하기 위해 자꾸 말을 건다.

재학   내 바늘도 맞히는 사격술 하나로 최고 인민 전사가 됐다. (탄창 교체하며) 에미나이 말 좀 해봐라. 니는 사격술 어디서 배웠니.

재학이 권총을 쥐고 문 뒤에 서서 계속 말을 건다.

재학   내는 사연이 있다. 들어보갔니? 내 백두산 줄기 아래 량강도에서 호랭이 잡는 포수였

(E)   타카앙!

재학의 이마가 총알에 뚫린다.

재학   어…?

재학이 미간에서 흘러내리는 피에 어리둥절해하다가 그대로 뒤로 자빠진다.
그제야 복도 밖에서 미현의 목소리가 들린다.
"안 궁금해."
재학은 사연 한마디 늘어놓지 못하고 그대로 숨진다.

#21 <u>정원고등학교/본관/2층/교무실 앞/복도 (밤)</u>

기수를 온몸으로 감싸안은 일환이 고개를 든다.
복도 맞은편의 화장실 앞 수도꼭지에 기스가 나 있다.
교직원 휴게실에서 미현이 걸어 나온다.
미현이 방금 쏜 탄피가, 미현의 발에 채여 바닥을 굴러간다.
바닥을 구르는 탄피.

데구르르르르르르르르………

데구르르르르 구르는 탄피 클로즈업되면서, 구르는 탄피 리와인드 된다.

#22 정원고등학교/본관/2층/교직원 휴게실 (밤) - 미현 시점

(E)   와장창!!!

미현이 총알을 피해 교직원 휴게실 창문을 부수며 뛰어든다.
미현이 몸을 일으키다가 깨진 유리를 맨발로 밟는다.
고통을 잇소리로 참는다.
복도 밖. 벽 건너편 제2교무실에서 재학의 목소리가 들린다.

"이야아. 총 잘 쏜다야. 아까 교장실, 그 에미나이니."

미현은 아무 대꾸 없이 핸드백에서 새 탄창을 꺼내 갈아 끼운다.

"니 특수 기력자니. 솜씨 아주 좋다야. 하마트면 직쌀날 뻔했다."

미현이 대꾸하지 않고 귀를 기울인다. 미현의 귀가 클로즈업된다.
멀리 4층 복도에서 누군가(덕윤/용득)의 발걸음 소리를 듣는다.
미현이 총에 달린 소음기를 돌돌 돌려 빼낸다.
복도 너머, 교무실 안쪽에서 재학이 계속 말을 건다.

"한 방도 아이 맞았니? 운 좋다야. 흡음기 끼우면 적중률이 떨어지지?"

문틈으로 밖을 보면, 복도 맞은편의 화장실 앞 세면대가 보인다.
문틈으로 세면대의 수도꼭지를 가만히 보는 미현.

반짝반짝한 수도꼭지에 제2교무실 안에 있는 재학의 모습이 반사된다.
미현이 '드디어' 안경을 벗는다.

"내 바늘도 맞히는 사격술 하나로 최고 인민 전사가 됐다. 에미나이
말 좀 해봐라. 니는 사격술 어디서 배웠니."

안경을 벗은 미현의 눈. 동공이 확장된다.
수도꼭지에 비치는 재학의 모습이 더욱 선명해진다.
미현이 문틈으로 총구를 내민다. 잠시 호흡을 멈추는 미현.

"내는 사연이 있다. 들어보갔니?"

수도꼭지를 주시하는 미현의 눈/방아쇠에 걸리는 미현의 손가락/수
도꼭지의 곡면.

"내 백두산 줄기 아래 량강도에서 호랭이 잡는 포수였"

미현이 방아쇠를 당긴다. (E) **타앙**- 총알이 수도꼭지 곡면에 맞으며 (E)
카앙- 유탄이 튀어 맞은편 제2교무실 안쪽에 있는 재학의 이마를 꿰뚫
는다. (E) **퍽!**
재학이 말을 다 맺지 못하고 그대로 죽어 자빠진다.

미현   안 궁금해.

미현이 복도로 걸어 나간다. 미현의 발에 채인 탄피가 다시 굴러간다.

#23 정원고등학교/본관/2층/교무실 앞/복도 (밤)

유리에 찔린 미현의 맨발에서 피가 난다.
미현이 기수를 감싸안은 일환에게 말한다.

미현   그들이 오고 있어요. 피하세요.

미현이 그대로 몸을 돌려 계단 쪽으로 절룩거리며 걸어간다.
일환이 멍하니 바라보다가 몸을 일으킨다.
기수가 그제야 일환에게서 풀려난다.
기수가 일환의 언어맞은 상처들과 찢어진 손아귀를 본다.
죄송함과 고마움에 일환과 눈도 마주치지 못한다.
일환이 보면, 재학의 시체 옆에 권총이 떨어져 있다.

일환   (기수 살피며) 다친 데 없니.
기수   (눈 피하는) 네.
일환   얼른 학교 밖으로 나가라.

일환이 재학의 권총을 집어 능숙하게 탄창을 확인한다.
일환의 비장한 표정을 보고, 기수가 말리려는데

기수   선생님!
일환   알아.
기수   위험하
일환   나 선생님이야.

기수가 멍하니 쳐다본다.
일환이 뒤돌아서 복도를 달려간다.

#24 스포츠센터 / 1층 체육관 (밤)

봉석과 희수가 동시에 준화에게 달려든다.
"이야아아아아아아아!!!!!!!!!!!!!"
희수가 주먹을 휘두르며 달려드는데, 봉석은 머리가 무거워 공중에서
빙글 돌아 얼굴을 바닥에 박는다.

(E)   쿵!

어이없는 정적.
봉석이 다시 몸을 일으키는데 쌍코피가 흐른다. 코피 쓰윽 닦고 다시,
"이야아아아아아아아!!!!!!!!!!"
봉석과 희수가 다시 소리를 지르며 준화에게 달려든다.
어설프게 나는 봉석보다 달리는 희수가 빠르다.
희수가 달려들어 주먹을 휘두르는데, 준화가 솟아올라 희수의 뒤통수
를 걷어찬다.
희수가 엎어지고, 바로 이어서, 봉석이 날아든다.
준화가 대책 없이 날아드는 봉석을 유연하게 피하며, 날아오는 속도
그대로 팔다리를 잡아 크게 원을 돌려 반대편으로 던져버린다.
봉석이 반대편 벽으로 날아가 개구리마냥 패대기쳐진다.
준화가 체육관 한복판에 고요하게 뜬다.

희수   (주먹으로 바닥 치며) 와이씨 짜증나!!!

준화가 바닥에 엎어진 희수를 내려다본다.

준화   (다시 묻는) 되겠네.
희수   (스윽 일어나 뒤돌아보며) 조까.

준화   에미나이 입에 똥걸레 물었네?

희수   씨발 조까.

준화   어허.

희수   씨발 진짜 조까.

희수가 계속 쌍욕을 해대며 시선을 붙잡는 사이,
뒤에서 봉석이 소리 없이 날아온다.
봉석의 주먹이 닿으려는 찰나, 준화가 벼락같이 뒤돌려차기 한다.

(E)   빠악!!!

제대로 얻어맞은 봉석이 얌체공처럼 쿠당탕탕 벽을 튕기며 날아간다.
엉망진창으로 당하는 봉석을 보며 희수가 악에 받쳐 소리 지른다.

희수   (악쓰는) 쫌 내려오라고오오!!!!!!

준화   (슥 보며) 넌 좀 기다리라이.

저만치 날아간 봉석이 정신을 못 차리는데 준화가 들이닥친다.
준화가 봉석의 배를 걷어찬다. 봉석이 부웅 날아간다. 쫓아가서 어퍼
컷을 올려친다.
봉석이 뒤로 빙글빙글 날아간다. 쫓아가서 등을 걷어찬다. 봉석이 대
짜로 날아가서 벽에 부딪힌다. 봉석이 속수무책으로 얻어맞는다.
준화의 주먹에 봉석이 움찔, 질끈 눈을 감는다. 왜 안 때리지, 슬그머
니 눈을 뜨면,
준화가 주먹을 올린 채, 실망한 표정으로 쳐다보고 있다.

준화   (한심한) 뭐야 이거. 니 아바 (E) 퍽! 얽,

농구공이 준화의 뒤통수를 때렸다.

(E)   통. 통. 통토토토토통…….

준화의 머리를 맞춘 농구공이 바닥을 통통 튀며 굴러간다.
준화가 스윽 돌아보면 저만치 희수가 구기용품 수납함 앞에 서 있다.

희수   (당차게 서서) 이건 아니야. 내 주먹으로 직접 널 때리는 게 진짜야.

뒤통수를 얻어맞은 준화의 얼굴에 짜증이 돋는다.

준화   (짜증) 에미나익….
희수   이놈아. 체대 실기 중에 공 던지기도 있거든.

수납함 안에 가득한 공들. 농구공. 핸드볼공. 족구공. 메디신볼. 풋살공.
희수가 냅다 풋살공을 던진다. 준화가 몸을 틀어 피한다.
농구공. 핸드볼공. 족구공. 풋살공 들을 손에 잡히는 대로 집어 던지는
희수.
실기훈련으로 단련된 희수의 공 던지기 실력이 만만치 않다.
준화가 피하는 공에 "뛃!" 봉석이 얼굴을 얻어맞고 바닥에 떨어진다.

희수   (멈칫) 어… 미안.

봉석이 코를 움켜잡으며 괜찮다고 손을 내젓는데 코피가 또 터졌다.
희수가 다시 공들을 집어 던진다.
준화가 날아오는 농구공을 발로 걷어찬다.

(E)   탕!

계속 던지는 희수. 발로 차내는 준화.
풋살공 (E) **퉁!** 족구공 (E) **텅!** 핸드볼공 (E) **퉁!**
희수가 아무리 던져도 걷어차며 날아오는 준화.

(E)   퉁! 텅! 탕!

준화가 가까워진다.
희수가 두 팔을 휘둘러 "으아아아아!!!" 있는 힘껏 공을 던진다.
준화가 걷어찬다.

(E)   퍼억!!!

준화가 발을 감싸고 주저앉는다. 바닥에 '틱!' 떨어지는 '메디신볼 5kg'.
바닥에 떨어져 주저앉은 준화를 보며 희수가 씨익 웃는다.

희수   던지기 만점이네.

희수의 이죽거림에 준화의 표정이 살벌해진다.
준화가 무릎 꿇은 자세 그대로 날아 희수의 턱을 무릎으로 걷어찬다.

(E)   퍼억!!!

희수가 뒤로 나자빠진다. 준화가 아픈 발을 주무른다.
보면, 엎어진 희수가 고개를 드는데, 코와 입이 터졌는데도 눈에 독기
가 가득하다.

봉석   (비명처럼) 희수야!!!!!!!!!

희수가 코피를 쓰윽 닦으며 벌떡 일어난다.
퉤 하고 피 섞인 침을 뱉는 희수의 눈빛이 여전히 살아 있다.
준화가 독기 서린 희수를 보다가, 봉석을 보면, 비명이나 지르는 모습
이 빙충맞다.

준화   에미나인 그런데루 쓸 만한데, (봉석 보며 한심한 표정) 넌 뭐이네.
봉석   (움찔)
준화   니 아바지랑 너무 다르다야.
봉석   어…?
준화   니 아바지. 김두식.

봉석의 눈이 커진다.

#25 정원고등학교/본관/3층/계단 사이 (밤)
덕윤과 용득이 계단을 걸어 내려간다. 절룩이는 용득의 걸음이 느리다.

"서."

계단 아래에서 들려오는 목소리. 덕윤과 용득이 멈춰 선다.
중간 계단에 있는 커다란 거울. 아래층에 있는 미현의 모습이 비친다.
미현이 계단 중간의 거울을 보며 덕윤에게 총을 조준하고 있다.

덕윤   (거울 보며) 여기까지 어케 올라왔니.
미현   (거울 보며) 알 거 없어. 내가 묻는 말에 대답만 해.
덕윤   우리 대원들은.

미현	(총 겨눈) 질문은 내가 해.
덕윤	(재차) 우리 대원들은.
미현	(총 겨눈) 니 머리를 맞힐 수 있어.
덕윤	(흔들리지 않는) 대답해야 대답하겠다. 우리 대원들은.
미현	(뚫어지게 쳐다보다가) 량강도와 미화원은 내가 죽였다.

덕윤의 검지 손가락 없는 손이 떨린다. 내색하지 않는 덕윤의 표정이 더 아프다.
용득이 발을 딛으려는데, 덕윤이 거울 속 미현의 총구를 보며 용득을 제어한다.

덕윤	질문이 뭔가. 약속대로 대답하지.
미현	(미현의 눈에 이채가 스친다)
덕윤	(기다리는)

미현의 입술이 달싹거린다.
단 한 마디 이름을 말하는 것일 뿐인데도 떨림이 느껴진다.

미현	김…두식은 어떻게 됐나.

미현의 얼굴이 아득해지며 다시 소제목 '제18화: 남과 북'이 화면을 가득 메운다.
소제목 타이틀 '남과 북'에서 이번에는 글자 '남'이 훨씬 크다.

#26 **[과거/모노톤] 주석궁/중앙복도/침실 금박문 앞 – #8 두식 시점**

"시간이 많지 않아. 살 사람이라도 살려라."
두식이 덕윤의 손을 뿌리치고, 침실 문손잡이를 잡는다.

덕윤 (쥐어짜는 숨소리로 애원) 쌔액… 쌔액… 제발… 제발… 들어가디 말라….

두식이 덕윤을 외면하고 문을 연다.
문을 열면, 겁에 질린 간호사와 의사가 서 있다.
두식이 침실 안을 보다가 망연자실한 표정이 된다.
그때, 뒤에서 느껴지는 인기척.
덕윤이 두식에게 총을 겨누고 있다. 두식이 전광석화처럼 뒤돌아 쏜다.

(E) 타앙-!!!

덕윤의 검지가 잘리고 총이 바닥에 떨궈진다. 덕윤이 의식을 잃는다.
겁에 질린 간호사와 의사들을 보고, 다시 뒤를 돌아보는 두식.

복도에 쓰러져 있는 수많은 호위국원들.
검은 옷의 호위국원들 사이에 띄는 흰옷들.
그제야 눈에 들어오는 흰옷 입은 호위국원들.
군의관과 의무장교들이다.

두식이 침실 안을 보면— 침대 옆에 열 살 즈음의 남자아이(김정은)가 서 있다.
실크 커튼에 가려진 침대. 각종 의료기와 산소호흡기로 연명하는 김일성이 누워 있다.

심전도 모니터 생체신호는 꺼질 듯이 미약하고, 산소호흡기 작동 소리만 방을 울린다.
새액— 새액— 새액— 새액—

두식이 굳은 듯이 서 있다. 두식의 뒤로 들려오는 가쁜 숨소리들.
새액— 새액— 새액— 새액—

두식의 망연자실한 표정이 어두워진다.
침실 안과 밖에서 죽어가는 사람들의 숨소리만 커진다.
화면 암전된다.

#27 [과거/모노톤] 과수원집/과수원 외곽 (밤) - 12화 #57에 이어지는

두식   지금이야.

요원들이 좁혀오는데 두식은 반항할 기미를 보이지 않는다.
봉평의 손에서 스파크가 줄어든다. 요원들이 접근하는데 두식은 먼
곳을 보고 있다.
봉평이 두식의 시선을 쫓다가, 순간, 당했다는 표정을 짓는다.
저 멀리 뒤쪽. 과수원집 뒷문으로 승용차 한 대가 빠져나가는 불빛이
보인다.
진천과 요원들이 황급히 쫓아가려는데,

나주   (만류하는) 늦었어.
진천   젠장.
봉평   (나주를 가만히 보다가, 두식에게) 갑시다.

두식이 멀어져가는 자동차 헤드라이트 불빛을 본다.
검은 복면을 쓴 요원 팀장이 두식에게 다가와 수갑을 채운다.

팀장   (중얼) 씨발… 이것들이 또 날 엿 멕이네….

팀장이 검은 복면을 벗는다. 마상구다.

#28 [과거/모노톤] 국정원/기획판단실/집무실 (밤)

책상 위. 한 귀퉁이가 깨져 있는 명패. [국가안전기획부 제5차장 민용준]
수갑이 채워진 김두식이 민 차장의 맞은편에 서 있다.

두식　거절하겠다.

민 차장　(안경 들어 눈곱 떼면서) 거절할 입장이 아닐 텐데.

마상구가 두식의 등에 총을 겨누고 있다.
두식이 당장 죽여버릴 것 같은 눈으로 민 차장을 노려본다.

두식　내가 지금 당장 다른 선택을 한다면, 나를 막을 수 있겠나.

두식의 발이 바닥에서 스윽 떠오른다.
마상구가 두식의 머리통에 총을 겨눈다.

상구　야. 야. 하지 마라.

두식　(뒤도 안 돌아보고) 내가 그 총을 못 뺏을 것 같은가.

상구　(흠칫)

두식　(뒤돌아선 등에서도 빈틈이 느껴지지 않는)

상구　(꿀꺽)

두식의 무시무시한 살기에 마상구가 위축된다.
민 차장은 전혀 위축됨 없이 눈곱을 손가락으로 툭 튕겨내며 말한다.

민 차장　니가 괜히 잡혀오진 않았을 거 아니야. 누가 너를 막을 수 있겠어.

두식　(내려다보는)

민 차장　너도 아니까 왔겠지. 너는 그렇다 치고, 니 부인, 니 아들, 어디까지, 언
제까지, 도망 다닐 수 있을까. 애는 커가는데 말이야.

두식　너….

민 차장　한 번 찾았는데 두 번이라고 못 찾을까.

두식　(으득) 차라리 너를….

민 차장　(피식) 그래?

민 차장이 각설탕 통에서 각설탕을 하나 꺼내 입에 넣는다.

상구는 민 차장과 두식의 무시무시한 기싸움을 보며 미묘한 열등감과
시기를 느낀다.

민 차장　(각설탕 씹으며) 나를 죽이면 국가정보기관 간부 살해자로 인터폴 수배
가 떨어질 거야.

두식　(멈칫)

민 차장　피살자 행적을 먼저 수사하겠지. 니 기록은 내가 쥐고 있어. 너와 너
의 가족에 대한 정보가 해외로 새나갈 거야.

두식의 미간이 꿈틀거린다.

민 차장은 느긋한 설명조로 협박한다.

민 차장　그 정보가 어디까지 갈까.

두식　………!!!

민 차장　우리도 찾았는데 북이라고 못 찾을까.

두식의 표정이 무너진다.

민 차장이 각설탕을 하나 더 꺼내 씹는다.

민 차장   (와드득) 나를 제거해도 북에서 영원히 너의 가족을 쫓을 거야.

정적이 흐른다. 두식의 표정에 절망이 깃든다.
민 차장이 책상에 흘린 설탕 가루를 손으로 훑어 신문지에 담는다.
쓸어 담은 신문지 헤드라인. **[평화축전. 남북화합의 장 개막]*2003년 10월 24일**

민 차장   선택해. 단 한 번의 임무를 맡겠나, 평생 가족을 쫓기게 하겠나.

두식의 두 발이 서서히 바닥에 내려앉는다.

두식   (가라앉은 목소리) 왜 또 나지.
민 차장   거기를 아는 자는 너밖에 없으니까.

마상구가 뒤에서 두식을 지그시 노려본다.

민 차장   한 번 더 하는 것뿐이야.
두식   (깊은 탄식)
민 차장   약속하지. 마지막 임무가 될 거야.

화면 암전된다.

#29 [과거/모노톤] 주석궁/외부 (새벽)

암전된 화면이 어두운 밤하늘과 이어진다.
주석궁 건물 꼭대기에 높게 걸린 인공기가 펄럭인다.

#30 [과거/모노톤] 주석궁/홀 (새벽)

세월이 지난 주석궁 홀의 사방엔 붉은 휘장이 없다.

창밖으로 평양 시내의 불빛들이 들어온다.

홀 천장의 샹들리에 위에 두식이 유령처럼 앉아 있다.

사방이 적막하다. 이상할 정도로 호위국원들이 보이지 않는다.

두식이 샹들리에에 앉아 주변을 살피는데, (E) 펏! 샹들리에가 꺼진다.

이어서 주석궁 홀의 사방 유리창에 철제 셔터가 내려진다.

(E)   쿠르르르릉…!!!

반사적으로 몸을 낮추는 두식.

순식간에 빛 하나 들어오지 않는 주석궁 홀.

두식이 샹들리에에 앉아 숨을 죽이는데,

"여깄네."

홱 뒤를 돌아보면, 마주치는 야시경 렌즈.

두식의 눈이 커진다.

야시경을 쓴 준화가 공중에 떠서 총을 겨누고 있다.

준화와 두식이 동시에 총을 쏜다.

(E)   탕!

(E)   탕!

두식이 총구 불빛에 의지해 응사한다.

어둠 속 야시경을 쓴 준화의 총이 빨랐다.

준화와 두식이 동시에 총을 놓치며 아래로 떨어진다.

바닥으로 떨어지는 두 개의 총.

두식이 준화의 총을 쳐내면서 자신의 총을 잡는다.

두식이 어깨를 부여잡고 일어서는데, 홀의 한쪽 문이 열리면서 빛이

들어온다.

빛이 갈라지면서 세 명의 실루엣이 홀 안으로 들어선다.
한쪽 어깨를 다친 두식이 양손으로 총을 겨누는데,

준화 이보라.

두식 (멈칫)

두식이 굳는다. 준화의 총이 두식의 관자놀이를 정확하게 겨누고 있다.
준화가 또 다른 총으로 두식의 관자놀이를 정확하게 겨누고 있다.
준화의 엑스 반도(권총 벨트)엔 홀스터(권총집)가 두 개다.
보면, 준화의 늑골 아래 총구멍만 났을 뿐 피가 흐르지 않는다.
패배감으로 미묘하게 일그러진 준화의 표정. 방탄복에 박힌 탄두를
더듬으며 말한다.

준화 (중얼) 죽이진 않았다고 늑골 밑만 쏜다더니 진짜였구나.

빛을 등진 실루엣이 말한다.
"왔니."
두식이 인상을 찡그리는데, 실루엣이 손을 든다.
오른손 검지가 잘리고 없다.

덕윤 오랜만이야. 나 기억 못 하니.

두식의 눈이 꿈틀한다.
덕윤의 양옆에 서 있던 용득. 재학. 찬일이 두식을 에워싼다.
철제 셔터로 감금된 홀. 옆에서 머리를 겨누고 있는 준화.
완벽하게 포위됐다.

민 차장v.o 약속하지. 마지막 임무가 될 거야.

두식의 표정이 일그러진다. 특수 기력자들이 간격을 좁혀온다.
두식이 피가 떨어지는 팔을 들어 올리려 애쓴다.
덕윤이 방탄복(폐와 기관지 사이)에 총을 맞은 준화를 보며 낮게 뇌까린다.

덕윤 아랑을 베푼다 생각했니.

플래시백_ #8/두식

"모두 급소를 피해서 쐈다. 시간이 많지 않아. 살 사람이라도 살려라."

덕윤 들어가지 말라지 않았니.

플래시백_ #8/덕윤

"새액… 드… 새액… 들어가디 말라…."

덕윤 내가 살리려는 것은 주석님만이 아니었다.

플래시백_ #8/덕윤 시점

덕윤이 복도에 쓰러진 수십 명의 호위국원들을 본다.
두식의 발목을 붙잡고 버티는 덕윤의 눈에 눈물이 고인다.

덕윤 주석궁 침실까지 경호가 뚫린 호위국성원들이 어케 될 것 같니.

플래시백_ #8/덕윤

"쌔액… 쌔액… 제발… 제발… 들어가디 말라…."

덕윤　마지막까지 저항했다는 이유로 나만 살아남았다.

플래시백_ #26/김정은 시점

(E)　타앙-!

어린 김정은이 본다.
덕윤이 끝까지 저항하다 두식의 총에 손가락이 잘린다.

통한과 울분을 속으로 삼키는 덕윤의 목소리가 가늘게 떨린다.
두식의 눈빛이 무시무시한 불안감에 젖는다.

덕윤　그날. 여기에서 복무했던 인민들. 내 동무들. 내 상사와 내 부하들.
두식　(눈빛 떨리는)
덕윤　주석궁 담당 호위총국원과 경계 근무원. 오백여 명.
두식　(떨리는)
덕윤　모두 총살당했다.

#31 [과거/세피아톤] 홀/중앙복도 (밤)

말라붙은 정적.
두식의 어깨를 타고 흐른 피가 두식의 손을 피로 적신다.
피가 주석궁 바닥에 똑똑 떨어진다.

똑… 똑… 똑… 똑…
똑… 똑… 똑…
똑… 똑…
똑…

핏방울 떨어지는 소리. [플래시백/#26]의 숨소리와 겹쳐진다.
죽이지는 않겠다며, 두식이 급소를 피해 쏴서 쓰러뜨렸던—
중앙복도를 가득 메운 호위국원들의 가쁜 숨소리.

새액—
새액— 새액—
새액— 새액— 새액—
새액— 새액— 새액— 새액—

커지던 숨소리 한순간 뚝 끊기고, 복도에 시체만 가득하다.
무서운 정적.
시체들이 가득한 복도에 두식이 혼자 넋 나간 표정으로 서 있다.

제19화
결전

#1 스포츠센터/1층 체육관/2층 트랙 (밤)

희수가 코피를 쓰윽 닦으며 벌떡 일어난다.

희수 (피 섞인 침 뱉는) 퉤!

희수가 살기 어린 표정으로 노려보는데, 준화는 봉석에게 시선이 쏠려 있다.

준화 에미나인 그런데루 쓸 만한데, (봉석 보며 한심한 표정) 넌 뭐이네.
봉석 (당황한)

준화가 바닥에서 2미터쯤 떠올라 있다.
희수의 눈이 준화의 높이를 가늠한다.

준화 니 아바지랑 너무 다르댜.
봉석 어…?
준화 니 아바지. 김두식.
봉석 (커지는 눈)

희수가 2층 트랙 난간에 묶여 있는 오르기 밧줄(클라임 로프)들을 본다.

봉석 (넋 나간 표정으로 중얼) 김두식….
준화 (쳐다보는)
봉석 (그 와중에도 존댓말 하는) 제… 제 아버지를 아세요…?
준화 아. 너 몇 살이가? 아버지 못 본 지 오래됐갔구나.
봉석 아세요?! 제 아버지?!!
준화 알디. 내가 잡았는데.

봉석	(놀란) 잡았다구요…?!
준화	(고개 까딱)
봉석	(혼란스러운) 그… 그게 무슨 말이죠…?!
준화	조선말 모르네?
봉석	제… 제 아버지는 어떻게 되셨죠?
준화	(대답하지 않는)
봉석	어떻게 되셨어요. 말해주세요.
준화	(고개 삐딱) 싫다.

봉석의 혼란스러운 표정에 서서히 격정이 요동친다.

봉석	(일어서는) 말해줘요.
준화	니가 말하게 해보라.

봉석의 감정이 끓어오르며 표정이 일그러진다.

봉석	(드디어 반말하는) 말해.
준화	하게 해보라.
봉석	(떠오르는) (소리치는) 말해!!!!!!

봉석이 주먹을 휘두르며 준화에게 날아든다.
맞을 리 없는 봉석의 주먹. 준화가 슬쩍 피하면, 봉석이 헛손질하며
뒤로 지나친다.
봉석이 다시 날아들면 준화가 다시 가볍게 피한다. 봉석은 한 대도 때
리지 못한다.
준화가 날파리처럼 날아드는 봉석을 계속 피하기만 하며 농락한다.
봉석이 포기하지 않는다. 날아드는 봉석의 속도가 차츰 빨라진다.

(E)　후웅…!

공중에서 계속 피하기만 하던 준화가 봉석을 때린다.

(E)　뻑!

얻어맞은 봉석이 다시 날아든다. 요것 봐라, 준화가 발로 걷어찬다.

(E)　뻑!

일방적인 구타.
하지만, 봉석은 이전처럼 쩔쩔매지 않고 적극적인 반응을 한다.
연신 날아들었다가 얻어맞고 다시 날아든다.

(E)　뻑! 후우웅…!

날아드는 속도가 조금씩 빨라진다.

(E)　뻑! 후우우웅…!

공중에서 좌충우돌하는 봉석이 점점 빨라진다.

(E)　후우우우웅…!

계속 맞으며 날아들면서도, 눈빛만은 살아 있는 봉석의 동공이 확장
된다.
봉석의 동공 클로즈업되며, 타이틀 '무빙'과 소제목 '제19화: 결전'이

뜬다.

격투의 와중에 봉석의 오감이 깨어난다. [슬로 모션 시작]
봉석의 확장된 동공. (c.u) - 뻗어지는 준화의 주먹을 정밀하게 본다.
봉석의 꿈틀대는 귀. (c.u) - 사각에서 휘둘러지는 준화의 발 바람 소리를 듣는다.
봉석의 뺨에 돋은 솜털. (c.u) - 준화의 주먹이 닿기 직전, 미세하게 얼굴을 튼다.
준화의 주먹이 봉석의 얼굴을 때리는데 소리가 이상하다.

(E) 턱!

순간, 준화의 눈썹이 꿈틀한다.
얻어맞은 봉석이 저만치 날아갔다가 다시 날아온다.
봉석이 이를 악문다.
봉석의 몸에서 나는 바람 가르는 소리가 커진다.

(E) 후우우우우웅…!

준화가 봉석에게 주먹을 휘두른다.
봉석의 눈이 뻗어오는 준화의 주먹을 느리게 본다.
봉석이 드디어, 준화의 주먹을 보고 피하려는데— [슬로 모션 끝]

(E) 콱!

준화의 주먹이 펴지며 봉석의 머리채를 잡는다.

준화   니 각성했니.

준화가 봉석의 머리채를 붙잡고 주먹으로 얼굴을 후려친다.

(E)   뻐억!!!!!!

봉석이 체육관 바닥에 나동그라진다.

준화   맞는 순간마다 충격을 줄였었구만 기래? (자기 주먹 보며) 그거이 아니
      문 맞을 때마다 길케 멀리 날아가디 않았갔지.

봉석이 코피를 닦고 다시 떠오른다.
이제는 바닥을 딛고 선 듯 단단하게 떠 있다.
준화의 표정에 이채가 스친다.

준화   니 특수 기력자 맞구나.
봉석   (지면에 선 것처럼 허공에 두 발 딛고 자세 가다듬는)
준화   그 감각 어케 익혔니. 타고난 거니. 훈련한 거니.
봉석   (노려보는 눈빛이 살아 있는)
준화   대답해보라.
봉석   (노려보는) 물려받았어.
준화   아바지 닮았구나.
봉석   엄마 닮았어.
준화   (뭔 소린가)

봉석이 다시 주먹을 움켜쥔다. 준화가 알 수 없는 한숨을 쉬며

준화   야. 야. 확인했으니 이제 그만… (어라) 에미나이 어디 갔네?

언뜻 보면 봉석의 시선이 자신의 뒤쪽에 있다.
이상한 낌새에 고개를 돌리면, 희수가 2층 난간에서 도움닫기 한다.
손에 로프를 쥔 희수가 2층에서 번지점프하듯 뛰어내려 준화를 덮친다.

준화   뭐이가?!!

희수가 뛰어내려 준화의 등에 매달린다.

희수   잡았다.

당황한 준화가 희수를 떼어내려 버둥거린다.
희수가 악바리같이 매달려 준화의 목덜미를 깨문다.
준화가 끄아악 턱을 들자 희수가 재빨리 준화의 목에 로프를 감는다.
준화가 고개를 젖혀 뒤통수로 희수의 인중을 친다.

(E)   빠악!!!

희수가 아랑곳하지 않고 서까래 구렁이처럼 준화의 몸통을 로프로 옭
아맨다.

희수   (봉석에게) 지금이야!!!
봉석   (얽혀 있는 희수 보고 주춤)
희수   (호통) 나 믿으라고 이 바보야!!!

바보가 이를 악물고 준화에게 날아간다.

날아가는 봉석. 공중에서 회전하며 두 발을 앞으로 모은다.
희수를 같이 차야 하는 봉석이 순간 망설인다.
희수가 빨리 차라며 눈을 부릅뜬다.
커지는 준화의 눈. 악착같이 엉겨 붙는 희수.
봉석이 눈을 질끈 감는다. 쇄도하는 봉석의 드롭킥.

(E)   퍼억!!!

봉석의 드롭킥에 준화가 얻어맞고, 희수가 튕겨져나가 벽에 부딪힌다.

(E)   콰당탕!!!

로프에 묶인 준화가 크게 요동치며 좌우로 흔들린다.
봉석이 먼저 희수에게 얼른 날아간다.

봉석   (울상) 희수야!!!

바닥에 쓰러진 희수가 끄응차, 몸을 튕겨 벌떡 일어선다.
희수는 멀쩡한데 봉석의 표정이 되레 아프다.

희수   (씩씩한) 잘했어! 나 안 아파.
봉석   (낯간지러운 말을 너무나 진지하게) 내 마음이 아파.
희수   어우야….

봉석의 애잔한 눈빛. 난데없는 멜로 분위기를 견디지 못하는 희수.

희수   내가 아프면 진짜 아프다고 말할게.

봉석   응.

뒤쪽으로, 로프에 몸이 감긴 준화가 시계추처럼 좌우로 까딱까딱 흔
들린다.
희수와 봉석이 안심하려는 찰나, 축 처진 로프가 휘우듬하게 늘어진다.

희수/봉석 어…?

준화의 발이 다시 떠오른다.
준화가 고개를 들어 봉석과 희수를 노려본다.

준화   (로프 풀며) 이 간나새끼들… 내 그만하자 하지 않았네.

봉석과 희수가 바짝 긴장하며 자세를 고쳐 잡는다.

봉석   (작게) 방금 한 거 다시 해보자.
희수   어?
봉석   라바콘.
희수   뭐?
봉석   너 하던 거 나도 할 수 있어.
희수   아.
봉석   너 하는 거 수십 번 봤어.

인서트_ 5화 #2
라바콘 사이를 왕복달리기하는 희수.
희수의 훈련을 지켜보는 봉석.
있는 힘껏 달렸다가 다시 턴 하는 희수.

한 치의 흐트러짐 없이 희수만을 보는 봉석의 눈.
턴 하며 바닥을 박차고 가속도를 내는 희수의 발.

봉석과 희수가 눈빛을 주고받는다.

봉석   (스윽 떠오르는) 너 한 대만이라도 때리고 싶다고 했잖아.

봉석과 희수가 동시에 준화에게 달려든다. [18화 #24와 또 같은]
"이야아아아아아아아!!!!!!!!!"

준화   또 기거야?

먼저 날아든 봉석의 주먹을 준화가 슬쩍 피하면 봉석이 헛손질하며
지나친다.
연이어 희수가 달려든다. 공중에 뜬 준화가 희수를 걷어찬다.

(E)   퍼억!!!

발에 차인 희수가 뒤로 구르더니, 바로 몸을 돌려 낮추며 자세를 가다
듬는다.

희수   굿 턴.

준화가 보면, 희수가 씨익 웃는다.
뭐지 싶은 그때, 뒤에서 들려오는 바람 소리.

조금 전 상황.

먼저 날아든 봉석의 주먹을 준화가 슬쩍 피하면 봉석이 헛손질하며 지나친다.

봉석이 있는 힘껏 준화의 뒤로 날아가 (E) **콰악-!** 반대편 벽을 양발로 박찬다.

벽을 박차며 턴 하는 봉석의 발이— 왕복달리기하며 턴 하던 희수의 발과 겹쳐진다.

추진력을 얻어 날아온 봉석이, 조금 전 희수처럼, 준화의 등에 엉겨 붙는다.

봉석이 준화를 뒤에서 끌어안은 채 희수에게 날아든다.

봉석 (희수 보며) 파이팅.

희수 (주먹 쥐며) 파이팅.

준화를 밀고 날아가는 봉석. 당황하며 밀리는 준화. 뒤로 당겨지는 희수의 주먹.

#2 [플래시백] 정원고등학교/강당 (오후)

(E) 퉁! ···퉁. 퉁. 퉁. 투르르르······.

던져진 핸드볼공이 바닥에 떨어져 구른다. 기록은 26미터.

멀리 뒤쪽에 일환과 희수가 서 있다. 희수가 기록을 보고 실망한다.

일환 그게 아니지. 공 다시 잡아봐.

희수 (핸드볼공 쥐는)

일환 허리를 쓰란 말이야. 던지는 힘은 허리에서 나온다고. 시선은 목표지점을 정확히 보고.

희수 (초롱초롱한 눈)

일환   (구분 동작으로) 하체 중심 잘 잡고. 무게 중심, 뒤로, 낮추고.

일환이 차근차근 시범을 보이면,
희수가 자세 하나라도 놓칠세라 똑같이 따라 한다.

일환   (시범 보이며) 발 단단히 딛고. 체중 실어서 허리 회전. 순간적인 힘을 허리에서 어깨로 연결해. 팔을 뒤로 당겼다가 힘껏 뻗어. 쭉.

희수   (따라 하는) 쭉.

일환   (자세 지적하며) 아니지. 체중을 싣고, 허리를 더 돌려야지. 공 던지는 거랑 펀치 때리는 거랑 같아. (손 뒤로 당겼다가 앞으로 뻗으며) 쭉.

희수   (손 뒤로 당겼다가 쭉 뻗는) 쭉.

일환   그렇지. 자 이제, 이게 몸에 익을 때까지 수백 번 쭉 반복해.

희수   쭉.

희수가 하나하나 차근차근—
발을 단단히 딛고, 체중을 실어서, 허리에 회전을 주며, 있는 힘껏 팔을 뻗는다.

#3   스포츠센터 / 1층 체육관 (밤)

발을 단단히 딛고, 체중을 실어서, 허리에 회전을 주며, 있는 힘껏 주먹을 뻗는다.

희수   쭉.

(E)   빠악!!!!!!!!!!

희수의 주먹이 준화의 턱에 작렬한다.
준화의 눈이 허옇게 뒤집어진다.

정원고등학교/본관/3층/계단 사이 (밤)

미현   김…두식은 어떻게 됐나.

계단 위의 덕윤이 떨리는 미현의 목소리를 감지한다.
거울로 미현을 보면, 무표정으로 애써 감춰도 숨길 수 없는 비통함이
느껴진다.

덕윤   김두식과 어떤 관계인가.
미현   (대답하지 않는)
덕윤   처인가.
미현   (대답하지 않는)
덕윤   그렇군. 내가 대답할 차례였군.

대답하지 않는 미현을 보며 덕윤이 천천히 손을 올린다.
미현이 총구를 겨눈 채 거울을 보면 덕윤의 검지 두 마디가 잘리고 없다.

덕윤   1994년. 김두식이 왔다. (손가락 보이며) 김두식이 이렇게 했지.
미현   (덕윤의 손가락 쳐다보는)
덕윤   누구도 그를 막을 수 없었지.
미현   (침착한)
덕윤   김두식 한 명에게 주석궁이 뚫렸어. 처참한 패배였다.
미현   (침착한) 그 이후를 말해.
덕윤   (주머니에 천천히 손 넣는) 그리고 김두식은 돌아갔다.

미현은 거울을 보고, 덕윤이 눈을 내리깔아 계단 밑을 본다.
계단 난간의 아주 작은 틈. 미현의 오른발이 보인다.

덕윤 우리는 그가 언제 다시 올지 몰라 많은 대비를 해야 했지. 그 과정에서 많은 희생이 뒤따랐

미현 (말 끊는) 안 궁금해.

덕윤 (입 다무는)

미현 김두식에 대해서만 말해.

미현 시점 - 주머니에 넣은 덕윤의 손. (c.u)
덕윤 시점 - 계단 난간 틈으로 보이는 미현의 오른발. (c.u)

덕윤 (말하며 주머니 속 총구 각도 가늠하는) 2003년. 김두식이 다시 왔다.

미현 (눈빛 떨리는)

덕윤 우리는 김두식이 올 것을 알고 있었다.

미현 (놀라는) 뭐…?

미현이 잠시 방심하는데, 거울 속 덕윤의 주머니에서 총구 같은 것이 움직인다.
순간, 누가 먼저 쐈는지 총성들이 겹친다.

(E) 타앙-! 타앙-! 타앙-!

미현의 총구에서 총알들이 발사된다.
덕윤의 주머니를 뚫고 발사된 총알이 미현의 오른발을 꿰뚫는다.

미현 (비명) 아악!!!

미현이 중심을 잃고 쓰러진다. 용득이 계단을 달려 내려간다.
쓰러진 미현이 위협사격을 한다.

(E)   타타탕!

계단의 거울이 깨진다.

(E)   쨍그랑!!

용득이 계단 코너에서 머리를 내밀지 못하는데, 덕윤이 뒤로 빠지라
는 손짓을 한다.
주머니에서 나온 덕윤의 손에 포켓형 권총(발터PPK)이 쥐어져 있다.
방아쇠에 걸려 있는 덕윤의 중지. 계단에 정적이 흐른다.
중간 계단의 거울이 깨져 아래가 보이지 않는다. 아래에서 아무 소리
도 나지 않는다.
잠시 후 조심스럽게 아래를 보면 미현이 이미 사라지고 없다.
미현의 발에서 난 핏자국이 계단 아래로 길게 이어져 있다.
덕윤과 용득이 핏자국을 따라 계단을 걸어 내려간다.

#5 정원고등학교 / 1층 / 현관 로비 (밤)

덕윤과 용득이 1층으로 내려오면, 미현의 핏자국이 갑자기 끊겼다.
복도는 온통 어둡고 미현은 흔적도 없이 사라졌다.
주변을 둘러보면 건물 1층 후문이 열려 있다.
후문으로 다가가 밖을 보면 기계실 문이 열려 있다.
덕윤과 용득이 건물 밖으로 나간다.
카메라 물러나면서, 1층 로비 옆의 남자 화장실을 비춘다.

#6 정원고등학교 / 1층 / 남자 화장실 (밤)

정전이 된 깜깜한 화장실.
덜 잠긴 수도꼭지에서 물방울이 똑똑 떨어진다.

화장실 안에서 고통을 참는 신음 소리가 새어 나온다.
맨 안쪽의 화장실 칸, 미현이 변기 위에 걸터앉아 신음하고 있다.
핏자국을 남기지 않으려 코트를 벗어 총에 맞은 오른발을 두텁게 동여맸다.
미현의 귀가 클로즈업된다. 건물 밖으로 나가는 용득과 덕윤의 발소리를 듣는다.

#7 정원고등학교/별관/3층/복도 (밤)

격투의 흔적이 가득한 복도를 따라가면 찬일과 강훈이 대치하고 있다.
상의를 탈의한 강훈의 몸 곳곳에 멍이 들었다.
찬일은 여전히 꼿꼿하게 서 있고, 강훈이 뭉개진 발로 힘겹게 버티다가 무릎을 꿇는다.

찬일 특수 기력자 맞네. 확인했으니 됐다.

복도 끝까지 내몰린 강훈의 뒤.
벽에 뚫린 구멍에서 눈발이 흩날려 들어온다.

찬일 (다가오며) 대답만 하면 끝난다. 너 말구 또 누가 있네.

강훈이 고개를 든다.
찬일의 뒤로 복도 끝에서 누군가 넘어질 듯 튀어나온다.

일환 방화무우운!!!

일환의 비명 같은 외침에 강훈이 복도 끝 방화문(철문) 뒤로 숨는다.
찬일이 뒤를 돌아보면 일환이 총을 쏜다.

226

(E)	탕! 탕!
일환	(연사하는) 으아아아아!!!
(E)	탕! 탕!

찬일이 일환의 총구 방향을 보며 귀신같은 몸놀림으로 총알을 피한다.
일환이 이 악물고 다시 정조준하는데, 찬일이 몸을 좌우로 무빙하며
쉐도한다.
순식간에 달려든 찬일의 주먹이 일환의 옆구리에 꽂힌다.

| (E) | 빠각!! |

일환의 갈비뼈 부러지는 소리가 복도를 울린다.
일환이 총을 놓친다.

| **일환** | (비명) 끄아아악!!!!!! |

#8 정원고등학교/외부/기계실 (밤)

덕윤과 용득이 어둠 속에 누워 있는 사봉의 시체를 내려다본다.
용득이 배전반의 차단기를 다시 올린다.

cut to_ 학교 전경
학교 건물에 다시 불이 켜진다.

기계실 안은 여전히 어둡다.
용득이 기계실의 스위치를 찾아 불을 켜려는데

| **덕윤** | 뒤. |

용득   (멈칫) (스위치에서 손 떼는)

그때, 별관 쪽에서 들려오는 일환의 총소리. (E) 탕! (E) 탕! (E) 탕! (E) 탕!
용득과 덕윤이 총소리에 고개를 든다.

덕윤   가라. 난 동무들 생사를 확인하겠다.
용득   네.
덕윤   선생을 잡아서 반드시 파일을 찾아내라.
용득   네.

용득이 기계실 밖으로 걸어 나간다.
덕윤이 어두운 기계실에서 눈 내리는 밖에 선 용득을 본다.
용득이 절룩거린다.
주원에게 밟혀 꺾인 용득의 발목에 피가 잔뜩 배어 있다.

덕윤   권용득이.
용득   (돌아보는)
덕윤   (쳐다보는)
용득   (무표정한 얼굴로 쳐다보는)
덕윤   (보다가) 아니다. 가보라.

용득이 무표정하게 쳐다보다가 걸어간다.
용득이 가고 나서야 덕윤이 기계실의 스위치를 누른다. 불이 환하게
켜진다.
덕윤이 가만히 손을 들어 옆구리에 손을 대었다 떼면 손에 피가 흥건
하다.
재킷을 들추자 옆구리에 총상이 드러난다.

인서트_ #4

덕윤과 미현이 서로에게 총을 쏜다. 미현이 두 발. 덕윤이 한 발.

(E) 타앙-! 타앙-! 타앙-!

미현이 쏜 두 발 중 한 발이 덕윤의 옆구리 아래에 박힌다.

덕윤이 생수통의 물로 피 묻은 손을 씻는다.

덕윤이 탄식 같은 한숨을 쉰다.

기계실 밖으로 걸어 나가는 덕윤의 걸음걸이가 힘겹다.

#9   정원고등학교 / 1층 / 남자 화장실 (밤)

미현이 발을 싸맨 코트를 풀면, 발등에 총구멍이 뚫려 피가 흐른다.

고통을 참으며 신발을 벗는다. 총상을 입은 오른발이 처참하다.

피투성이가 된 발을 변기 안에 담근다. 변기 안의 물이 뻘겋게 물든다.

미현이 코트의 팔 부분을 이로 찢어 총상 입은 발등에 동여맨다.

미현이 몸을 일으키려다가 발을 딛지 못하고 넘어진다.

변기 옆에 넘어진 채 고통을 참는 미현. 이마에 땀이 송골송골 맺힌다.

미현이 절망에 빠져 숨을 몰아쉰다. 그때, 미현의 한쪽 귀. (c.u)

귀에 꽂은 이어폰에서 얕은 호흡 소리가 새어 나온다.

미현이 핸드백에서 핸드폰을 꺼내 전화를 건다.

(E)   뚜루루루루루-----!!

어둠 속에서 받지 않는 통화연결음만 새어 나온다.

(E)   뚜루루루루루-----!!

화면 어두워진다.

#10 [몽타주] 주원의 의식

암흑.

30대 초반의 주원.

끝과 경계를 알 수 없는 완벽한 암흑 속을 젊은 주원이 걷는다.

어둠을 밟아가는 발. 서성이는 발. 방황하는 발. 지친 걸음을 옮기는 발.

한참을 헤매며 걷다가 멈춰 서는 주원의 발.

주원의 머리 위에서 켜지는 센서등.

플래시백_ 10화 #41/지희

"여기서 뭐 해요?"

목소리와 함께 센서등이 연이어 켜진다.

미로 같은 어두운 복도들을 밝히는 센서등들.

주원이 어둠 속에서 켜지는 센서등들을 따라가며 복도를 걷는다.

주원의 걸음걸음마다 앞서 켜지는 센서등들.

센서등을 따라가면 맨 마지막 센서등 불빛 아래 지희의 영정사진이

놓여 있다.

활짝 웃는 영정사진 속 지희의 얼굴.

주원이 꿈결처럼 말한다.

플래시백_ 14화 #1/주원

"걱정 마. 애는 내가 잘 키울게."

주원의 의식이 흔들린다. 어둠이 요동친다.

(E)   우우우우우웅---------!!

정원고등학교 / 4층 / 진학지도실 (밤)

쓰러져 바닥에 닿아 있는 주원의 머리가 울린다.
주원이 희미하게 눈을 뜬다. 주원의 눈가에서 눈물이 흐른다.

(E)   우우우우우웅---------!!

상담 테이블 아래 휴지통에서 핸드폰 진동음이 울린다.
주원이 어둠 속을 더듬어 휴지통을 엎지르면 핸드폰이 굴러 나온다.
짙은 어둠 속에서 센서등처럼 빛나는 핸드폰 불빛.
주원이 손을 뻗어 불빛(핸드폰)을 잡는다.

미현F   (전화) 장주원씨.
주원   (듣는)
미현F   (전화) …당신이 필요합니다.
주원   (듣는)
미현F   우리… 아이들을 지켜야 해요.
주원   네.

주원이 어둠 속에서 일어선다. 비틀거리며 문밖으로 나간다.

주원   (중얼) 걱정 마. 애는 내가 잘 키울게.

문밖을 나서는 주원의 상처가 아물어간다.

#12 **정원고등학교 / 본관 / 2층 / 제2교무실 (밤)**

덕윤이 제2교무실 안으로 들어온다.
교무실 바닥에 이마가 뚫린 재학의 시체가 누워 있다.

죽은 재학을 물끄러미 내려다보는 덕윤의 표정에 짙은 허탈함이 스친다.
덕윤이 핸드폰을 꺼내 전화를 건다.

#13 정원고등학교/외부/후문 앞 (밤)

학교 후문 근처에 주차된 승용차에 눈이 하얗게 쌓여 있다.
승용차의 뒤 트렁크 안에서 전화벨 소리가 들린다.
잠시 후, (E) 덜컥…! 트렁크 문이 열린다.
어둠 속에서 열린 문밖을 내다보는 낯선 남자(재석)의 눈.
트렁크 밖으로 내리는 하얀 눈이 환한 가로등 불빛에 반짝인다.
살짝 열린 트렁크 문으로 밖을 보더니 선글라스를 낀다.
눈 쌓인 자동차 옆. 앞서 후문으로 들어간 한별의 발자국 위로 눈이
쌓이고 있다.

#14 정원고등학교/본관/2층/제2교무실 (밤)

덕윤이 우두커니 서서 눈을 감지도 못하고 죽은 재학을 물끄러미 본다.
죽은 재학의 벌어진 입술에 침 자국이 백태처럼 허옇게 말랐다.
덕윤이 교무실 벽에 붙은 '금연' 표시를 본다.
재학의 주머니에서 담배(고향: 북한 담배)와 라이터를 꺼낸다.
덕윤이 제 입에 담배를 물고 불을 붙여 죽은 재학의 입에 물려준다.
죽은 재학의 눈동자에 누군가(한별, 기수)의 모습이 어슴푸레하게 비친다.
덕윤이 뒤돌아 교무실 밖으로 발걸음을 옮긴다.
윤성욱의 책상 뒤. 기수와 한별이 잔뜩 웅크린 채 숨어 있다.
공포에 떨고 있는 한별의 입을 기수가 틀어막고 있다. (디졸브)

#15 정원고등학교/본관/2층/복도/제2교무실 - 18화 #23에 이어서

(디졸브) 일환이 총을 들고 달려간다.
멀어지는 일환을 보는 기수의 표정이 복잡하다.

기수가 교무실 안 재학의 시체를 보고 진저리 치며 돌아선다.
그때, 어둠 속에서 여자의 흐느끼는 울음소리가 들린다.
기수가 소스라치게 놀라며 돌아선다.
교무실 안에서 들리는 아주 작은 목소리.
"기… 기…"
기수의 다리가 풀린다.
"기… 기수야…."
제 이름을 부르는 소리에 조심스럽게 교무실 안으로 들어간다.
울음소리를 따라가면, 윤성욱의 책상 뒤에 한별이 웅크리고 앉아 있다.

기수	(놀라는) 너… 너 여기서 뭐 해!
한별	(공포에 질린) 나… 나아…
기수	너 언제부터 여기 있었어.
한별	(턱이 덜덜 떨려 말도 잘 못 하는) 아 아까… 나 나아… 내 내 카 카메라 메 메모 메모리 카 카드 찾으러 모 몰래 들어왔다가…
기수	뭐라는 거야!
한별	(으앙) 너 너무 무 무서워서 나가지도 모 못하고
(E)	타앙-! 타앙-!

복도 계단에서 들려오는 미현과 덕윤의 총격전 소리.

(E)	타앙! 타타탕! 쨍그랑!!

총소리 이어지고 거울 깨지는 소리가 들린다.
한별이 헛바람을 삼킨다.
기수가 부리나케 한별의 입을 틀어막으며 엎드린다.
기수가 잔뜩 몸을 낮춰 밖을 살피는데, 기수의 손에 한별의 눈물이 뚝

뚝 떨어진다.

복도 계단에서 발자국 소리들이 울린다. 기수가 한별의 귀에 속삭인다.

기수 (속삭이는) 조용히 해. 여기 지금 이상해. 절대 들키면 안 돼.

한별 (울며 *끄덕끄덕*)

기수 (속삭이며 달래는) 울지 마. 기다리자.

한별 (*끄윽끄*윽 울음 참는)

한별이 기수의 손을 꼭 잡는다.

움찔하는 기수. 떨리는 한별의 손을 맞잡아준다.

한참을 숨죽이다 일어서는데, 또다시 (일환의) 총소리가 들린다.

(E) 탕! 탕! 탕! 탕!

한별 (놀라서 주저앉는) 어, 어떡해!!!

기수 (낭패한) (다시 한별 끌고 들어오며) 밖이 조용해질 때까지 숨어 있자.

극도의 공포에 빠진 한별이 다시 울음을 터뜨린다.

난처한 기수가 한별의 입을 더욱 틀어막으며 등을 다독여준다.

얼마나 지났을까, 계단을 올라오는 발자국 소리가 들린다.

교무실로 들어오는 발자국 소리. 책상 뒤에 숨어 잔뜩 웅크리는 한별과 기수.

덕윤이 들어와서 시체를 내려다보더니 전화를 건다.

"상황이 좋지 않다. 들어오라."

덕윤이 시체의 몸에서 담배를 꺼내 입에 물려준다.

잔뜩 웅크려 숨죽이는 기수와 한별. 기수의 품에서 한별이 부들부들 떤다.

덕윤이 다시 교무실 밖으로 나간다.

기수가 서서히 한별의 입에서 손을 떼는데

덕윤　니들 누구니.

뒤돌아보면 다시 들어온 덕윤이 어둠 속에서 내려다보고 있다.
덕윤의 손에 권총이 쥐어져 있다.

#16 정원고등학교/별관/3층/복도 (밤)

일환이 부서진 갈비뼈를 끌어안고 거친 숨을 몰아쉰다.
찬일이 일환의 먹살을 잡고 묻는다.

찬일　(먹살 들어 올리는) 파일 어디 있네.
일환　(숨 막히는) 크윽… 없어… 그런 거….
찬일　(먹살 더 조이는) 기카다 죽는다.
일환　(이 악무는) *끄윽*….
찬일　진짜 죽어.
일환　*끄윽*….

목이 졸린 일환이 허옇게 눈을 뒤집으면서도 답하지 않는다.

찬일　(먹살 들어 올리는) 기럼 기케 하자.

찬일이 일환을 벽에 집어 던진다.
무시무시한 괴력에 일환의 몸뚱이가 날아간다.

강훈　(뛰어드는) 안 돼애애!!!!!!

강훈이 달려들어 일환을 받는다.
뭉개진 발로 버티지 못하고 함께 벽에 처박혀 나동그라진다.

찬일 (강훈에게 짜증) 아. 아새긴 좀 빠져라.

찬일이 다가온다. 온몸으로 일환을 받은 충격에 강훈이 꿈틀거린다.

일환 가… 강훈아….
강훈 (신음) 끄윽… 선생님….

일환이 멍든 강훈의 얼굴을 보며 울컥한다.
일환의 표정에 회환과 자책이 차오른다.

일환 미안하다… (눈물) 난 선생 자격이 없어….

가까이 다가온 찬일이 둘을 지그시 내려다본다.
일환이 몸으로 강훈을 막아선다.

찬일 아주 눈물 나누만. (강훈과 일환 번갈아 보다) 기래. 이카문 어떻네.

일환에게 보란 듯이 강훈의 멱살을 쥔다.
저항할 기운조차 없는 강훈이 축 늘어진다.

찬일 (강훈 멱살 쥐고, 일환에게) 파일 어디 있네.

찬일이 멱살 쥔 손에 힘을 준다. 강훈의 호흡이 가빠지며 눈이 흐려진다.
강훈은 어디선가 자신의 이름을 목 놓아 부르는 소리를 들은 것 같다.

찬일이 주먹을 치켜올리며 일환을 다그친다.

찬일 이카다 아새끼래 죽는다!!! 말하라!!! 파일 어디 있네!!!

절망으로 일그러지는 일환의 눈에서 눈물이 비어져 나온다.

일환 파일은

그때, 어디선가 땅 울리는 소리가 들린다.

(E) 터엉- 터엉-
찬일 (고개 들며) 어?
(E) 와장창!
(E) 터엉-

(E) # 꽈아앙!!!!!!

복도 중간. 굉음과 함께 교실 문이 부서지고 창문들이 깨져나간다.
박살난 잔해들과 유리 가루들이 복도에 휘몰아친다.
일환의 눈이 커진다. 찬일의 주먹이 멈칫한다. 강훈이 고개를 든다.
복도를 휘몰아치던 먼지와 잔해들이 걷히면 맨발의 재만이 서 있다.

찬일 저건 또 뭐이가.
강훈 아버지….

#17 **정원고등학교/연결계단 - 플래시백/17화 #22**
찬일이 강훈의 얼굴 사진을 확대한 핸드폰을 보며 강훈 쪽으로 걸어
온다.

그때, 강훈의 주머니에서 핸드폰이 울리고, 강훈이 전화를 받는다.

강훈   (엄마 전화 받는) 네. 엄마. 나 아직 학교

찬일   (멈춰 서며) 오. 너 맞구나.

강훈   (전화 받은 채 찬일에게) 네?

찬일이 벼락같이 계단을 뛰어내리며 강훈의 턱을 걷어찬다.

(E)   뻐억!!!!!!

강훈   (비명) 아악!!!

#18 재만1 - 강훈네 슈퍼마켓 [재만의 동선 시작]

강훈F   (핸드폰 너머) (E) 뻐억!!! 아악!!!

윤영   (핸드폰 들고) 강훈아? (대답 없는) 강훈아!

평상에 앉아 있던 재만이 벌떡 일어나 윤영을 쳐다본다.

재만   왜, 왜, 왜, 왜, 왜?!!

윤영   (핸드폰에 대고) 강훈아!! 강훈아아!!! (신호 끊긴 핸드폰)

재만   왜, 왜애애!!!

윤영   (얼굴 허예진) 모 몰라요. 강훈이한테 무슨 일이 생겼나봐요…!

재만   (분명한 발음) 강훈이 어딘데!!!

윤영   (말 더듬는) 하 학교라는데 가 강훈이 비명 소리가

윤영이 말을 다 맺기도 전에 재만이 달려 나간다.
눈 내리는 언덕길을 선불 맞은 범처럼 달려간다.
재만이 오래 앉았던 평상 아래, 재만의 슬리퍼 한 짝이 떨어져 있다.

어둠을 가르며 달려가는 재만의 뒷모습이 도깨비불 같다.

발목의 전자발찌 붉은 불빛이 길게 호선을 그린다.

윤영이 재만을 부르지만 재만은 이미 모든 경계를 놓아버렸다.

달려가는 재만의 뒤로 눈발이 찢어진다.

#19 재만2 - 거리

재만이 눈 쏟아지는 거리를 달린다. 재만의 슬리퍼 한 짝마저 바닥에 떨궈진다.

재만의 가공할 점프력과 괴이한 속력에 행인들이 경악하며 물러선다.

얕은 담이 가로막으면 뛰어넘고 높은 담이 막으면 부수고 지나간다.

달리는 재만의 발톱이 빠진다. 행인들의 우산이 도미노처럼 뒤집어져 나부낀다.

재만이 밟고 뛰는 보도블록들이 움푹 움푹 땅에 박힌다.

매장 앞 호객용 풍선 인형들이 두 팔 벌려 눕는다.

재만이 도약하고 디딜 때마다 길에 쌓인 눈들이 흩어진다.

전자발찌의 알람 불빛이 요란하게 점멸한다.

재만이 거리를 할퀴며 달려간다.

#20 재만3 - 정원고등학교/운동장

재만이 잠긴 교문을 뛰어넘는다.

(E)   쿠웅!

수위실 유리창이 흔들린다.

수위실 유리창 안으로 지성의 실루엣이 언뜻 보인다.

재만이 교문가에 서서 보면 학교 건물에 사람의 모습이 전혀 보이지 않는다.

재만이 텅 빈 운동장을 막막하게 바라보며 아들의 이름을 외친다.
"강훈아아아아아아!!!!!!!!!"

인서트_ 1층 남자 화장실

미현이 고개를 든다. 미현의 귀. (c.u)

아들의 이름을 불러봐도 학교 운동장에 적막만 가득하다.
재만이 눈 덮인 운동장을 콰과과과과과 가로질러 달려간다.
눈밭이 갈라지며 하얀 운동장 한복판에 활주로 같은 흙길이 드러난다.

#21 재만4 - 정원고등학교/1층/현관 로비

(E)   콰장창!!!

1층 현관문이 부서지며 재만이 로비에 뛰어든다.
아무도 없는 로비와 복도. 사방이 조용하다.
재만이 갈 곳을 몰라 두리번거린다.
1층 남자 화장실 문이 열리고, 미현이 비틀거리며 나온다.

재만   (충혈된 눈으로 보는) 쉬익… 쉬익… 쉬익….

미현이 보면 이성을 잃은 재만의 눈이 불을 켠 것처럼 불타오른다.
그게 누구든 당장이라도 달려들 것처럼 움찔거리는 재만의 기세가 무
시무시하다.

플래시백_ 15화 #44

미현   어떤 학생이 사고를 막았던데… 누구죠?

일환   우리 반 반장입니다.

미현	이름이 뭐죠?
일환	이강훈입니다.

미현	강훈이 아버님?
재만	(불안과 의심으로 가득한 눈빛이 살기로 빛나는)
미현	나도 학부모예요.

멈칫하는 재만. 미현의 차분한 눈빛.
맨발로 달려와 발톱들이 빠진 재만의 양발이 피범벅이다.
재만의 피투성이가 된 발을 보는 미현의 표정이 울컥한다.
재만이 보면 미현도 맨발에 피투성이다.
미현의 피투성이 맨발을 보는 재만의 눈빛이 흔들린다.

미현	강훈이는 뒤쪽 건물 3층에 있어요. 지금 위험하니 가세요.

미현이 말을 맺자마자, 재만이 유리창을 부수며 달려 나간다.
아들을 구하러 가는 재만의 뒷모습을 보는 미현.
만감이 교차하는 눈물이 흐른다.

#22 재만5 - 정원고등학교/외부/중정 [재만의 동선 끝]

본관 1층 유리창을 깨고 나온 재만이 (E) 터엉- 기계실 옥상을 밟고 도약해 (E) 터엉- 별관 2층 난간을 밟고 뛰어올라 (E) 터엉- 3층 교실 창문을 부수고 들어가 (E) 와장창! 교실 바닥을 밟고 (E) 터엉- 교실 문을 부수며 복도에 난입한다.

(E) **꽈아앙!!!!!!**

정원고등학교/별관/3층/복도 (밤)

뒤돌아보는 일환의 눈이 커진다.
찬일의 주먹이 멈칫한다. 강훈이 고개를 든다.
복도를 휘몰아치던 잔해들이 걷히면 맨발의 재만이 서 있다.

찬일 저건 또 뭐이가.
강훈 아버지….
찬일 뭐?

재만이 복도를 본다.
강훈의 멱살을 쥔 남자가 주먹을 치켜올리고 있다.
재만의 눈에 불똥이 튄다.

재만 (포효하는) 으아아아아아아아아아아!!!!!!!!!!!!

재만의 발이 복도 바닥을 박찬다.

(E) 꽈앙-

재만의 발 구름에 바닥이 갈라진다.
재만이 복도를 달려 찬일에게 돌진한다.

(E) 꽈앙- 꽈앙- 꽈앙-

달리는 재만의 풍압에 밀려 복도의 유리창들이 터져나간다.

(E) 퍼엉- 퍼엉- 퍼엉-

카메라 건물 밖으로 멀어지면, 복도의 늘어선 창문들이 와이드하게 잡히는 화면.
재만이 복도의 유리창들을 터뜨리며 복도를 폭주한다.

강훈의 시점. 복도에 나부끼는 눈보라와 유리 가루들.
그 속을 야수처럼 달려오는 재만의 모습.
재만의 얼굴에 울분이 폭발했다.
강훈은 이제껏 본 적 없는 아버지의 모습을 본다.
강훈의 시야가 하얗게 흩어진다.

#24 강훈1 - 오일장/겨울/저녁 (밤)

다마스 차 내부. 차 안에 각종 상품들이 쌓여 있다.
쌓여 있는 상품들 사이 바닥. 전기장판 담요 위에 돌 즈음의 강훈이 잠들어 있다.
차 문 밖으로 나오면 오일장 장터. 장이 파하는 어스름한 저녁 시간.
하루 장사를 망친 토박이 상인이 재만 부부에게 시비를 건다.
재만이 바보처럼 쩔쩔매자, 토박이 상인이 원래 내 자리라며 더욱 핏대를 세운다.
윤영이 질세라 목소리를 높이고, 토박이 상인이 윤영을 밀쳐 넘어진다.
순간, 눈이 뒤집힌 재만이 주먹을 휘두른다.
재만의 주먹에 맞은 상인이 숨이 넘어갈 듯 입에 거품을 문다.
윤영이 재만을 뜯어말리고 시장 일대에 소란이 일어난다.
당황한 재만이 엉거주춤 섰는데, 순찰 중이던 경찰들이 달려들어 재만을 결박한다.
재만이 손을 뿌리치다가 경찰이 나동그라진다. 윤영이 끼어들어 재만을 끌어안는다.
경찰들이 봉을 꺼내 위협하고, 재만이 바보처럼 제 변명도 하지 못한다.

재만이 경찰차에 연행되고, 윤영이 막무가내로 따라 탄다.
경찰차 장터에서 멀어진다.

cut to_ 시간 경과/밤

장터가 파하고 사람들이 없다.
텅 빈 장터거리 끝에 다마스 차가 혼자 주차되어 있다.
멀리서 황망한 표정의 윤영이 헐레벌떡 달려온다.
윤영이 부랴부랴 달려오는데, 퍼뜩! 다마스에 가까워질수록 들리는
아이 울음소리.
윤영이 다마스에 달려들어 차 문을 벌컥 열고 비명을 지른다.
까맣게 그을린 담요와 전기장판 위에 돌이 갓 지난 강훈이 울고 있다.
윤영이 자지러지게 우는 강훈을 끌어안고 어떡해 어떡해 울음을 터뜨
린다.
어린 강훈의 등과 팔에 시뻘건 화상이 생겼다.
윤영이 강훈을 끌어안고 미친 여자처럼 병원으로 달려간다.

#25 강훈2 – 재만 집 (저녁)

네 살 즈음의 강훈이 집에서 혼자 놀고 있다.
문이 열리고 윤영과 재만이 들어온다.
후줄근한 옷차림에 낡은 가방을 들고 있는 재만은 막 출소한 모습이다.
강훈이 몇 년 만에 돌아온 재만을 어색하게 쳐다본다.
재만의 눈에 강훈의 화상이 먼저 눈에 들어온다.
강훈이 낯선 표정으로 쳐다보면, 재만이 미안함에 차마 눈도 못 마주
친다.
부자를 보는 윤영의 표정이 안쓰럽다.
윤영이 강훈에게 "아빠. 안아드려야지." 밀면, 강훈이 수걱수걱 재만을
안는다.

재만이 떨리는 손으로 강훈을 안는다.
강훈의 손은 어색하게 얹혀 있을 뿐, 안아주지는 못한다.
품에 안긴 강훈의 팔. 선명하게 남은 화상 자국을 보며 재만이 눈물짓는다.
재만이 어린 강훈을 안고 울먹이며 말한다.

재만   아… 아빠가 미 미안해. 아 아빠가 항상 강후니 옆에 있을게.

재만이 서럽게 운다.

#26 강훈3 - 14화/몽타주

어린이집 등원을 기다리며, 현관 앞에 나란히 앉아 있는 강훈과 재만.
나란히 앉아 있는 어린 강훈과 재만의 뒷모습들이 나열된다.

#27 강훈4 - 14화 #31/강훈 시점

재만이 욕실에서 어린 강훈의 이를 닦아준다.
거실의 TV에서 청계천 폭력시위 관련 뉴스가 나온다.
재만이 소리에 이끌려 거실로 나와 불안한 표정으로 TV를 본다.
강훈이 욕실에서 나오면 재만이 얼른 TV를 끈다.
어리둥절한 강훈을 두고 재만이 일어선다.

강훈   아빠. 어디 가.
재만   아, 아빠 그, 금방 다녀올게. 지, 진짜 금방 올게. 느 늦지 않을게.
강훈   나 혼자 있으면 무서운데.
재만   아, 아빠 야, 약속 꼬, 꼭 지켜.
강훈   진짜?
재만   (알람 맞춘 손목시계 보여주며 [PM 09:00]) 진짜.
강훈   응.

재만   진짜.

재만이 나가고 혼자 남은 강훈. 창밖에 비가 쏟아진다.
비가 계속 쏟아진다. 빗소리 거세지며 멀어진다.

#28 **강훈5 - 14화 #57/재만 집 내부상황**
물에 흠뻑 젖은 재만이 강훈을 달랜다.
재만의 손목시계 시간은 이미 10시가 넘었다.

강훈   (투정 부리는) 왜 약속 안 지켰어.
재만   (멍투성이 얼굴로) 아 아빠가 늦어서 미 미안해.
강훈   혼자 무서웠단 말이야.
재만   호 혼자 둬서 미 미안해.
강훈   치.
재만   아 아빠가 정말 미안해.
강훈   응.
재만   저 정말 미안해.
강훈   응.
재만   미 미안해. 미안해….

자꾸 미안하다는 말만 반복하는 재만.
강훈이 이해하지 못하는 표정을 짓는데, 재만의 뒤로 국정원 요원들
이 들어온다.

cut to_ 아파트 복도 [묵음]
재만이 수갑을 찬 채 경찰들에게 연행된다.
강훈이 복도 밖까지 맨발로 쫓아 나가 멀어지는 아빠를 보며 운다.

재만이 자꾸 뒤를 돌아본다.
재만의 손목에 찬 수갑 사이로 전자시계가 보인다.

#29 강훈6 - 강훈네 슈퍼마켓 [몽타주]

중학교 교복을 입은 강훈(중3)이 멈칫한다. 윤영이 쓸쓸하게 웃는다.
출소하고 돌아온 재만이 슈퍼마켓 평상에 앉아 있다.
아들을 본 반가움도 잠시, 차마 눈 마주치지 못하는 재만의 표정이 쓸
쓸하다.

윤영   강훈아. 아빠한테 인사해야지.

강훈   (우두커니 서서) 다녀오셨어요.

윤영   아빠. (해야지)

강훈   아… 버지. 다녀오셨어요.

서걱거리는 말투. 아빠라는 말은 하지 못한다. 아버지 단어가 낯설고
어색하다.
이제는 아버지보다 더 커버린 아들은 인사만 꾸벅 할 뿐 더 할 말이 없다.
윤영도 이제는 차마 안아드리란 말을 하지 못한다.
고개 숙인 강훈의 눈에 재만의 바짓단 아래로 살짝 드러난 전자발찌
가 보인다.
강훈의 시선을 느낀 재만이 다리를 평상 아래로 감춘다.
뭐라고 더 건넬 말이 없는 강훈이 평상을 지나쳐 안으로 들어간다.
재만의 시선에 강훈의 화상 입은 팔이 보인다. 재만이 고개를 숙인다.
윤영이 책망하는 표정으로 강훈의 등을 툭 친다.
강훈이 되돌아보면 재만이 등을 웅크리고 혼자 앉아 있다.

cut to

재만이 평상에 앉아 있다. 강훈이 학교에 가면서 꾸벅 인사한다.
강훈이 집에 온다. 언덕 위 평상에 재만이 앉아 있다.
재만이 희미하게 웃는다. "강훈이 왔니."
강훈이 꾸벅 인사한다. "네. 아버지. 다녀왔습니다."
재만이 슬쩍 자리를 옮겨 옆자리를 내주지만 강훈은 그냥 들어간다.

cut to

강훈이 언덕길을 올라간다. 재만이 평상에 앉아 있다.
재만의 얼굴에 주름이 늘었고, 강훈의 교복이 고등학교 교복으로 바
뀌었다.
재만이 희미하게 웃는다.
"강훈이 왔니." "네. 아버지. 다녀왔습니다."
재만이 가만히 옆자리를 내주지만 강훈은 그냥 들어간다.
재만이 앉은 평상 자리가 바래간다.

cut to

강훈이 언덕길을 올라간다.
평상에 앉아 술 마시는 손님들 옆에 재만이 앉아 있다.
좁은 평상에 앉은 손님들이 재만에게 눈치를 주며 짜증을 낸다.
재만은 그저 찔끔 비키기만 할 뿐 평상에 걸치고 앉아 있다.

강훈na 아버지는 항상 같은 자리에 있었다.

주눅 들어 손님들 눈치를 보던 재만이 강훈을 보자 활짝 웃는다.
주름으로 웃는 재만의 얼굴. 바보 같은 재만의 모습을 강훈이 외면한다.
전자발찌가 감춰진 재만의 불룩한 바짓단이 아리다.

cut to

강훈이 언덕길을 올라간다.

강훈na 언제나 나를 기다리셨다.

저 멀리 재만이 한결같이 평상에 앉아 있다.
재만이 강훈을 보고 웃는다.

강훈na 말도 없는 아버지는 날 보면 그저 웃기만 하셨다.

재만이 바보처럼 웃는다.
주름이 가득한 재만의 웃는 얼굴. (페이드아웃)

강훈na 화낼 줄 모르는…

#30 정원고등학교/별관/3층/복도 (밤)

"으아아아아아아아아아!!!!!!!!!!!!!"
복도를 달려오는 재만. 터지는 유리창들. 깨지는 유리 가루. 휘몰아치
는 눈보라.
광풍처럼 달려오는 재만이 주먹을 움켜쥔다. 강훈이 분노가 폭발한
재만을 본다.
주먹을 쥔 아버지의 손목에 낡은 전자시계. 달리는 아버지의 맨발에
전자발찌.
강훈의 눈가가 젖는다.

강훈na 화낼 줄 모르는 내 아버지셨다.

찬일의 표정에 공포가 스친다.

찬일이 자세를 가다듬고 발을 딛는다.

휘두른 재만의 주먹을 찬일이 주먹으로 맞받아친다.

(E)　　뻥-!!!

찬일의 주먹이 터지고, 충격에 밀린 팔뚝 뼈가 팔꿈치 뒤로 튀어나온다.

찬일　　(팔 감싸고 비명) 끄아아악!!!!!!

재만이 나뒹구는 찬일의 멱살을 잡아채 천장에 집어 던진다.

천장이 박살나며 먼지가 우수수 떨어진다.

찬일의 몸이 떨어지기도 전에 재만이 다시 연타를 날린다.

재만　　이 개이쌍놈의 새끼가!!! (E) 뻑!! 우리 아들을!! (E) 뻑!! 감히 내 아들을 때려!!! (E) 뻑!! 애비가 모자라서!!! (E) 뻑!! 지켜주지 못했던 새끼를!!! (E) 뻑!! 애비 없이 자란 내 새끼를!!! (E) 뻑!! 뻑!! 뻑!!!

찬일은 종잇장처럼 얻어맞는데, 정작 때리는 재만이 울부짖는다.

재만v.o　　아… 아빠가 미 미안해. 아 아빠가 항상 강후니 옆에 있을게.

재만의 깊은 회한이 울분으로 폭발한다.

이제껏 본 적이 없는 아버지의 모습을 보며 강훈이 눈물을 흘린다.

강훈　　아빠….

#31 **정원고등학교/별관/3층/복도 (밤)**

재만의 무시무시한 폭력. 일환이 강훈을 부축해 한쪽으로 끌어낸다.
그때, 울리는 발자국 소리.

(E) 쿵- 쿵-

누군가 복도 중간 계단을 올라오는 발자국 소리.

(E) 쿵- 쿵-

일환의 눈이 커지는데, 권용득이 계단 아래에서 모습을 드러낸다.
복도를 메우는 거대한 용득의 체구에 일환이 긴장한다.

cut to

용득이 보면, 재만이 일방적으로 찬일을 폭행하고 있다.
용득이 성큼 걸음을 내딛는데 (E) 떠엉~~~!!! 머리가 휘청한다.
(E) 떙 떙 떠그르르… 용득의 뒤통수를 친 빨간 소화기가 바닥을 굴러간다.

cut to

재만이 멈칫, 뒤를 돌아본다. 소화기에 얻어맞은 용득이 쓰러져 있다.
그 뒤로 소화기를 집어 던진 주원이 터벅터벅 걸어온다.
주원이 연결계단을 통해서 별관으로 왔다.

cut to

주원이 쓰러진 용득을 지나서 복도를 걸어온다.
주원이 복도 끝의 재만과 눈이 마주친다.
찬일을 폭행하던 재만의 옆에 학생과 일환이 쓰러져 있다.

재만과 주원이 서로를 쳐다본다.
잠깐의 침묵을 주원이 깬다.

주원   오랜만이군.

재만   (쳐다보는)

주원   이해하네. 하던 거 계속 하시게.

주원의 뒤에서 용득이 스윽 일어선다.

주원   (돌아서며) 이쪽은 내가 처리하지.

재만과 주원이 시선을 주고받는 사이,
찬일이 엉거주춤 교실 안으로 도망친다.
재만이 찬일을 쫓아 교실 안으로 들어간다.

cut to

주원이 바닥에 굴러다니는 소화기를 다시 집으려는데 (E) 뻐엉--!!!
용득이 소화기를 발로 밟아 터뜨린다.
용득의 괴력에 밟혀 터진 소화기에서 소화 분말이 하얗게 흩날린다.
주원이 몸에 묻은 소화분말을 툭툭 털며 용득을 쳐다본다.
용득은 코피를 흘리면서도 여전히 무표정한 얼굴이다.
주원이 용득의 바로 앞에 마주 선다.

주원   너도 괴물이구나.

용득이 코를 행 풀면 피가 한 움큼 뿜어진다.
주원과 용득이 서로를 마주 본다.

온갖 흉터와 상처로 가득한 용득의 얼굴.
상처가 이미 다 아문 주원의 얼굴.
용득의 코피가 멎지 않아 줄줄 흐른다.

주원　힘은 니가 세고, 낫는 건 내가 빠르네.

용득　(쳐다보는)

주원　다시 하자.

용득　(끄덕)

둘이 동시에 다짜고짜 서로를 후려친다.
상대의 얼굴을 후려치는 오른손. 상대의 뒷목을 잡는 왼손.
가드도 올리지 않고, 피하지도 않는, 서로의 얼굴을 때리는 난타전이
시작된다.
서로의 뒷목을 잡고 폭풍처럼 서로를 때리는 용득과 주원.
광대뼈가 함몰되고 코뼈가 주저앉아도 물러서지 않는다.
한 치의 물러섬 없는 두 사람처럼 카메라도 고정된다.
기합 소리조차 들리지 않고 오직 치고받는 소리만 울린다.
둘의 얼굴에서 피가 튀고 살점이 떨어져나간다.
순식간에 피투성이가 되는 두 사람.
터지고 찢어져 기묘하게 일그러진 둘의 얼굴에 아드레날린이 폭발한다.
폭발하는 아드레날린 속에서 서로의 시선이 종종 마주친다.
튀는 핏방울 속에서 묘한 동질감이 스친다.
둘 중 하나가 쓰러질 때까지 연신 주먹을 휘두르는 두 사람.
치고받는 두 마리 짐승의 모습이 닮았다.
두 사람의 위로 천장에 피가 튄다.
치고받는 소리만 공간을 울린다.
요란했던 소리 옅어지며, 둘의 거친 호흡 소리가 섞여 공간을 메운다.

"커헉… 크헉… 허억… 후욱… 허억… 헉… 후욱… 훅… 허억….'

용득과 주원이 서로의 뒷목을 붙잡고 부축한 채 버티고 서 있다.
서로의 뒷목을 붙잡은 손.
'툭.' '툭.'
서로의 뒷목을 잡은 손에 힘이 풀린다.
먼저 쓰러지지 않으려 끌어안듯이 서로를 지탱한다.
피범벅이 된 둘의 모습이 빨간 양초 두 개가 녹아 붙은 것처럼 한 덩
어리로 보인다.
턱과 이마가 맞닿아 함께 숨을 몰아쉰다.

"후욱… 후우우욱….'

돼지감자처럼 부풀어 오른 둘의 얼굴이 닮았다.
둘의 거친 숨소리가 엷어진다.
용득과 주원의 두 눈이 피멍으로 부어올라 감겨 있다.
눈을 뜨지 못하는 주원이, 눈을 뜨지 못하는 용득에게 나직하게 말한다.

주원   너도 어지간히 고달프게 살았겠다.

나직한 주원의 목소리. 용득의 울대가 꿈틀한다.
순간, 주원과 용득이 떨어진다.
누가 먼저랄 것도 없이, 마지막 힘을 끌어모아 주먹을 뒤로 당긴다.
먼저 붓기가 아문 주원의 눈이 실금처럼 떠진다.
용득의 눈이 감겨 아직 떠지지 않는다.
동시에 휘두르는 주먹.
주원이 용득의 주먹을 보며 피하고, 용득이 주원의 주먹을 보지 못한다.

용득의 얼굴에 주원의 주먹이 꽂힌다.

(E) 떠억!!

용득이 서서히 쓰러진다.

(E) 쿵…!!

쓰러진 용득이 꿈틀거릴 뿐 다시 일어서지 못한다.
주원이 비틀거리며 용득을 내려다본다.
용득의 부어터진 입에서 신음 같은 말소리가 새어 나온다.

용득 끅… 끄윽… 나… 나는… 고… 고통을 모르는… 최고의 인민 전사….
주원 난 아빠.

주원이 발을 들어 용득의 얼굴을 밟는다.

(E) 꾸웅…!!!

#32 위치추적 중앙관제센터 (밤)

관제센터에 경보음이 울린다.
모니터를 들여다보는 센터장과 감독관들이 당황한다.

센터장 확실해?
감독관1 맞아요. 확실히 보호관찰 위치를 벗어났어요.

관제 현황 모니터를 보는 센터장이 갸우뚱한다.

모니터에 표시된 위치추적기의 동선 하나가 이상하다.

센티장 동선이 이상하잖아. 차량 이동 속도보다 훨씬 빨라.

감독관2 (당황한) 오 오토바이 아닐까요?

센티장 (동선 보며) 길이 아닌 곳도 지나갔어.

감독관1 GPS 오류 아닐까요?

센티장 보호관찰자 신원 세부사항 확인해.

감독관2 (모니터 보며) 이제만. 52세. 성범죄자는 아닙니다.

센티장 뭐야 그럼?

감독관1 폭력 전과 2범. 재범 우려로 보호관찰 기간이… 20년이나? 어? 국정
원 특별관리 인물입니다. 어디 연락하죠?

센티장 전자발찌 오류일 수 있으니 절차대로 해. 지역 보호관찰소에 확인 요
청 후 경찰과 국정원 다 연락해.

감독관1 네!

센티장 (모니터 이동 동선 보며) 도대체 저 동선은 뭐지… 최종 위치 어디야.

감독관2 강동구 정원고등학교입니다.

#33 정원고등학교/외부/중정 (밤)

별관 3층 유리창이 박살나며 찬일이 떨어진다.
찬일의 몸뚱이가 난간에 부딪혔다가 중정 바닥에 떨어진다.
바닥에 떨어진 찬일의 몸이 구겨진 캔처럼 엉망으로 꺾여 있다.
찬일의 입에서 울컥울컥 피가 솟는다.

찬일 (쿨럭) 아… 고되다….

찬일이 대짜로 뻗어 하늘을 본다.
하얀 눈송이가 밤하늘을 메우며 소담스럽게 내린다.

찬일   (중얼) 야… 여기도 눈 많이 오네….

#34 정원고등학교/별관/3층/교실 (밤)

난장판이 된 교실 안. 재만이 박살난 창문 밖을 내려다본다.
밑을 보면 추락한 찬일이 꿈틀거린다.
재만이 기어이 쫓아가려고 창틀에 올라서는데

강훈   아버지!
재만   (멈칫)
강훈   그만하세요.
재만   (돌아보는)

강훈이 일환의 부축을 받으며 교실로 들어온다.
재만이 보면, 강훈은 온통 멍투성이에 발등은 크게 부었다.
울컥한 재만이 분노를 가라앉히지 못한다.
재만의 움켜쥔 두 주먹이 들썩거린다.

강훈   아버지랑 또 떨어져 있기 싫어요.
재만   (멈칫)

움켜쥔 재만의 주먹이 서서히 풀어진다.
강훈이 재만에게 다가서려다가 아픈 발등을 견디지 못해 털썩 주저앉
는다.
일환이 조용히 교실 밖으로 나가 주원에게 간다.
재만이 차마 강훈의 옆에 앉지 못하고 조심스럽게 조금 떨어져 앉는다.
상의가 찢어져 드러난 강훈의 팔과 등에 오래된 화상 자국이 보인다.

재만 (강훈의 화상 자국 보며) 아… 아팠지… 마… 많이 아팠지….

강훈 괜찮아요. 이제.

재만 (붉게 충혈된 눈으로 강훈 보는)

강훈이 가만히 자리를 옮겨 재만 옆에 붙어 앉는다.

강훈 아버지. 나 이제 애가 아니에요.

재만의 눈가에 물기가 맺힌다.
폐허가 된 교실. 그 옛날처럼 부자가 함께 나란히 앉아 있다.

#35 정원고등학교/별관/3층 복도 (밤)

부서진 벽과 바닥. 유리창이 모두 깨져 난장판이 된 복도.
깨진 유리창 사이로 바람이 들어와 소화기 분말과 눈발이 흩날린다.
의식을 잃은 용득이 쓰러져 있다.
주원이 우두커니 서서 맞은편 본관 건물을 보고 있다.
일환이 비틀거리며 주원에게 걸어간다.
주원은 본관에 시선을 고정한 채 서 있다.
일환은 면목이 없어 쉽게 말을 꺼내지 못하다가

일환 죄송합니다. 제가…

주원 (시선 돌리지 않은 채) 괜찮습니까. 선생님.

일환 (말문 막힌)

주원의 무표정한 옆얼굴. 주원의 상처가 아물어간다.
일환이 수많은 말을 삼키고 난장판이 된 주변을 돌아보며 말한다.

일환 지금은 우선 상황을 마무리해야 할 것 같습니다. 제게 수습할 방법이 있으니 선배님은 이곳을 나가십시오.

주원이 선배 호칭에 반응하는 것도 잠시, 본관에 시선을 고정한 채 말한다.

주원 아직 마무리 안 되겠는데요.

일환 네?

주원 아는 사람입니까.

일환이 주원의 시선을 따라가면, 창밖 맞은편 본관 건물 4층.
선글라스를 낀 작은 남자가 우두커니 서서 이쪽을 쳐다보고 있다.

일환 (보며) 아니요. 외부인입니다.

주원 (남자 노려보는)

별관과 본관 사이에 함박눈이 쏟아진다.
맞은편 본관 건물의 선글라스 남자가 복도 창문을 느리게 연다.

주원 총은 가지고 있지 않군요.

일환 (남자 쳐다보는)

멀리서 보면, 남자가 창문을 열고 손을 합장하듯이 밖으로 내민다.
주원과 일환이 저 남자 뭐 하는 건가 보는데, 남자가 창밖에 내민 양손을 벌렸다가 떨어지는 눈송이를 잡을 것처럼 박수를 친다.

(E) 짝!

박수 소리와 동시에 암전.

#36 [과거/모노톤] 함경남도 요덕 수용소/지하감옥 – 몽타주

길고 긴 암전. [자막: 함경남도 요덕 정치사상범 수용소]
어둠 속에 문이 열리면서 희미한 빛이 들어온다.
12세 즈음의 재석이 감방 안에 내던져진다.
실신한 재석이 꿈틀거린다. 문이 다시 닫힌다.
감방 문밖으로 간수들의 대화 소리가 멀어진다.

간수1v.o 너무 어리디 않아? 아새끼래 이 지옥 구덩이엔 어떻게 들어왔대?

간수2v.o 아새끼 아바지가 변절자야. 가족 데리구 월남하려다 들통나서 싹 다
잡혔서. 부모는 총살 당했구, 아새끼는 여기서 평생 썩다 죽갔디.

간수1v.o 변절자 가족이니 어쩔 수 없디. (소리 멀어지는)

감방 바닥에 내던져진 어린 재석이 희미하게 눈을 뜬다.
다섯 평도 안 되는 작은 감방에 여남은 명의 사상범들이 기운 없이 늘
어져 있다.
문틈으로 스며드는 희미한 빛에 주변을 둘러보면, 음습하고 축축한
지하감옥이다.
낮은 천장 아래, 사방 벽은 콘크리트로 막혀 창문도 없다.
얼마나 깊은 땅속인지 곰팡이가 가득하고, 천장의 습기가 물방울로
맺혀 떨어진다.
랜턴을 든 간수가 나간다. 어린 재석이 망연한 표정으로 닫히는 감방
문을 본다.
문틈으로 새어 들어오는 희미한 빛 외에는 사방이 암흑이다.
완벽한 어둠 속, 어린 재석이 웅크린다.

cut to_ 시간 경과

짙은 어둠 속.

감방 문이 열리고 랜턴 불빛이 들어오자 눈이 부신 사상범들이 모두 고개를 돌린다.

랜턴 불빛이 향하는 곳, 감방 구석에 사상범 시체 한 구가 누워 있다.

시체의 콧구멍에서 벌레 한 마리가 기어 나온다.

간수들이 시체를 끌고 나간다. 문이 다시 닫히고 어두워진다.

cut to_ 시간 경과

감방 문이 열릴 때마다 사상범 시체가 하나씩 실려 나간다.

문이 열리고 닫히고, 시체들이 실려 나갈 때마다 재석이 나이 들어간다.

cut to_ 시간 경과

문이 열리고 또 시체가 실려 나간다.

감방 안에 늙은 사상범 한 명과 젊은 재석만 남는다.

문이 닫히고 다시 어두워진다.

cut to_ 시간 경과

짙은 어둠 속에서 몸 긁는 소리만 들린다.

(E)   버억… 버억….

cut to_ 시간 경과

몸 긁는 소리.

(E)   버억… 버억….

벌레 잡는 소리.

(E)　　짝…! 짝…!

문이 열린다. 랜턴 불빛이 들어온다.
재석이 랜턴 불빛을 피해 고개를 돌린다.
바글바글한 벌레들이 빛에 쫓겨 흩어진다.
구석에 죽은 지 오래된 늙은 사상범의 시체가 있다.
늙은 사상범의 시체에 수많은 벌레들이 꼬여 있다.
간수들이 코를 쥐며 시체를 끌고 나간다.
문이 닫히고 어두워지자 재석의 표정이 다시 편안해진다.
짙은 어둠. 적막이 흐른다.
다시 어둠 속에서, 재석이 벌레 잡는 소리만 들린다.

(E)　　짝…! 짝…!

cut to_ 시간 경과

감방에 혼자 남은 재석.
재석의 몸이 벌레 물린 자국과 긁어 부스럼 난 자국으로 가득하다.
재석이 어둠 속에서 벌레를 잡는다.

(E)　　짝…! 짝…!

끝없이 기어드는 벌레와 날아드는 여름 모기들.

(E)　　짝…! 짝…!

바닥 치는 소리와 손뼉 치는 소리가 어둠 속에서 끊이지 않고 울린다.

(E)   짝…! 짝…! 짝…! 짝…!

cut to_ 시간 경과

잠결에 들리는 소리. 재석이 눈을 뜨면, 시력을 많이 잃어 동공이 부
옇다.
옆방에 누군가 수감되는 소리가 들린다. 재석이 옆방에 말을 걸어본다.
"지금이 몇 년도나 되나요…? 밤이야요. 낮이야요…?"
한참을 기다려도 대답이 없다. 재석이 다시 잠든다.

cut to_ 시간 경과

"다른 건 다 견디갔는데… 벌레만은 못 견디갔습네다…."
옆방에서 아무 대답이 없다. 앙상하게 마른 재석의 얼굴에 벌레가 기
어다닌다.
"죽디 말라요… 벌레 더 생깁네다… 나도 안 죽을 테니까… 제발 죽디
말라요…."
옆방에서 여전히 아무 대답이 없다.
"이보시라요… 대답 좀 하시라요… 살아 있는 거디요…?"
한참을 기다려도 대답이 없다. 재석의 부연 동공에 희망이 사라져간다.
"또 죽었시요…?"
재석의 기운 없는 목소리에 울음이 묻어난다.
"다 죽었구나… 나도 죽어야 갔디…."
재석이 누구도 대답하지 않는 혼잣말을 한다.
재석의 코로 벌레가 기어들어 간다.
재석은 손 들 기운도 없어서 그대로 둔다.
어둠 속에서 재석이 눈을 감는다.

cut to_ 시간 경과

어디선가 기어 나오는 벌레. 재석의 내리치는 손바닥. (E) **짝**…!

또다시 기어 나오는 벌레. 재석의 손바닥. (E) **짝**…!

모기 소리. 왱왱왱. 재석의 손뼉. (E) **짝**…!

벌레. 모기. 재석의 손. (E) **짝**…! **짝**…!

무의식적으로 휘두르는 재석의 손바닥. 손뼉. (E) **짝**…!

끝없는 벌레들. 수없이 반복되는 손뼉.

재석이 인상을 쓰며 손뼉을 진다. (E) **짝**…!

(E)   바우우우우… **!!**

손뼉에서 이상한 소리가 난다.

재석이 제 손바닥을 들여다보면 모기는 이미 빠져나가고 없다.

손바닥 뒤로 어둠 속에 빨간 점이 비친다.

문틈으로 새어 들어오는 희미한 빛 아래 붙어 있는 빨간 점.

재석이 기어가 눈을 바짝 대고 들여다본다.

자세히 보면, 재석의 피를 빨았던 모기가 짓이겨져 죽어 있다.

그때 (E) **쩌적**… 벽 갈라지는 소리.

"어?" 재석이 갸우뚱하며 벽을 짚어본다.

손가락으로 조심스럽게 더듬어보면 감방 벽에 실금이 갔다.

재석이 뒤로 물러나서 다시 손뼉을 좀 더 세게 쳐본다.

(E)   짝…!

(E)   바우우우우우웅… **!!**

(E)   쩌저적….

어둠 속에서도 감방 벽을 세로로 갈라놓은 금이 보인다.
벽의 갈라진 금 사이로 복도의 불빛이 희미하게 들어온다.
재석이 다시 양손을 마주해서 들어 올린다.

#37 정원고등학교/본관/3층/복도 (밤)

재석이 창밖에 손을 내밀고 손뼉을 친다.

(E) 짝!

(E) 바우우우우우우웅!!!!!!

순간, 건물 사이에 내리던 함박눈이 좌우로 갈라지고 엄청난 파동이
세로로 덮쳐온다.
함박눈을 가르며 해일처럼 밀려오는 파동에 주원과 일환의 눈이 커진다.
엄청난 파동이 건물을 때린다.

(E) 꽈아아앙!!!!!!

제20화
졸업식

#1 정원고등학교/별관/3층/복도 (밤)

(E)   짝! ·········바우우우우우우우웅!!!!!!

함박눈을 가르며 해일처럼 밀려오는 파동에 주원과 일환의 눈이 커진다.
주원이 반사적으로 일환을 걷어차며 뒤로 몸을 날린다.

(E)   꽈아아앙!!!!!!

굉음과 함께 유리창들이 터져나가고 벽과 바닥에 금이 간다.

주원   (쓰러진) 이, 이게 뭐야···!!

#2 정원고등학교/별관/3층/교실 (밤)

엄청난 굉음과 진동에 재만이 벌떡 일어선다.
교실 창밖을 보면, 맞은편 본관의 재석과 눈이 마주친다.

#3 정원고등학교/별관/3층/복도 (밤)

주원과 일환이 고개 들어 본관을 보면, 재석이 다시 양손을 합장해서
들어 올린다.
재석의 양손이 방향을 틀어 좌측으로 돌아간다.
재석의 합장한 손이 향한 곳. 재만과 강훈이 들어간 교실이다.

일환   (외치는) 위험해!!!!!!

#4 정원고등학교/별관/3층/교실 (밤)

재만이 창밖을 보면, 맞은편 건물에서 재석이 손뼉을 친다.

(E)   짝!

(E)   바우ㅜㅜㅜㅜㅜㅜ웅!!!!!!

파동이 공간을 가르며 밀려온다.
재만이 강훈을 부둥켜안고 몸을 날린다.

(E)   꽈아아앙!!!

교실 유리창이 박살나며 유리 파편들이 날린다.
아슬아슬하게 피한 재만과 강훈의 바로 앞. 교실 벽과 바닥에 금이 간다.

#5   정원고등학교/별관/3층/복도 (밤)
일환이 총을 주워 교실로 달려간다.
주원이 연결계단 쪽으로 달려간다.
맞은편 별관에서 재석이 다시 손뼉을 친다.

(E)   짝! 바우ㅜㅜㅜ웅!!!!!!

달리는 주원의 뒤로 파동이 꽂히고 유리창이 깨진다.

(E)   와장창!!!!!!

주원이 파편들에 쫓기며 연결계단을 향해 달려간다.

#6   정원고등학교/본관/4층/복도 (밤)
재석이 창밖으로 보면, 주원이 복도를 달려 연결계단에 접어든다.
다시 합장. 달리는 주원을 겨냥해 또다시 손뼉을 친다.

(E)   짝!

#7 정원고등학교/연결계단 (밤)

또다시 밀려오는 거대한 파동.

(E)   바우-우-우-우-웅!!!!!!
(E)   꽈아앙!!!

간신히 피한 주원이 파동의 풍압에 밀려 나동그라진다.

주원   (우당탕 넘어지며) 어욱!!!

주원이 다시 일어서면, 창밖 본관(대각선 방향)에서 재석이 합장을 겨
냥하고 있다.

주원   (으득) 제기랄….

그때 들려오는 총소리.

(E)   타앙!!

빗나간 총알이 재석의 옆 유리창을 깬다.
주원이 보면, 별관의 일환이 본관의 재석에게 총을 겨누고 있다.
재석의 합장이 일환에게 향한다.
그 틈에 주원이 다시 연결계단을 달려간다.

#8 정원고등학교/별관/3층/교실 (밤)

재만이 강훈을 안고 교실 밖으로 나간다.

일환이 막아서서 총을 겨눈다.

일환이 방아쇠를 당기는데 (E) **철컥!** 탄약이 떨어진 권총 슬라이드가 젖혀진다.

당황한 일환이 건너편을 보면, 재석의 합장이 가로로 눕혀지며, 양손이 위아래로 크게 벌어진다. 일환이 방향을 가늠 못 하는데, 재석이 슬레이트 치듯 손뼉을 친다.

(E) 짝!

(E) 바우우우우우우웅!!!!!!

파동이 가로로 날아온다. 일환이 놀라서 바닥에 엎드린다.

(E) 꽈아아아아앙!!!

교실 유리창들이 가로로 길게 터져나가며 벽에 균열이 간다.

(E) 끼긱….

일환의 머리 위, 천장 상판이 어긋나기 시작한다.

(E) 끼긱… 끼기기긱….

균열된 벽에서 부서진 벽돌이 튕겨 나오며 벽이 짓이겨진다.

재만과 함께 교실 밖으로 나가던 강훈이 돌아본다.

강훈 (비명) 선생님!!!!!! (달려드는)

일환   오지 마아!!!

강훈   아버지!!!

벽이 무너지며 천장이 내려앉는다. 일환이 눈을 질끈 감는다.

(E)   꾸웅…!!!

9   **정원고등학교/외부/중정 (밤)**

미현이 피투성이가 된 발을 끌고 본관 밖으로 나온다.
굉음 소리에 고개를 들면, 맞은편 별관 천장이 붕괴되고 있다.

(E)   꾸웅…!!!

10   **정원고등학교/별관/3층/교실 (밤)**

천장의 스프링클러가 터져 물이 쏟아진다.
일환이 눈을 뜨면, 어느새 뛰어든 재만이 무너진 천장을 두 손으로 받치고 있다.
재만이 이를 악물고 버틴다. 팔뚝의 힘줄이 터질 것처럼 불끈거린다.

11   **정원고등학교/본관/4층 (밤)**

본관까지 달려온 주원이 창밖을 보면, 별관 3층 교실이 간신히 붕괴를 면했다.
어두운 복도 끝. 재석의 모습이 보인다. 주원이 복도를 달려간다.
재석이 손바닥을 펼친 채 주원을 향해 몸을 돌린다.

주원   (소리 지르며 달려가는) 이야아아아아아아!!!!!!!!!!

재석이 손뼉을 세로로 친다.

(E)   짝!

복도의 정중앙을 세로로 날아오는 파동.

(E)   콰콰콰콰콱!

주원이 몸을 날려 옆으로 피한다.
복도의 정중앙이 칼로 가른 것처럼 금이 간다.

주원   (간신히 피한) 너 그 손모가지 뽑아버린다.
재석   (숨 몰아쉬며 다시 합장하는) 후우… 후우….

재석이 손뼉을 가로로 친다.

(E)   짝!

주원이 몸을 납작 엎드려 피한다.
주원의 머리 위로 복도 벽이 가로로 금이 간다.

(E)   콰콰콰콰콱!

주원이 다시 달린다. 재석이 숨을 몰아쉬더니 연이어 박수를 친다.

(E)   짝! 짝!

짧은 합장으로 위력은 약해졌지만 연이어 몰려오는 파동.

(E) 콰콱! 콰콱!

주원이 칼처럼 복도를 가르며 날아오는 파동을 상하좌우로 피하며 계속 달려간다.
거리가 점점 가까워진다. 그때, 재석이 크게 숨을 들이켜며 손 모양을 바꾼다.
크게 벌어지는 재석의 양 손바닥. 손을 크게 벌리는 사이 주원이 임박한다.

재석 (크게 심호흡) 후-우-우-우-우-우웁……!!!

재석이 양 손바닥을 물을 떠 마시는 것처럼 오므린다.
뭐지, 주원의 눈이 꿈틀한다. 재석이 둔탁한 손뼉을 친다.

(E) 뼁!!!

(E) 빠-아-아-아-아-아-아-아!!!!!!!!!

거대한 파동이 복도 전체를 덩어리처럼 메우며 쏘아져 온다.
복도 벽에 돌출된 소화전과 분전반 덮개들이 뜯어지며 복도를 회오리친다.
유리창과 문들이 터져나가고 건물 전체가 우르릉 떨리며 진동한다.
피할 수 없는 파동에 맞서, 주원이 몸을 낮추며 양팔을 엇갈려 막는다.

#12 정원고등학교/본관/2층/제2교무실 (밤)

텅 빈 교무실. 교무실에 비치된 구급약 통이 열려 있다.

천장을 울리는 굉음. 옆구리를 지혈하던 덕윤이 고개를 든다.

우르릉 소리와 함께 천장에서 먼지가 떨어진다.

누워 있는 재학의 시체 위로 먼지가 내려앉는다.

덕윤이 핸드폰을 꺼내 전화를 건다.

#13   **스포츠센터 / 1층 체육관 (밤)**

체육관 바닥에 준화가 돌아누워 쓰러져 있다.

저만치, 봉석과 희수가 서 있다.

희수가 준화를 때려눕힌 손목을 주무르며 의기양양한 표정이다.

봉석은 자기도 얻어터진 주제에 희수 얼굴 상처만 신경 쓴다.

희수   (봉석의 안타까운 표정 보며) 야. 니가 더 엉망이야.

봉석   (안타까운) 너 많이 맞았잖아.

희수   (얼굴의 아무는 상처 보여주며) 봐봐. 벌써 낫고 있지?

희수의 얼굴 상처가 비닐 펴지듯 아물고 있다.

봉석이 부어터진 얼굴로 안도한다.

봉석   휴우….

희수   바보야. 몇 번을 말해. 진짜 아프면 아프다고 말했댔잖아. 우리 아빠 총 맞고도 멀쩡했었대. 왜 사람 말을 못 믿어.

봉석   (중언부언) 바보가 아니라. 못 믿는 게 아니라. 안 아프고 안 다치는 게 문제가 아니라. 니 말마따나 너도 사람이잖아. 게다가 넌 내가 좋아하는 사람이잖아. 사람이 맞으면 안 되지. 사람이 맞으면 기분 나쁘고 속상하지. 안 다치고 안 아파도 사람이잖아.

희수   (빤히 보는)

봉석   (멈칫) 왜?

희수   대사 중에 이상한 게 하나 섞였는데.

봉석   뭐?

희수   좋아하는.

봉석   어?

희수   넌 내가 좋아하는 사람.

봉석   (멍청) 어…?

희수   (중얼) 뭔 고백을 이렇게 하냐….

그제야 지가 뭔 말을 했었는지 깨달은 봉석의 얼굴이 시뻘게진다.
희수가 그런 봉석을 재밌다는 표정으로 보더니, 툭.

희수   나도야.

조용해진다. 창밖에 눈이 내린다. 꼬여 있는 로프가 하트 모양이다.
터질 것 같던 봉석의 얼굴이 진지해진다. 봉석이 침을 꿀꺽 삼킨다.
가만히 바라보는 희수의 눈빛이 왠지 그래도 될 것 같다.
봉석이 용기를 내서 희수에게 한 걸음 다가선다.

희수   그럴 분위긴 아니야.

봉석   그치.

봉석이 한 걸음 물러선다. 희수가 '역시 바보' 피식 웃는다.
그때, 어디선가 울리는 핸드폰 진동음.

희수   넌가?

봉석   아닌데?

저 뒤에, 돌아누워 있던 준화가 끄응 일어나 앉는다.

준화   (전화 받는) 네. 확인했습니다. 둘 다 특수 기력자 맞습니다.

봉석과 희수가 너무나 태연하게 전화를 받는 준화를 보고 놀란다.

덕윤F   (전화 목소리) 상황이 좋지 않다. 날래 오라.
준화   지금 당장 말입까?
덕윤F   (전화 목소리) 학부모들이 왔다. 김두식의 처가 둘을 죽였다.

봉석의 눈이 커진다. 통화 소리를 엿듣는 봉석의 귀. (c.u)

#14   정원고등학교/본관/2층/제2교무실 (밤)

준화F   (전화 목소리) 학교로 바로 가갔습니다.

침착하게 통화한 덕윤이 전화를 끊고 나서야 털썩 주저앉는다.
재킷 아래로 피가 계속 흘러나와 옆구리를 붉게 물들인다.
덕윤의 발치에 재학의 시체가 누워 있다. 덕윤이 밭은 숨을 몰아쉰다.

#15   스포츠센터/1층 체육관 (밤)

준화가 전화를 끊는다. 그때 뒤에서

봉석   바, 방금…! 우리 엄마?
준화   (멈칫, 뒤돌아보며) 너 이 소리가 들리네?
봉석   우리 학교? 우리 엄마한테 무슨 일이 생겼어?!!!
준화   (쳐다보는)
봉석   무슨 말이냐고!!!

준화   (대구 없이 일어서는)

봉석   어딜 가는데!!!

준화가 돌아보면, 봉석이 당장이라도 쫓아갈 것처럼 바닥에서 떠오른다.

준화   너한테 일 없으니 쫓아오디 말라.

봉석   우리 엄마 무슨 일이냐고!!!!!!

희수   (당황한) 봉석이. 왜, 왜 그래?

떠오른 봉석이 드릉드릉한다. 봉석을 보는 준화의 눈이 갈등한다.

인서트_ 18화 #30

주석궁. 두식이 쏜 총에 맞는 준화. 늑골에 총을 맞는다.

준화가 일어선다. 돌아서는 준화의 손에 총이 들려 있다.
준화가 총을 겨눈다. 봉석과 희수의 눈이 커진다.

[슬로 모션]
준화의 총구가 봉석을 향한다.
(E) 타아아아아앙!
튀어 오르는 탄피. 총구에서 뿜어지는 불꽃.
총알이 봉석의 늑골(폐와 기관지 사이)을 향해 날아간다.
"안 돼애애애애애애···."
희수가 달려들어 봉석을 덮친다.

피가 튄다. 희수가 총에 맞아 고꾸라진다.

준화   (젠장) 쫓아오디 말라.

준화가 그대로 날아올라 체육센터 유리창을 깨고 밖으로 날아간다.

봉석   희수야아아아아!!!

봉석이 쓰러진 희수를 부둥켜안고 울부짖는다.
그 위로 타이틀 '무빙'과 소제목 '제20화: 졸업식'이 뜬다.

#16   **정원고등학교/본관/4층/복도 (밤)**
복도 전체를 덩어리처럼 메우며 날아오는 파동.

(E)   빠아아아아아아!!!!!!

피할 수 없는 파동에 맞서, 주원이 몸을 웅크리며 양팔을 엇갈려 막는다.

(E)   꽈앙!!!

칼처럼 가르는 충격이 아닌 둔기와 같은 충격이 전해진다.
온몸으로 파동의 충격에 맞선 주원의 몸뚱이가 뒤로 날아간다.
주원이 기껏 달려온 복도 끝까지 다시 날아가 온갖 잔해들과 함께 나뒹군다.
만신창이가 된 주원의 몸뚱이. 예상보다 더 큰 충격에 주원의 몸이 떨린다.

주원   (신음) 끄으… 트럭에 치인 느낌인데….

맞은편 복도 끝. 재석의 실루엣이 어둠 속에 서 있다.
힘에 부쳤는지 어깨를 들썩이며 다시 손을 합장하고 있다.

주원　(비틀거리며 다시 일어서는) (중얼) 많이 치어봤으니까….

접근할 수도 없고 총도 없다. 복도의 거리가 너무 멀다.
복도 바닥에 떨어져나간 분전반과 소화전 덮개들이 널려 있다.

#17　정원고등학교/별관/3층/교실 (밤)

재만이 붕괴된 천장을 받치고 있다. 재만의 팔이 덜덜 떨린다.
일환이 팔을 들어 같이 받치는데 별 도움이 되지 않는다.

(E)　끼기긱…!!!

핏줄이 터질 것 같은 재만의 이마. 부들부들 떨리는 일환의 팔. 점점
가라앉는 천장.
몸을 뺄 수도 없는 상황에서 스프링클러의 물이 쏟아져 재만의 시야
를 가린다.
그때, 쏟아지는 물을 가르며 솟구치는 강훈의 주먹.

(E)　떠엉!!!

강훈이 이를 악물고 주먹을 올려친다.

(E)　떠엉!!!

천장에 금이 간다.

강훈   (고통을 참는) 후욱… 후욱…!

강훈의 주먹에서 피가 터진다.

(E)   떠엉!!!

주먹에서 튄 피가 재만의 얼굴에 뿌려진다.

재만   (천장 버티며) *끄윽*… 하… 하지 마…!

강훈이 도무지 깨지지 않는 천장을 올려다보며 다시 주먹을 움켜쥔다.

강훈   으아아아아아!!!
(E)   떠엉!!!

천장이 조금씩 갈라진다. 재만의 눈엔 강훈의 피 맺힌 주먹만 보인다.
재만의 표정이 울상으로 일그러진다.

재만   아, 아프잖아!!!!!!
(E)   떠엉!!!

천장의 균열이 벌어진다. 재만은 그저 아들이 아플까봐 전전긍긍한다.
함께 버티고 선 일환이 부자의 모습을 차마 보지 못하고 외면한다.
그때, 고개를 돌려 외면하던 일환의 표정이 절망으로 무너진다.
무너진 교실 바깥쪽. 다시 일어선 권용득과 눈이 마주친다.
천장에 갇혀 꼼짝할 수 없는 상황.
용득이 무표정한 얼굴로 쳐다만 보고 있다.

(E)   떠엉!!!

강훈이 다시 천장을 친다. 피범벅이 된 강훈을 보며 재만이 부르짖는다.

재만   (분명한 발음) 아프잖아아아!!! 하지 마아아아아!!!!!!

연신 주먹질하는 강훈. 아프니까 그만하라며 애원하는 재만.
용득이 물끄러미 쳐다보다가 뒤돌아 걸어간다.

#18 정원고등학교/별관/3층/복도 (밤)

용득이 폐허가 된 복도를 절룩거리며 걸어간다.

#19 서울 시내 상공 (밤)

준화가 눈 내리는 밤하늘을 날아간다.
저 멀리 정원고등학교가 보인다.

#20 파출소 앞/시내버스 (밤)

계도의 시내버스가 파출소 앞에서 정비 중이다.
보험회사 직원이 부서진 버스를 촬영하고, 승객들의 연락처 명단을
작성한다.
출장 정비사가 펑크 난 버스 타이어를 수리한다.
계도가 파손된 버스를 살펴보며 한숨을 쉰다.
고개를 들어 보면 가로수를 긁은 사이드미러가 꺾여 있다.
계도가 사이드미러를 교정하는데, 사이드미러 너머, 눈 내리는 하늘
에 뭔가 지나간다.
저게 뭐지 눈살을 찌푸리는데,

보험직원 (손실 보고서 쓰며) 기사님. 차량 내부 파손은 없나 확인해주세요.

계도 (퍼뜩) 아. 네. 네.

계도가 다시 하늘을 올려다보면, 밤하늘에 눈만 내릴 뿐 아무것도 없다.
잘못 봤나 갸우뚱하며 버스 안으로 들어간다.

cut to_ 버스 내부

계도가 버스 내부를 살핀다.
승객들이 흘린 건 없나 차근차근 돌아보는데, 바닥에 보조배터리가
하나 떨어져 있다.
희수가 흘리고 간 봉석의 보조배터리. (c.u)

#21 스포츠센터/1층 체육관 (밤)

봉석이 희수를 끌어안고 울부짖는다.

봉석 (우는) 희수야아아!!!!!!

봉석의 눈에서 왕방울 같은 눈물이 뚝뚝 떨어진다.
웅크린 희수가 움직이지 않는다.

봉석 (애끓는) 끅. 끄윽… 희… 희수야… 엉엉… 흐어엉… 희수야아아…!!!
희수 숨 막혀.
봉석 희 (멈칫)

희수를 품에 꼭 안고 있던 봉석이 화들짝 놀라 고개를 든다.

희수 (끄응) 아이고오… 좀 비켜봐.

봉석 희 희수야!! 괘, 괘, 괜찮아?!

희수 (인상 잔뜩 찡그린) 와… 이건 진짜로 아프

봉석 (안절부절) 아, 아파?! 많이 아파?!

희수 아니. 괜찮아.

웅크리고 있던 희수가 몸을 펴면, 팔뚝에 피가 흐른다.
핏자국을 닦아내면, 동그란 흉터가 총알을 먹은 채 아물고 있다.

희수 (아무는 흉터 보며 중얼) 아빠 말이 진짜였네….

봉석 (울먹) 왜 그랬어….

희수 야. 나니까 괜찮지. 너였으면… (멈칫)

상처가 아문 것을 확인한 봉석의 눈에서 안도의 눈물이 주르르 흐른다.
희수가 더 말하지 못한다. 봉석의 눈가가 눈물범벅으로 엉망진창이다.
울음과 웃음이 섞인 봉석의 괴상한 표정. 온 세상이 멸망했다가 살아
난 표정이다.
희수의 마음이 젖는다. 희수가 가만히 봉석을 안는다.

희수 (봉석 꼭 안고) 울지 마. 나 안 아파.

봉석 (흐느낌 끄윽) 응.

희수 (봉석 꼭 안고) 그러지 마. 나 안 다쳐.

봉석 (끄윽) 응.

희수가 봉석의 등을 가만히 쓰다듬는다.
봉석이 안온하게 안겨 떠오르지 않는다.

희수 (침착하게) 봉석아. 가.

봉석	(고개 드는)
희수	엄마가 학교에 계시다면서.
봉석	(멈칫, 일어서는)
희수	그놈도 학교로 갔어. 얼른 쫓아가.
봉석	(끄덕)
희수	곧 쫓아갈게.

봉석이 그대로 날아올라 준화가 깨고 나간 유리창 밖으로 날아간다.

#22 서울 시내 상공 (밤)

봉석이 밤하늘을 느리게 날아간다. 도무지 속도가 나지 않는다.
한 번도 빠르게 날아본 적 없는 봉석의 자세가 엉성하다.
머리를 들면 하체가 기울고, 발을 들면 상체가 가라앉는다.
마음만 급한 봉석의 표정이 다급해진다. 그때, 허둥대던 봉석이 떠올린다.

인서트/플래시백_ 2화 #24

어린 봉석의 눈. TV 속 합성 화면.
번개맨이 망토를 휘날리며 멋지게 하늘을 난다.
한 팔을 곧게 뻗어 방향을 잡고, 한 팔을 접어 무게 중심을 맞추며,
두 다리를 모아 유선형의 모습으로 하늘을 난다.

봉석이 기우뚱한 자세를 바로잡는다.
양팔로 방향과 중심을 잡고 다리를 모아 속도 저항을 줄인다.
봉석의 속도가 점점 빨라지며 바람 가르는 소리가 난다.

(E)	후우우우우우우우웅…!!!!!!!!!

봉석이 눈 내리는 밤하늘을 가르며 정원고등학교로 날아간다.

봉석이 지나간 자리에 눈송이들이 나부끼며 흩어진다.

눈송이를 쫓아 내려오면 파출소 앞에 정비 중인 계도의 시내버스가 있다.

#23 파출소 앞/시내버스 (밤)

보험회사 직원과 출장 정비사가 계도의 시내버스 앞에 서 있다.

버스의 열린 앞문으로 들어가면—

텅 빈 시내버스 뒷좌석에 계도가 혼자 웅크리고 앉아 있다.

계도의 손에 보조배터리가 쥐어져 있다.

고개 숙인 계도의 얼굴 클로즈업된다.

인서트_ 15화 #33

"나 어릴 때부터 친구 없었잖아. 집에서 TV만 봤거든. 근데! 번개맨이 막 하늘을 날면서 번개파워로 악당들을 물리치는 거야! 정말 멋있었어. 어린 시절 내내 번개맨만 기다렸어. 그런데! 그렇게 기다렸던 번개맨이 어느 날 내 눈앞에 진짜로 나타난 거야."

고개 숙인 계도. 보조배터리를 꼭 쥔 손이 가늘게 떨린다.

인서트_ 15화 #33

"나의 슈퍼히어로. 나의 영웅이었어."

"지금은?"

"한번 영웅은 영원한 영웅이야."

보험회사 직원이 보험 접수서류를 들고 버스 안으로 들어온다.

버스 통로에 계도가 고개를 숙이고 앉아 있다.

보험직원 (서류 보며) 대물 손실 확인했고, 승객들 연락처 작성했어요. 기사님 성
함 확인하겠… (고개 숙인 계도에게) 기사님?

계도 (고개 드는) 네.

고개를 든 전계도의 눈가가 촉촉하다.

보험직원 (멈칫, 왜 저러나) 이름이 어떻게 되시죠.

인서트_ 15화 #33

봉석v.o 번개맨이야.

계도가 웃는다.

#24 **정원고등학교/본관/4층 복도/별관/3층 교실 (밤)**

주원이 양손에 소화전 덮개와 분전반 덮개를 하나씩 움켜쥔다.
주원이 덮개들을 방패처럼 앞세워 다시 복도를 돌진한다.
맞은편 복도 끝에서 재석이 다시 둔탁한 박수를 친다.

(E) 삥!!!

(E) 빠아아아아아!!!

(E) 따앙!!!

왼손에 쥔 소화전 덮개가 날아간다.
주원의 손아귀가 찢어지며 피가 튄다.
주원이 뒤로 지이이익 밀렸다가 다시 달린다.
재석이 다시 합장한다. 주원이 계속 달린다. 재석의 둔탁한 박수.

(E) 뻥!!!

(E) 빠아아아아아!!!

(E) 따앙!!!

오른손에 쥔 배전반 덮개가 날아간다.
복도의 절반까지 달려온 주원의 몸엔 더 이상 가릴 것이 없다.
주원이 이를 악물고 이판사판 돌진한다. 재석이 다시 손을 합장한다.
그때, 들리는 소리.

(E) 터엉-

달리던 주원이 창밖 건물을 보면, 재만이 부서진 별관 3층에서 튀어
나온다.
주원의 입꼬리가 올라간다. 재석에게 돌진하며 주원이 외친다.

주원 (달리며) 좆됐구나아아!!!!!!

재석이 창밖을 보고 당황한다.
건물 사이를 뛰어넘는 재만의 얼굴에 분노가 가득하다.

cut to_ 별관 3층 교실

내려앉은 천장 한복판이 깨져 솟아 있다.
부서진 돌 더미 사이에 두 사람이 서 있다.
결국 천장을 부수고 탈진한 강훈을 일환이 부축하고 있다.

cut to_ 와이드 숏

주원이 본관 복도를 달리고, 재만이 건물 사이를 뛰어서, 동시에 재석

에게 돌진한다.

cut to_ 복도 끝

범처럼 달려드는 주원. 매처럼 비상하는 재만.
재석의 합장한 손이 누구를 먼저 공격해야 할지 방향을 잡지 못해 엉
킨다.
망설이던 재석의 손이 창밖에서 도약하는 재만을 향한다.
점프의 최고점에 다다라서 피할 수 없는 재만.
재석의 손뼉이 쳐지려는 찰나, 주원이 돌진하며 박수를 친다.

주원   (박수 짝!)

재석   (흠칫)

주원   (호통) 어딜 봐 이 새끼야아아!!!!!!

벼락같은 호통에 놀라 다급하게 방향을 바꾸는 재석의 손. 주원을 향
한다.

주원   (돌진하며) 해봐!!!!!!

주원의 무시무시한 기세에 재석의 손뼉 치는 손이 엉킨다.

(E)   짝!!!

(E)   바우우우우웅!!!

양팔을 엇갈려 막은 주원의 양팔이 부러지며 가죽이 찢어진다.

주원   (비명) 끄아아아악!!!

주원이 뒤로 자빠지고, 재만이 옆에서 창문을 깨고 달려든다.
재석의 선글라스에 비치는 재만의 주먹.

(E)   빠악!!!

선글라스가 박살난다.
깨진 선글라스 조각에 재만과 주원이 각각 비친다.

cut to_ 복도 끝 계단

재석이 계단 아래까지 날아가 패대기쳐진다.
턱이 부러진 재석의 입에서 울컥울컥 피가 솟는다.
재만이 저만치 쓰러진 주원을 보면, 양팔이 부러지고 찢어져 피부가
너덜거린다.
고통에 신음하는 주원. 부러져 너덜거리는 오른팔의 가죽을 팔뚝에
감싸 붙인다.

주원   (고통스러운) 끄윽….

재만이 고개를 돌려 계단 아래를 본다.
정신을 잃은 재석이 벽에 기대 쓰러져 있다.
재만이 계단을 부웅 뛰어 재석의 오른팔을 밟아버린다.

(E)   으적!!!

벽에 박힌 재석의 오른팔이 으깨져 부러진다.

cut to_ 본관/4층/복도/계단

팔이 부러진 주원이 좀비(극한직업 고반장)처럼 일어나서 계단 쪽으로
걸어간다.
주원이 계단 아래를 내려다보면, 재석의 팔을 꺾어버린 재만이 올려
다본다.
재만과 주원이 마주 본다. 공기가 어색하다.

주원   (툭) 고맙다.

재만   (무뚝뚝하게 올려다보는)

주원   (뭔 대꾸도 없어) 자네 아들이 내 딸을 구했었어. 그거 고맙다고.

재만은 여전히 아무 대답도 없다.
더 할 말이 없던 주원이 기껏 한다는 말이,

주원   애 잘 컸더라.

그제야 무뚝뚝한 재만의 표정이 풀어진다.

재만   (웃는) 우리 강훈이….

자식 칭찬에 그 와중에도 바보처럼 풀어지는 재만의 표정에 주원이
피식한다.

주원   이제… (멈칫)

인기척에 돌아보면, 용득이 복도를 걸어오고 있다.
양팔이 찢기고 부러진 주원이 피곤한 표정으로 중얼거린다.

주원   (한숨) 이젠 좀 지겹다….

#25 정원고등학교/별관/3층/교실 (밤)

일환이 탈진한 강훈을 부축한다.
강훈이 맞은편 본관 건물을 보면 재만이 보이지 않는다.

강훈   (기운 없는) 아… 아버지는요….
일환   괜찮으실 거야.
강훈   (중얼) 우리 아버지… 집 밖에 나오시면 안 되는데….

탈진한 강훈이 자꾸 흘러내린다.
일환이 강훈을 등에 업으며 말한다.

일환   걱정 마라. 내게 수습할 방법이 있어. 내가 다 알아서 할게.
강훈   (업힌 채) 선생님….
일환   (선생님 소리에 주춤하다가) 그래.

일환도 기운이 없어서 뒤에 업은 강훈이 자꾸 흘러내린다.
일환이 피투성이가 된 손으로 강훈을 추스른다.
강훈을 업은 일환의 손. (c.u)
일환이 강훈을 업고 무너진 골조들 사이를 빠져나간다.

일환   (넋두리처럼) 학교 밖으로 나가자.

일환보다 큰 강훈의 발이 바닥에 끌리지 않는다.
일환이 강훈을 업고, 폐허가 된 교실 밖으로 나간다.

#26 정원고등학교 / 외부 / 중정 (밤)

하얗게 눈 쌓인 중정 바닥에 찬일이 초주검이 되어 누워 있다.
찬일은 얼굴에 쌓이는 눈조차 치울 기력이 없다.

찬일　(고통에 겨운 신음) 스읍… 스으읍… 스읍….

피투성이가 된 자신의 두 손을 멍하니 본다.
내리는 하얀 눈과 빨간 피의 색이 극명하게 대비된다.
본관 건물에서 누군가 걸어온다.
흩날리는 눈발 속에서 눈을 흡뜨고 보면, 미현이 다친 발을 끌고 걸어
온다.
일어설 기력도 없는 찬일이 보고만 있다. 미현의 손에 총이 쥐어져 있다.

미현　너도 북에서 왔나.

미현이 총을 겨눈다. 찬일이 죽음을 직감한다.
찬일이 굳이 정체를 감추지 않고 사투리로 말한다.

찬일　에미나이. 많이 다쳤네.
미현　(총 겨눈 채) 몇 놈이나 남았지.
찬일　우리 동지들이 있었을 텐데… 그 상태루 여기까지 어케 온 거네?
미현　죽이고 왔어.
찬일　(믿을 수 없는) 너 누구가.
미현　학부모야.
찬일　(어이없는) 기가 막히는구만.
미현　대답해. 몇 놈 남았어.
찬일　싹 다 죽일라 그러네?

미현   (대답 않는)

찬일   괴물 같은 에미나이….

찬일을 겨눈 미현의 총구가 한 치도 흔들리지 않는다.

찬일   기래. 하나만 묻자. 와 다 죽일라 기네?

미현   너희들이 살아 돌아가면 내 아이가 위험해지니까.

찬일이 허탈한 목소리로 중얼거린다.

찬일   …그 이애기(이야기)나 들어보지 그랬니.

미현   내 자식을 지킬 뿐이야.

찬일   (쳐다보는)

미현   내 자식을 지킬 수 있다면 난 언제든 괴물이 될 수 있어.

사방이 고요하다. 처절한 상황에 상관없이 아름답게 눈이 내린다.
찬일이 피투성이가 된 자신의 두 손을 본다.

찬일   평생 실전을 겪으며 살아왔던 우리가 어케 당했을까….

미현   실전?

찬일   (쳐다보는)

미현   늘 겪고 있다.

찬일이 피투성이가 된 미현의 발을 본다.
미현의 뒤로 하얗게 쌓인 눈 바닥에 핏자국이 길게 이어져 있다.
고개를 들던 찬일이 멈칫한다.
얼음같이 차가웠던 미현의 눈에 눈물이 고여 있다.

cut_ 1화 #1 어린 봉석을 혼자 업고 눈길을 걸어가는 미현.

cut_ 2화 #13 봉석에게 걸음마를 연습시키는 미현.

cut_ 2화 #13 떠오르는 봉석을 꼭 끌어안고 함께 떠 있는 미현.

cut_ 2화 #32 폭풍우 속에서 봉석의 개줄을 잡고 버티는 미현.

cut_ 1화 #9 봉석에게 모래주머니를 채우는 미현.

cut_ 1화 #10 무거운 가방을 메고 등교하는 봉석을 안쓰러운 표정으로 보는 미현.

cut_ 1화 #73 재봉틀에 앉아 봉석의 모래주머니 재봉질하는 미현.

cut_ 7화 #2 프랭크에 맞서서 봉석의 앞을 가로막는 미현.

cut_ 7화 #76 뜨는 연습을 하던 봉석에게 울며 소리치는 미현.

찬일이 멍하니 미현을 올려다본다.
미현은 끝내 고인 눈물을 흘리지 않는다.

미현   지난 긴 세월. 내 아이를 지키기 위해 난 언제나 실전이었다.

찬일이 옅은 한숨을 쉬며 중얼거린다.

찬일   (중얼) 기렇구만.

찬일이 비틀거리며 일어선다.
미현의 총구가 찬일의 이마를 따라간다.
찬일이 으깨진 두 주먹을 들어 올려 미현의 총구에 맞선다.

찬일   실전끼리 붙는 거였구만.
(E)   타앙!!!

찬일의 이마가 뚫리며 화면 암전된다.

#27 도로/버스노선 도로/시내버스 (밤)

암전된 화면을 버스의 헤드라이트가 밝힌다.
계도의 버스가 버스노선 도로를 달린다.
눈길로 교통이 꽉 막힌 차도. 한적한 버스노선 도로는 교통이 원활하다.
새로 교체한 타이어 앞바퀴. 우그러진 번호판이 덜렁거린다.
버스 전면의 행선지 전광판에 [운행종료]가 켜져 있다.

cut to_ 시내버스 내부

텅 빈 버스 안. 핸들을 잡은 계도.
계도의 시선이 자꾸 대시보드에 올려놓은 보조배터리에 향한다.

계도   (번개맨 주제가 작게 흥얼) 번개맨♪ 번개맨♪ 번개! 번개! 파워충전! 번
       개… (흥얼거리는 소리 점점 작아지는)

계도의 흐뭇한 표정도 잠시, 이내 불안과 의혹이 가득해진다.

계도   (중얼) 애들 괜찮겠지…. (석연치 않은) 그 남자 뭐였을까….

그때, 누군가 도로를 무단횡단하고 계도가 급브레이크를 밟는다.

(E)   끼이익!!!
계도   (창문 확 열고) 야이 미쳤 (멈칫) 어?

버스 헤드라이트 불빛 바로 앞에 희수가 서 있다.
헤드라이트에 밝게 드러난 희수 얼굴.

미처 닦지 못한 핏자국이 번져 있다.

계도　너 왜 그래?!

희수　죄송합니다!! 급해서요!! (냉큼 꾸벅 인사, 얼른 달려가는)

계도　자, 잠깐만. 학생!! 야 학생!!!! 야 후배!!

희수가 뒤도 안 돌아보고 도로를 무단횡단해서 골목길로 뛰어간다.
달려가는 방향이 학교 쪽이다.
계도가 멍하니 멀어지는 희수의 뒷모습을 본다.

#28　골목길/지름길 (밤)

희수가 골목길을 달린다.
눈 쌓인 길을 미끄러지지도 않고 달리는 자세가 곧다.
희수가 정확한 육상 달리기 폼으로 빠르게 달려간다.

#29　정원고등학교/본관/4층/복도/복도 끝 계단 (밤)

용득이 절뚝절뚝 걸어서 주원의 앞까지 온다.
주원이 부러진 팔을 어쩌지 못하고 냅다 박치기를 한다.

주원　(박치기) 이야아!!!

(E)　턱!

용득이 주원의 머리를 잡아 계단 밑으로 던져버린다.
계단 아래의 재만이 주원을 턱 받아 안는다.

주원　(못 알아들을 정도로, 아주 작게 구시렁) 자존심 상해….

재만이 주원을 짐짝 던지듯 내려놓으면, 털푸덕, 주원이 젠장 인상을 쓴다.

용득이 한 팔이 부러진 채 계단 중간에 쓰러져 있는 재석을 본다.

계단 한복판에 버티고 서는 재만. 용득이 절룩이며 계단을 내려온다.

비틀거리며 내려오는 용득의 시선은 오로지 쓰러진 재석에게 향해 있다.

선글라스가 벗겨진 재석의 동공이 흐리다.

#30 [과거/모노톤] 함경남도 요덕 수용소/지하감옥 – 몽타주

감방 철문이 열리고 복도의 빛이 갈라져서 들어온다.

재석이 눈살을 찌푸리며 황급하게 빛을 피해 구석에 웅크린다.

눈이 부신 재석의 시야. 문밖에 서 있는 세 남자의 실루엣이 흐릿하게 보인다.

재석의 시야에 부옇게만 보이는 세 사람. 두 사람은 중키고 한 사람은 거대하다.

간수   림재석이. 출방이다. 나오라.

재석   (흐린 눈으로 머엉)

간수   뭘 꾸물대니. 날래 나오라.

재석   시, 싫습니! (눈 가리며 구석으로) 내레 말하디 않았시오. 난 특수 기력자 아닙니! 난 기딴 거 모릅니! 난 여기서 안 나가갔습니!

재석이 벌벌 떨며 어두운 구석으로 더욱 파고든다.

덕윤   와 저러네.

간수   (쩝) 아 때 지하별동 감옥에 들어왔는데, 깜깜한 데서 20년 넘게 혼자 살았습니. 시력이 퇴화돼서 빛을 못 보구 밖을 두려워한다.

재석   예 옳습니!! 난 여기가 좋습니! (애걸하는) 날 여기서 내보내지 말아주시라요! 난 여기 있는 게 좋습다!!

재석이 발작하듯이 출방을 거부한다.
덕윤이 보면, 재석의 부연 동공에 공포와 불안이 가득하다.

덕윤   임무 마칠 때마다 돌아오게 해주겠다.

재석   (벌벌 떠는) 싫습다!! 난 여기가 제일 좋습다!! 바 밖은 너무 밝습다!!
누 눈을 못 뜨겠습네다!! 무섭습네다!!

간수가 덕윤의 눈치를 살피다가 엄숙하게 말한다.

간수   당의 명령을 거부하믄 총살이다. 알겠네?

재석의 부연 시야로 보면—
옆에서 가만히 서 있던 거대한 그림자가 문에서 멀어져 복도를 걸어
간다.
잠시 후. 거대한 그림자가 다시 감방으로 들어와 마대 자루를 내려놓
는다.

용득   (가까이 와서) 사… 살자.

재석의 부연 시야에 용득의 얼굴이 흐릿하게 보인다.
용득이 마대 자루를 벌린다.
재석이 마대 자루 안으로 기어들어 간다.
용득이 마대 자루를 들어 메고 나간다.

cut to_ 시간 경과

철문이 열리고 준화와 용득이 들어선다.

준화   임무다. 나오라.

재석이 보면, 용득의 손에 거대한 캐리어와 선글라스가 들려 있다.
용득이 재석에게 선글라스를 건넨다. 재석이 쳐다보다가 선글라스를
받아서 쓴다.
용득이 캐리어 지퍼를 열면 재석이 캐리어 안으로 기어들어 간다.
캐리어 지퍼가 닫힌다. 용득이 캐리어를 끌고 나간다.

cut to_ 시간 경과/몽타주
- 감방 문이 열리고 닫힌다.
- 캐리어 지퍼가 열리고 닫힌다.
- 용득이 캐리어를 들고 다닌다.
- 철문이 열리면 제일 먼저 보이는 용득의 얼굴.
- 캐리어가 닫힐 때마다 안도하며 웅크리는 재석.
- 캐리어가 다시 열리면 제일 먼저 보이는 용득의 얼굴.
- 캐리어 지퍼 서서히 열리며 용득의 얼굴이 클로즈업된다.

#31 정원고등학교/본관/4층/복도 (밤)
부연 재석의 시선. 계단을 내려오는 용득을 바라본다.
재만이 쟤는 누구냐는 듯 바닥에 쓰러진 주원을 쳐다본다.

주원   쟤도 자네 아들 해코지하러 왔어.
재만   (눈 돌아가는)

주원이 나서려는데 재만이 주원을 턱 밀친다.

주원이 '뭐야' 하는 순간, 재만이 튀어 오르며 계단 위 용득의 얼굴을 찬다.

(E)   뻐억!

용득이 반격하는데, 재만의 빠른 몸놀림을 맞추지 못한다.
재만이 연타를 날리고 용득이 속수무책으로 얻어맞는다.

(E)   뻑!! 뻐억!!

지친 용득은 재만의 상대가 되지 않는다.

(E)   퍼억!!

아직 낫지 못한 상처가 다시 터진다.

(E)   빠각!!

용득의 얼굴이 찢어져 피가 튀고 갈비뼈가 부러진다.

(E)   우득!!

주원이 재만의 무지막지한 폭력을 멍하니 보며 '내가 쟬 어떻게 이겼
지…' 중얼거린다.
일방적으로 맞으면서도 계단을 내려오려는 용득과 재석의 시선이 마
주친다.
재석은 용득의 눈을 읽는다. 용득은 자신을 구하려는 것일 뿐 다른 목

적이 없다.

피투성이가 된 용득이 무릎을 꿇고 쓰러진다.

재석이 자신의 부러진 한쪽 손을 본다. 아무것도 할 수 없다.

고개를 들면, 용득이 곧 죽을 것처럼 얻어맞고 있다.

재석은 결심한다.

재만이 계단 철제 난간을 뜯어 용득을 후려친다.

(E)   퍼억!! 뻑!! 뻐억!!

용득이 꼼짝 못 하고 얻어맞는다. 사방에 피가 튄다.

재만의 무지막지한 폭력에 주원조차 질려버린다. 그때,

재석   용득아.

용득의 눈이 커진다.

주원과 재만이 뒤를 돌아보면, 재석이 창틀에 걸터앉아 유리창에 기

대어 있다.

창밖에 눈이 내린다. 재석이 기댄 유리에 금이 간다. 재석이 부연 눈

으로 말한다.

재석   살자.

재석이 그대로 창밖으로 몸을 뒤집는다.

유리창이 깨지고 재석이 뒤로 넘어간다.

#32 정원고등학교/건물 외관/본관 좌측 (밤)

낙하하는 재석. 부러지지 않은 한 손을 들어 올린다.

펴지는 손바닥. 떨어지는 가속도에 온몸을 실어서 길바닥에 손바닥을
겨냥한다.
바닥에 닿는 순간, 재석의 손바닥과 길바닥 사이.
눈송이 하나가 재석의 손바닥에 잡힌다.
재석의 손바닥이 땅바닥을 때린다.

(E)   꽈아앙!!!!!!!!!!

지축을 울리는 소리.
거대한 손바닥 모양으로 바닥에 쌓인 눈이 흩어지고—
바닥의 눈이 흩어진 한가운데—
맨바닥에 떨어진 재석이 피를 빨다 죽은 모기처럼 한 점 빨간색이 된다.

(E)   드드드… 쿠쿵… 쿠쿠쿵!!!

재석을 중심으로 바닥에 거미줄 같은 금이 갈라져 뻗어나간다.
바닥에 거대한 구덩이가 꺼지고 본관 건물의 일부분이 무너진다.
용득 주원 재만이 한꺼번에 구덩이 안으로 떨어진다.
무너지는 건물 속에서, 재만이 주원의 뒷덜미를 잡아 반파된 교실로
집어 던진다.
주원을 먼저 던지고, 재만이 떨어지는 잔해를 밟고 뛰어오른다.
뛰어오르는 재만의 머리 위로 벽돌이 떨어진다.

(E)   쿵-

벽돌에 머리를 맞은 재만이 발을 헛딛는다.
흙먼지가 화산재처럼 솟구치고, 건물의 일부가 구덩이 안으로 꺼져

들어간다.

(E)   쫘르릉!!!!!!!!!

#33   정원고등학교/외부/중정 (밤)

찬일의 시체 위로 하얀 눈이 내려앉는다.
찬일의 시체 앞에 미현이 서 있다.
그때, 미현의 뒤로 굉음과 함께 본관 건물 한쪽이 붕괴된다.

#34   학교 앞/버스 정류장/도로 (밤)

계도의 시내버스가 정원고등학교로 향한다.
계도가 불안한 표정으로 버스를 운전하는데 멀리서 굉음이 들린다.

(E)   쫘르릉!!!!!!!!!

계도가 놀라서 고개를 들어 보면, 정원고등학교 쪽에서 엄청난 흙먼
지가 피어난다.

계도   도, 도대체 무슨 일이야…!!

계도가 있는 힘껏 액셀을 밟는다.

#35   정원고등학교/본관/1층/우측 현관문 (밤)

기수와 한별이 건물 밖으로 나오는데, 뒤에서 학교 건물이 무너진다.
엄청난 먼지 폭풍이 몰려오고 기수가 엉겁결에 한별을 감싼다.
사방을 메우는 먼지 속에서 기수가 한별의 손을 잡아끈다.
한별이 끌려가면서도 자꾸 뒤를 돌아본다.

한별	(울상) 이, 이게 무슨 일이야…!
기수	(잡아끌며) 뭐 해!! 빨리 와!!
일환	기수야! 한별아!
한별/기수	선생님!

먼지 속에서 강훈을 업은 일환이 둘을 부른다.
기수가 보면 탈진한 강훈을 업고 있는 일환도 온몸이 만신창이다.

기수	(떨떠름한 표정) 제가… 업을까요.
일환	아니다. 괜찮아. 빨리 나가자.

일환이 강훈을 추스르며 앞장선다.
기수가 슬그머니 한 손으로 강훈의 엉덩이를 받치며 따라 뛴다.
한별이 자꾸 학교를 돌아본다.
붕괴된 건물의 흙먼지 속으로 뭔가가 날아 들어간다.
한별이 잘못 봤나 눈살을 찌푸린다.
기수가 한 손으로 한별을 잡아끌고 데려간다.
옹기종기. 일환이 제자들을 데리고 후문 밖으로 멀어진다.

#36 정원고등학교/본관/3층/반파 (밤)

시야를 가리는 자욱한 흙먼지.
흙먼지를 헤치고 들어가면, 맞잡은 두 손이 보인다.
주원이 한 손으로 난간을 잡고, 한 손으로 재만의 손을 잡고 있다.
절반이 깎여 무너진 교실에 간신히 매달려 있는 주원과 재만.
주원이 재만을 끌어 올린다. 아물던 주원의 팔뚝 피부 가죽이 다시 찢어진다.

주원   (이 악물고 끌어 올리는) <u>끄으으윽</u>…!!!

주원이 재만을 부서진 교실 난간에 끌어 올린다.
자욱한 흙먼지 속. 대자로 누운 재만과 주원이 숨을 몰아쉰다.

주원/재만   헉. 헉… 허억… 허억… 허억… 허억….

만신창이인 두 사람이 그때까지도 손을 잡고 있다가 어색하게 놓는다.
주원이 보면, 벽돌에 얻어맞은 재만의 머리에 피가 흐른다.

주원   (숨 몰아쉬며) 이름이 뭐였지.
재만   이강훈.
주원   (자식밖에 모르나) 아니. 자네 이름.
재만   이재만.
주원   그래. 재만이. 자네는 이제 그만 가.
재만   (쳐다보는)
주원   내가 마무리할 테니 뒤돌아보지 말고 가.
재만   (주저하는)
주원   (재만의 발목 가리키며) 그거 안 좋아. 얼른 가.

재만이 그제야 발목의 전자발찌를 보고 흠칫한다.
빨간 램프가 요란하게 깜빡거린다.
당황하면서도 주저하는 재만을 주원이 재촉한다.

주원   (손 휘저으며) 가. 가.
재만   (엉거주춤)
주원   선생님이 애 데리고 나갔을 거야. 애 많이 다쳤더라. 얼른 쫓아가.

재만   (벌떡 일어서는)

재만이 바람처럼 교실 밖으로 달려 나간다.
어찌나 빠른지 순식간에 사라졌다.

주원   (버엉) 뒤도 안 돌아보네… (중얼) 또 보자구.

흙먼지가 자욱한 반파된 교실에 주원이 혼자 남는다.

주원   (한숨) 나도 늙었어….

팔뚝의 찢어진 상처 회복이 더디다.
아물기를 기다리며 주원이 중얼거린다.

주원   (중얼) 나도 사람이니까….

그때, 흙먼지 속에서 사람의 실루엣이 나타난다.
주원의 눈이 커진다. 누군가 공중에 떠 있다.
흙먼지 잔뜩 낀 눈을 부릅뜨고 보면, 먼지 속에서 드러나는 준화의 총구.

(E)   타앙!!!

주원의 왼쪽 눈알에 총알이 박힌다. 주원이 쓰러진다.

#37 정원고등학교/외부/중정 (밤)
미현이 화산재처럼 흙먼지가 날리는 건물을 바라본다.
그때, 붕괴된 건물 속에서 들리는 총성.

(E)   타앙!!!

미현이 자욱한 흙먼지 속을 뚫어져라 쳐다본다.
흙먼지 속에 누군가 공중에 떠 있다.
(혹시 두식일까) 미현의 눈이 커진다.
함박눈과 흙먼지를 헤치며 날아오는 준화와 눈이 마주친다.
준화가 찬일의 시체를 확인하고, 총을 든 미현에게 다짜고짜 총을 쏜다.
준화와 미현의 총격전이 시작된다.

(E)   탕!!
(E)   타탕!!!
(E)   탕!!

준화가 공중에서 몸을 뒤집어 미현의 총을 피한다.
미현이 나무 뒤에 숨으며 대응 사격한다.

(E)   탕!! …철컥!

미현의 총 슬라이드가 젖혀진다. 탄창이 떨어졌다.
준화가 미현이 몸을 숨긴 나무에 총을 난사한다.

(E)   타타타탕!!!

나뭇조각이 튀고, 미현이 건물 턱 밑에 몸을 숨긴다.

#38 정원고등학교/싱크홀 (밤)

흙먼지 속. 싱크홀의 깊고 어두운 바닥에 재석과 용득이 쓰러져 있다.

한 팔과 다리가 제멋대로 꺾인 용득이 부스스 몸을 일으킨다.
용득이 어둠 속에서 재석을 찾아 더듬는다. 돌덩이 몇 개를 치우면 재
석이 드러난다.
재석의 가슴에 콘크리트 철근이 박혀 피가 흐른다.

재석　(밭은 숨) 가….

재석과 용득의 눈이 마주친다.
용득이 보면, 철근에 가슴이 뚫린 재석은 이미 가망이 없다.

재석　(흐린 시선으로 위를 가리키며) 올라가….

용득이 고개를 들어 위를 보면, 까마득하게 높은 흙벽이 절벽과 같다.
어둠 속에 뻥 뚫린 하늘과 재석을 번갈아 보며 망설인다.

재석　난… 여기가 편해….

재석이 숨이 가빠 말을 잇지 못한다.
너무 많이 맞아서 얼굴이 부어터진 용득의 표정을 알 수 없다.
철근에 꿰인 재석의 몸에서 경련이 일어난다.
재석이 힘없는 턱짓을 한다. 용득이 고개를 끄덕인다.
용득이 제멋대로 꺾인 다리의 뼈를 맞추며 일어선다.
용득이 부러진 팔다리로 절벽을 기어 올라가기 시작한다.
손을 헛딛고 부러진 발목이 미끄러진다.
용득이 스스로 세뇌된 말을 중얼거린다.

용득　(척, 벽 잡으며) 나… 나는… 최고의 인민 전사… (척, 발 디디며) 나… 나

는… (척, 벽 잡으며) 고… 고통을 모르는… 최고 인민 전사….

용득이 한 발 한 손 절벽을 기어 올라간다.
죽을힘을 다해 절벽을 오르는 용득의 모습이 과거의 모습과 겹쳐진다.

디졸브/인서트_ 18화 #16/함경북도 수리산 절벽
싱크홀 절벽과 수리산 절벽이 오버랩된다.

싱크홀 절벽을 기어 올라가는 용득의 뒷모습이 처절하리만치 슬프다.
재석의 흐린 동공에 용득이 부옇게 보인다.
한 발 한 발. 생을 향해 기어 올라가는 용득의 목소리가 멀어진다.

용득   (울부짖는) 후우욱… 나… 나는… 최고의 인민 전사… 후우… 후우…
나. 나는… 고… 고통을 모르는… 모…르는…

용득의 팔과 다리에 점점 힘이 풀린다.
그때, 아래쪽에서 재석의 숨이 꺼져가는 목소리가 들린다.

재석   아니야….

용득이 절벽에 매달린 채 아래를 내려다본다.
어둠에 묻힌 재석의 모습이 보이지 않는다.
재석이 깊은 어둠과 한 덩어리가 되었다.
깊은 어둠 속에서 들려오는, 숨이 꺼져가는 목소리.

재석   넌… 사람이야… 가서… 사람답게… 살아….

#39 골목길/등굣길 (밤)

희수가 주택가 골목길을 달려간다.

담을 뛰어넘고 주차된 차들 사이를 빠져나가며 골목길을 달려가는 희수.

멀리서, 계도의 시내버스가 희수를 앞질러 등굣길로 접어든다.

#40 정원고등학교/외부/중정 (밤)

미현이 총을 쥐고 건물 턱밑을 낮은 포복으로 이동한다.

한참을 포복 전진하던 미현이 귀를 기울인다. 미현의 귀. (c.u)

아무 소리도 들리지 않는다. 미현이 건물 턱에서 조심스럽게 기어 나온다.

그때, 미현의 귀에 미세하게 들리는 격발 직전의 소리.

(E)   끼릭…

고개를 들면 별관 옥상에 걸터앉은 준화와 눈이 마주친다.

(E)   타앙! 타앙!

준화의 총알에 미현의 머리끈이 스치며 머리가 산발이 된다.

미현이 눈길에 미끄러져 넘어지고, 공중에 뜬 준화의 총구에 정확하게 노출된다.

찰나의 순간— 미현의 다친 발/슬라이드가 젖혀진 미현의 총/절망적인 미현의 눈.

그때, 준화의 뒤에서 바람 소리가 들린다.

(E)   후-우-우-우-우-우-우-웅…!!!

봉석   개새끼야아아아!!!!!!

(E)   퍼억!!!

어느새 쫓아 날아온 봉석이 준화를 걷어찬다.

미현   (비명처럼) 봉석아!!! 안 돼애애애!!!

#41 정원고등학교/외부/공중 (밤)

준화가 강당 철제 지붕에 떨어져 우당탕탕 구르며 총을 놓친다.
놓친 총을 집으려는데, 봉석이 벼락같이 들이닥친다.
눈이 뒤집힌 봉석이 막무가내로 주먹을 날린다.

(E)   퍼퍼퍼퍼퍽!

준화가 발을 들어 봉석을 올려 찬다.

(E)   퍼억!

봉석이 솟구쳐 날아올랐다가 크게 선회하며 두 발을 모아 내리꽂는다.
준화가 가까스로 피하고 (E) 떠엉-! 강당의 철제 지붕이 요동친다.
준화의 놓친 총이 구겨진 지붕 틈으로 밀려 들어간다.
악착같이 달려드는 봉석을 피해 학교 운동장 쪽으로 날아가는 준화.
날아가며 뒤를 돌아보면, 죽자 살자 쫓아 날아오는 봉석.
준화가 봉석을 떨쳐내려 하늘 높이 솟구쳐 오른다.

(E)   쐐애애애애액!!!!!!

운동장 한복판. 까마득한 높이. 준화가 아래를 내려다보면 봉석이 보이지 않는다.

준화 어?

황급히 주변을 둘러보다 위를 보면, 어느새 날아온 봉석이 준화 뒤에
떠 있다.
봉석의 주먹이 작렬한다.

(E) 뻐억!

준화가 뒤통수를 호되게 얻어맞고 공중에서 휘청한다.

준화 (짜증) 너 뭐이가!! 왜 따라왔네!!
봉석 죽여버릴 거야아아!!!!!!

봉석이 맹렬한 적의를 드러내며 난폭하게 외친다.

봉석 (달려드는) 이야아아아!!!
준화 (싸늘한) 그래. 해보자.

함박눈이 쏟아지는 밤하늘.
봉석과 준화가 서로에게 동시에 달려든다.
남과 북의 마지막 대결.
준화와 봉석의 공중전이 펼쳐진다.

#42 정원고등학교/외부/중정 (밤)
봉석이 아득하게 높은 하늘에서 공중전을 벌인다.

미현의 얼굴에서 싸아아아 핏기가 사라진다.
미현이 창백해진 얼굴로 중얼거린다.

미현 (절망하는) 니가… 니가 왜 와…!! 니가 오면 어떡해!!!

절망으로 무너지는 미현의 표정.
도무지 닿을 수 없는 하늘에서 아들이 싸우고 있다.
미현의 숨 가쁜 호흡. 펄떡이는 심장 소리. 확장되는 동공.
시력을 돋궈 자세히 보면 적에게 총은 없다.
미현이 총의 젖혀진 슬라이드를 다시 (총알이 있는 것처럼) 밀어낸다.
미현이 절룩이며 본관 건물로 들어간다.
발밑에 핏방울이 점점이 떨어진다.
발이 뚫린 고통도 잊은 채 필사적으로 달려간다.

#43 정원고등학교/본관/2층/제2교무실 (밤)

덕윤이 창밖을 올려다본다.
봉석과 준화가 공중에서 싸우고 있다.
덕윤이 비틀거리며 교무실 밖으로 나간다.
덕윤의 발밑에 핏방울이 점점이 떨어진다.

#44 공중 (밤)

모든 소음이 사라졌다.
꽃처럼 아름다운 눈 결정. (c.u)
눈 결정들이 모여 하나의 눈송이. (c.u)
고요한 정적 속에 천천히 떨어지는 눈송이가 꿈꾸는 듯 서정적이다.
아름답게 내려오던 눈송이가 갑자기 나타난 봉석의 주먹에 맞아 부서
진다.

봉석　(정적을 깨는) 으아아아아아아!!!!!!

준화가 봉석의 주먹을 피한다.

봉석과 준화가 공중에서 스쳤다가 떨어진다.

운동장 하늘에 떠서 서로를 치고받으며 격투를 벌인다.

둘의 격돌에 눈송이들이 부서지며 흩날린다.

준화의 노련한 주먹질과 발길질에 봉석이 속수무책으로 얻어맞는다.

봉석이 일방적으로 맞으면서도 다시 달려든다.

하늘을 나는 봉석의 속도가 점점 빨라진다.

준화의 격투 기술에 봉석이 빠른 속도와 감각으로 맞선다.

격투를 거듭할수록 깨어나는 봉석의 초감각이 준화의 행동을 감지한다.

봉석의 동공. (c.u)

봉석의 귀. (c.u)

준화의 행동 궤적을 찰나의 차이로 감지하고 반응한다.

때렸는가 싶으면 솟구쳐 피하고, 맞으면 맞는 대로 몸에 힘을 뺀다.

점점 더 빨라지는 봉석의 비행과 반응에 준화가 당황한다.

때려도 타격이 느껴지지 않고, 사라졌다가 사각에서 나타난다.

준화도 처음 겪어보는 일대일 공중전에서 속도가 빠른 봉석이 유리해진다.

공중에서 디딜 곳이 없어 타격점이 허망해지는 준화가 연신 휘청거린다.

봉석의 쾌속 비행에 준화의 눈이 어지러워진다.

봉석이 날 때마다, 하늘에 가득한 눈송이가 칠판 지우개질하듯 밤하늘이 드러난다.

#45 주택가/골목길 (밤)

희수　(호흡) 후하. 후하. 후하. 후하. 후하. 후하. 후하.

희수가 주택가 골목길을 달린다.
학교 방향에서 거대한 흙먼지가 솟아오르고 있다.

희수   (호흡) 후하. 후하. (흙먼지 바라보며) 뭐야! 무슨 일이 생긴 거야! (계속 달리는) 후하. 후하.

뒤에서 경찰차 사이렌 소리가 가까워진다.

(E)   삐뽀- 삐뽀- 삐뽀- 삐뽀-

불안한 표정으로 계속 달려가는데, 저 앞에 웬 남자가 길옆으로 숨듯이 들어간다.
희수의 시선을 잡는 거대한 남자의 실루엣. 비틀거리며 빌라 골목 안쪽으로 들어간다.
달리는 희수의 옆을 경찰차들이 지나쳐 간다.

(E)   삐뽀- 삐뽀- 삐뽀- 삐뽀-

희수가 경찰차의 뒤를 쫓아 달려가다가 남자가 사라진 골목 안을 들여다본다.

희수   (제자리 뛰기 하며) 후하. 후하. 후… 아?

으슥한 골목 안쪽. 거대한 남자의 뒷모습이 빌라의 얕은 담벼락을 넘으려고 애쓴다.
어디를 다쳤는지 자꾸 발을 헛딛으며 눈 쌓인 화단에 미끄러진다.
희수가 떠나지 못하고 제자리 뛰기를 계속하며 유심히 본다.

술 취한 건가, 어디가 아픈가, 쫓기듯 도망가는 모습인 것 같기도 하다.
남자가 밟고 지나간 하얀 눈 발자국에 피가 묻어 있다.

희수 어? (제자리 뛰기 멈추는)

희수가 골목 안으로 조심스럽게 들어간다.
남자가 담을 못 넘고 넘어진다.

희수 (다가가며) 저기요.

용득이 화들짝 놀라 다시 일어서다가 눈에 미끄러져 얼굴을 땅에 박
는다.

희수 으액! 아저씨 괜찮아요?
용득 (돌아서 얼굴 감추는) 으으…!!
희수 (얼굴 들여다보며) 어?! 다쳤어요?!!!

용득이 엉거주춤 피투성이가 된 얼굴을 가린다.

희수 (상처 보며) 어머! 피 봐!!
용득 아, 아 아니야….
희수 아니긴 뭐가 아니에요! 괜찮아요? 안 아파요?
용득 (멈칫)
희수 (걱정스런) 아저씨 병원 가야겠어요!
용득 (희수의 걱정 가득한 표정 보며 멍해진다)
희수 (안쓰러운 표정) 어떡해… 너무 아프겠다. 많이 아프죠?
용득 (왈칵) 익….

'아프죠'라는 별것 아닌 말에 용득의 눈에 그만 눈물이 고인다.
벽돌 같았던 용득의 표정이 단추를 밀려 채운 옷처럼 일그러진다.
용득의 일그러지는 표정에 희수가 더 걱정하며 말을 건넨다.

희수 너무 아파요?

용득 이익… 이이익….

용득의 잇새로 아주 오랫동안 참아야 했던, 억누른 울음소리가 새어
나온다.
용득의 눈에서 눈물이 비어져 나온다.

희수 (당황) 너무 아파서 그래요?

용득 (억누른 흐느낌) *끄*윽… *끄*으윽… 끅.

골목에서 멀어지며, 용득의 억누른 울음소리가 멀어진다.
어두운 골목에 하얀 눈이 내린다.

#46 정원고등학교/옥상 (밤)

옥상에 하얀 눈이 내린다.
덕윤이 옥상에 들어선다. 봉석과 준화가 공중에서 격투를 벌이고 있다.
덕윤이 옥상 난간으로 걸어가 하늘을 쳐다본다.
밤하늘에서 싸우는 둘의 모습이 서로를 물어 죽이려는 두 마리 상어
같다.
끝없는 공간에서 치고받는 둘의 모습이 끝나지 않을 사투처럼 보인다.
덕윤의 옆구리에서 흐른 피가 다리를 타고 내려와 바닥을 적신다.

덕윤 (낮은 한숨) 후우….

#47 공중 (밤)

준화가 끝도 없이 공중으로 치솟아 올라간다.

봉석이 득달같이 쫓아 올라온다. 봉석은 준화의 유인에 걸렸다.

준화가 몸을 틀어 가속도가 붙은 봉석을 발로 내려찍는다.

(E)   빠악!!

큰 충격에 봉석이 아래로 추락한다. 허공을 가르며 일직선으로 떨어지는 봉석.

지면에 가까워질 즈음, 추락이 낙하가 되고, 봉석이 공중에서 몸을 뒤집는다.

눈 쌓인 운동장에 찍히는 봉석의 두 발. 주변에 쌓인 눈이 폭발하듯 흩어진다.

봉석이 쾌속으로 솟구쳐 오른다.

눈발을 폭발시키며 솟아오르는 봉석의 모습이 알을 깨고 날아오르는 새와 같다.

비상하는 봉석. 이를 악문다. 마주 보는 준화의 눈이 커진다.

봉석의 속도가 믿을 수 없을 만큼 빠르다.

(E)   쐐애애애애액………!!!!!!

봉석 주변의 공기밀도가 구겨지며 음속을 통과하는 소닉 붐이 울린다.

(E)   콰앙!!!

솟아오른 봉석의 주먹이 준화의 턱에 작렬한다.

(E)   뻐억!!!

준화가 긴 호선을 그리며 아래로 떨어진다.
준화가 정신 차릴 새도 없이—
봉석이 핀볼처럼 상하좌우로 날며 준화에게 연타를 날린다.

(E)   픽! 퍼억!! 픽!! 뻐억!!

봉석   (주먹 휘두르며) 으아아아아아아!!!!!!

정신없이 얻어맞던 준화가 재킷을 뜯어내듯 열어젖히면, 엑스 반도가
드러난다.
엑스 반도(권총벨트)에서 또 하나의 총을 꺼내 위협사격을 한다.

(E)   타앙-! 타앙-!

봉석의 옆을 스치는 총알. 봉석이 저도 모르게 공중에 멈춰 선다.
봉석의 패딩에서 깃털이 날린다. 준화의 총구에서 연기가 피어오른다.
총구를 마주한 봉석. 그제야 두려움이 엄습한다.

준화   (버럭) 못 죽여서 못 죽이는 것 같네!!!

봉석이 준화의 총구 앞에 얼어붙은 듯 떠 있다.

#48 정원고등학교/등굣길/시내버스/교문 앞 (밤)

계도의 버스가 등굣길을 달린다.
와이퍼가 전면 유리창에 묻는 눈송이를 닦느라 정신없이 휘청거린다.
학교를 바라보고 운전하던 계도가 와이퍼에 뭐가 묻었나 눈에 힘을

준다.

계도   (보다가) 어… (눈 비비며 다시 보는) 어? (놀라는) 어어어!!

운동장 한복판, 공중에 사람 둘이 떠서 격투를 벌이고 있다.
교문 앞에 거의 다다른 버스. 교문이 잠겨 있다.
계도가 속도를 줄이는데 (E) **타앙-! 타앙-!** 총성이 울려 퍼진다.
계도가 화들짝 놀라 하늘을 자세히 보면—
총 쏜 사람은 버스의 그 남자고, 맞은편에 떠 있는 사람은 봉석이다.

계도   어!!!

계도가 액셀을 부술 것처럼 밟는다.
버스가 잠긴 교문을 향해 돌진한다.

(E)   부와와와앙!!! 꽈앙!!!

#49 정원고등학교/운동장 (밤)

시내버스가 잠긴 교문을 부수고 운동장으로 들어간다.
수위실 안에 움찔하는 지성의 실루엣이 보인다.
계도가 운동장 한복판을 질주하며 있는 힘껏 경적을 울린다.

(E)   빠아아아아앙!!!!!!

계도가 핸들을 틀며 연신 경적을 울린다.

(E)   빠아아아아앙!!!!!! 빠아아아아앙!!!!!!

#50 **공중 (밤)**

하늘에서 내려다보면, 버스가 하얗게 눈 쌓인 운동장을 돌며 경적을
울린다.

준화 (봉석에게 총 겨눈 채) 저건 또 뭐네.

봉석이 보면, 버스 운전사가 계도다.

#51 **정원고등학교/본관/3층/반파 (밤)**

(E) 빠아아아아아앙!!!!!!

요란한 경적 소리에 주원이 몸을 일으킨다.
주원의 눈에 운동장을 빙빙 도는 헤드라이트 불빛이 흐릿하게 보인다.
손바닥을 들어 양 눈앞에 번갈아 대보면 왼쪽 눈은 이미 가망이 없다.
왼쪽 눈꺼풀을 더듬으면, 이미 총알을 먹은 채 상처가 아물었다.
두 눈을 뜨면, 꺼멓게 구멍이 난 것처럼 초점이 맞지 않는다.
구멍 난 시선으로 하늘을 보면, 낯선 남자(준화)가 학생(봉석)에게 총
을 겨누고 있다.
주원이 공중에 떠 있는 두 사람을 보고 놀란다.

(E) 빠아아아아아앙!!!!!!

일어서려는데 검은 구멍으로 초점이 맞지 않아 기우뚱 휘청거린다.
하늘의 긴박한 대치 상황을 재촉하듯 경적 소리가 요란하다.

(E) 빠아아아아아앙!!!!!!

주원이 크게 심호흡하고 왼쪽 눈꺼풀을 뒤집어 손가락을 집어넣는다.
이를 악물고 안구를 끄집어낸다.

(E)   뚜둑!!

끔찍한 소리와 함께 안구가 뽑힌다.
안구와 함께 딸려 나온 시신경에 총알이 한 덩어리로 엉켜 있다.
주원의 텅 빈 눈구멍에서 피가 흘러나온다.
눈알을 뽑아버리자, 시야의 검은 구멍이 사라진다.

주원   마무리 지어야지.

애꾸눈 주원이 일어선다.

#52 정원고등학교/운동장 (밤)

버스가 운동장을 드리프트 하며 경적을 울린다.

(E)   빠아아아아아앙!!!!!!

계도가 한 손으로 핸들을 틀며 핸드폰을 꺼낸다.
112에 전화를 하려는데, 준화가 벼락같이 총을 쏜다.

(E)   타앙-!!

버스 바퀴가 펑크 나고, 드리프트 하던 버스가 전복된다.

(E)   끼기기긱… 콰아앙!!!

#53 공중 (밤)

준화의 총구에 눈송이가 내려앉는다.
달궈진 총열에 닿은 눈송이가 녹아 물이 된다.
봉석이 전복된 버스를 본다. 계도가 버스 안 운전석에 엉켜 있다.

봉석 (울분이 차오르는) 희수… 엄마… 번개맨 아저씨까지….

준화 (번개맨은 또 뭔가 싶은)

봉석 (돌진하려는) 너 이…!!!

준화 (재빨리 다시 총 겨누며) 죽구 싶네!!!!!!

봉석이 여차하면 달려들 것처럼 부들부들 떤다.
준화의 시선이 차가워진다.
휘날리는 눈발에 봉석의 늑골(폐와 기관지 사이)이 조준되지 않는다.

준화 (조준하며) 안 되갔구나. 니 진짜 죽어봐야 갔구나.

미현v.o 멈춰!!!

#54 정원고등학교/옥상/공중 (밤)

준화가 아래를 내려다보면, 옥상에 올라온 미현이 덕윤의 등에 총을
겨눈 채 외친다.

미현 (덕윤에게 총 겨눈 채 준화에게) 총 치워!! 쏴버리겠다!!!

준화 (움찔하는)

덕윤이 천천히 뒤돌아본다.
새하얗게 눈이 쌓인 옥상. 피투성이 발로 버티고 선 미현이 총을 겨누
고 있다.

정원고등학교/운동장/버스 내부 (밤)

옆으로 누운 버스 안. 버스의 엔진이 덜덜거리다가 시동이 꺼진다.

운전석에 끼인 계도의 이마가 까져 피가 흐른다.

창밖으로 보면, 운동장 한복판 위. 준화의 총 앞에 봉석이 꼼짝 못 하
고 떠 있다.

계기판의 전원이 나갔다. 재시동을 걸어도 시동이 걸리지 않는다.

그때, 계도의 눈에 대시보드에 걸려 있는 봉석의 보조배터리가 보인다.

56 **정원고등학교/본관/옥상 (밤)**

공중에선 준화와 봉석이, 옥상에선 덕윤과 미현이, 각각의 총구 앞에
서 대치한다.

미현   (덕윤에게 총 겨눈 채 준화에게) 총 치워!!!!!!

총을 겨누고 있는 미현의 얼굴이 클로즈업된다.

덕윤을 조준한 미현의 총구가 미세하게 올라가며 미현의 입을 가린다.

달싹이는 미현의 입술. (c.u)

미현v.o   (아주 작은 목소리) 봉석아. 도망가.

공중에 뜬 봉석의 귀. (c.u)

봉석이 놀란 눈으로 미현을 내려다본다.

미현이 덕윤에게 총을 겨눈 채 은밀하게 말하고 있다.

미현v.o   엄마 말 들어. 도망가. 엄마가 알아서 할게.

봉석이 총구 앞에서 굳은 듯 떠 있다. 그때,

덕윤 왜 안 쏘니.

미현 (꿈틀)

덕윤이 꿰뚫을 것 같은 시선으로 미현을 쳐다본다.

덕윤 손이 빠르던데, 총탄이 있으면 진작에 저기(준화)를 먼저 쐈겠지.

미현 (총 쥔 손 떨리는)

떨리는 손으로 총을 겨누는 미현. 덕윤의 눈이 깊어진다.

미현의 뒤로 길게 이어진 핏자국이 하얀 눈 위에 빨간 상처를 냈다.

덕윤이 힘겹게 버티고 선 미현을 본다.

피투성이가 된 발. 산발한 머리. 가늘게 떨리는 어깨.

덕윤은 미현의 애써 감춘 표정 속에서 처절함과 비통함을 읽는다.

덕윤 자식인가.

단지, 자식이라는 말. 그 한마디에 미현의 표정이 무너진다.

미현을 보는 덕윤의 깊은 눈. 그토록 힘겹게 버텨내던 미현의 눈동자

가 떨린다.

덕윤이 총을 꺼내 미현에게 겨눈다. 미현이 절망한다.

덕윤 이제 어찌할 거니.

미현은 빈총을 겨누기만 할 뿐 아무것도 할 수가 없다.

미현v.o (아주 작은 목소리) 봉석아. 제발 도망가. 엄마 말 들어.

혼란스러웠던 봉석의 표정이 단단해진다.

봉석 (나지막하게) 엄마가 제 말 들어요.

미현v.o (아주 작은 목소리) 무슨…?

봉석 (나지막하게) 엎드려요.

봉석의 움켜쥔 주먹. 봉석이 엄마에게 총을 겨눈 덕윤에게 날아든다.

미현 (절규하는) 안 돼애애애애애!!!!!!!!!!

준화의 총구가 봉석을 따라간다.
찰나의 순간, 준화의 총이 폭발한다.

(E) 꽈아앙!!!

#57 정원고등학교/운동장 (밤)

계도가 보조배터리를 쥐고 버스 창문으로 '으윽 허리야.' 기어 나온다.
힘겹게 나온 계도가 버스 차체 옆면을 엉금엉금 기어서 엔진룸으로 간다.
다시 하늘을 올려다보면, 공중에 봉석과 준화가 떠 있다.
계도가 엔진룸 덮개를 열고 배터리 위에 선다.
고무장갑을 벗고 신발과 양말마저 벗는다.
계도의 맨발이 버스 차체의 철판 위에 선다.
마치 공개방송 무대 위에 올라선 것 같은 계도가 양손을 들어 올린다.
한 손은 보조배터리를 움켜쥐고, 한 손은 공중의 준화를 향해 손가락을 활짝 편다.
맨발에 만세를 하는 모습이 어쩐지 우습기만 한데, 계도는 상관없이 진지하다.

계도   (힘 쥐어짜는) 끄으으으으!!!!!!

보조배터리를 움켜쥔 손에서 작은 스파크가 일어나기 시작한다.

(E)   파직… 파지지직…!

미약한 스파크. 계도가 눈을 질끈 감고 더 힘을 준다.
보조배터리에서 시작된 작은 스파크가 계도의 몸을 타고 흘러 내려와
계도의 맨발을 통해 버스 배터리에 이어진다.

(E)   파지지지지지직…!

실낱같이 이어진 스파크가 배터리까지 이어진다.

(E)   퍼펑…!

엔진룸의 배터리가 점프되며 전기가 끓어오른다.

(E)   부릉…!!!

계도의 표정에 오랫동안 막혔던 것을 뚫는 것 같은 통쾌함이 스친다.
손에 움켜쥔 보조배터리에서 봉석의 목소리가 느껴진다.

인서트_ 15화 #33
봉석v.o 번개맨 ♪ 번개맨 ♪ 번개! 번개! 파워충전! 번개맨 ♪ ♬

계도가 눈을 뜬다. 푸르스름한 전격이 계도의 동공에 가득하다.

계도의 몸에서 뻗어나간 스파크들이 주변의 눈송이들을 타고 퍼지기 시작한다.

눈송이 하나하나가 징검다리가 되어 스파크가 퍼져나간다.

스파크들이 거미줄처럼 눈송이를 타고 뻗어나가며 계도의 주변을 빛으로 메운다.

눈송이와 눈송이를 연결하며 스파크가 뻗어져 올라간다.

길게 이어진 스파크가 전도체(총)를 찾아간다.

스파크가 기어이 준화의 총구에 닿는 순간— 계도가 외친다.

계도　(목이 터져라 외치는) 번개애애애!!! 파워어어어어!!!!!!!!!!

(E)　빠지지지지지지직………!!!!!!

번개맨의 번개가 투창처럼 공중을 향해 쏟아진다. 빛이 폭사한다.

(E)　꽈아앙!!!

밤하늘을 가르는 번개. 준화의 총 쥔 팔이 폭발한다.

#58 정원고등학교/등굣길/경찰차 (밤)

요란한 사이렌 소리. 경찰차들이 줄지어 등굣길에 접어든다.

순간, 학교 운동장 상공에 엄청나게 밝은 빛이 폭사한다.

눈이 멀 것 같은 광휘에 운전석의 경찰이 급브레이크를 밟는다.

경찰1　(눈 비비며 창밖 보는) 뭐, 뭐야?! 번개 친 거야?

경찰2　(하늘 보며 얼떨떨) 번개, 맞는 것 같은데요.

저 멀리 교문이 부서져 활짝 열려 있다.

경찰차가 교문을 향해 달려가는데, 수위실에서 지성이 걸어 나온다.

#59 공중/본관/옥상/운동장 (밤)

준화가 끈 떨어진 연처럼 부우우웅 날아가 옥상 위에 '털썩' 떨어진다.

한쪽 손목이 통째로 날아간 준화가 피범벅이 된 채 옥상 바닥에서 꿈틀거린다.

비명을 질렀던 미현이 멍하니 고개를 든다. 아들이 무사히 공중에 떠 있다.

그제야 그토록 참았던 미현의 눈에서 결국 눈물이 떨어진다.

봉석이 놀라서 아래를 보면, 무대 같은 버스 위에 서 있던 계도가 풀썩 주저앉는다.

봉석　(공중에 떠서 계도 내려다보며) 번개 파워…

저 아래, 계도가 번개맨 시그니처 포즈를 한 채 버스 위에 벌렁 자빠진다.

봉석　번개맨…!!!

계도의 몸에 크리스마스 전구 같은 스파크들이 아직도 반짝거린다.

#60 정원고등학교/본관/옥상 (밤)

봉석이 고개를 돌려 보면, 덕윤의 총구가 미현을 겨누고 있다.

봉석이 덕윤에게 날아들려고 움찔거리는데 덕윤이 뒤도 돌아보지 않고

덕윤　(미현 겨눈 채 봉석에게) 조금이라도 움직이면 쏘겠다.

봉석이 꼼짝도 못 한다.
저만치 떨어진 곳. 한쪽 손을 잃은 준화가 옥상 바닥에서 꿈틀거린다.
준화가 피투성이가 된 팔을 부여잡고 고통스러워한다.
덕윤이 봉석에게 총을 겨눈 채 고개도 돌리지 않고 준화에게 말한다.

덕윤   (준화에게) 갈 수 있갔네.

준화   (고통스러운) 끄윽… 끅… 동무는…

덕윤   내가 막을 테니 가라.

준화   (쳐다보는) 대좌 동무….

덕윤   가라. 넌 가야 할 이유가 있지 않네.

덕윤의 알 수 없는 말에 준화의 눈이 젖는다.
준화가 꿈틀거리며 몸을 일으킨다.

주원   (뒤에서) 가긴 어딜 가. 니들 아무도 못 가.

주원이 옥상으로 걸어 나온다.
주원이 준화를 잡으러 성큼성큼 걸어간다.

(E)   타앙-!

덕윤이 주원을 쏜다.
주원이 배에 총을 맞고 거꾸러진다.
덕윤이 재빨리 다시 미현에게 총을 겨눈다.
미현은 여전히 빈총을 겨누고 있다.

덕윤   총탄도 없는 빈총은 이제 그만 내려놓지.

주원   넌 총알이 얼마나 있냐.

주원이 비틀거리며 일어선다. 덕윤의 표정이 일그러진다.

주원이 팔뚝으로 얼굴을 가린 채 덕윤을 향해 성큼성큼 걸어간다.

주원   (성큼성큼) 쏴봐. 이 새끼야. 총알의 개수를 세야 할 거다.

주원의 머리를 쏜다. (E) **타앙-!** 주원이 팔뚝으로 막는다. 계속 걸어간다.

주원의 왼발을 쏜다. (E) **타앙-!** 주원의 왼발이 꺾이며 휘청한다. 계속 걸어간다.

주원의 오른발을 쏜다. (E) **타앙-!** 주원의 오른발이 꺾이며 휘청한다. 계속 걸어간다.

주원의 무릎을 쏜다. (E) **타앙-!** 주원의 무릎이 꺾이며 휘청한다. 계속 걸어간다.

주원이 미현의 앞을 막으며 돌진하면, 미현이 뒤 허리춤에 손을 가져간다.

덕윤의 총구가 주원의 하나 남은 오른쪽 눈을 겨냥한다.

그때, (E) **후우우우우웅…!!!** 뒤에서 봉석이 날아드는 소리.

덕윤이 벼락같이 총구를 돌려서 봉석을 겨눈다.

미현   (비명) 봉석아아아아악!!!!!!!!!!!!! (우는)

봉석이 덕윤의 총구에 정면으로 노출된다.

- 덕윤의 총이 주춤하는데 -

미현과 주원이 동시에 덕윤에게 달려든다.

주원이 덕윤의 총을 후려치면, 미현이 덕윤의 가슴에 스크래퍼를 박는다.

#61 정원고등학교/외부/기계실 (밤)

밝은 불빛 아래. 총에 맞아 누워 있는 사봉의 시체.
죽은 사봉의 손에 아무것도 없다.

#62 정원고등학교/본관/옥상 (밤)

사방이 고요하다.
주원 미현 덕윤이 한 덩어리처럼 엉켜 있다.
가까이 다가가면, 놀랍게도 덕윤이 오히려 주원과 미현의 멱살을 붙잡고 있다.
덕윤이 둘의 멱살을 단단히 잡고 놓지 않는다.
주원이 주먹을 들어 치려다가 덕윤을 내려다본다.
스크래퍼가 박힌 가슴 아래, 총상을 입어 이미 피로 흥건하게 젖어 있다.
미현이 바닥에 떨어진 덕윤의 총을 본다.

미현   왜… 왜 쏘지 않았지.

공중에 봉석이 떠 있다. 덕윤이 허탈한 표정으로 중얼거린다.

덕윤   애들은 계획에 없었서….
주원/미현 뭐…?!!

주원과 미현의 눈이 커진다.
스크래퍼가 박힌 덕윤의 가슴이 피로 물들어간다.
덕윤의 얼굴이 클로즈업된다.

#63 정원고등학교/본관/2층/제2교무실 - 플래시백/19화 #15에 이어서

덕윤이 어둠 속에서 내려다보며 말한다.

"니들 누구니."

덕윤의 손에 총이 쥐어져 있다.

한별이 울며 주저앉고, 기수가 독한 표정으로 당장이라도 달려들 듯 몸을 움찔거린다.

한별   (공포에 질린) 자 잘못했어요… (덜덜) 저 저흰 아 아무것도 못 봤어요. (울음 터짐) 잘못했어요….

한별이 덕윤의 총을 보며 공포에 질려 운다.

기수가 한별의 앞을 가로막는다.

한별의 떨림이 기수의 등에 전해진다.

독했던 기수의 표정이 참담하게 일그러진다.

기수   (자존심이고 뭐고) 살려… 주세요.

덕윤   (쳐다보는)

기수   (무릎 꿇고) 살려주십시오! 제발 살려주십시오!

기수가 덕윤의 앞에 무릎 꿇고 살려달라며 애원한다.

덕윤이 무표정한 얼굴로 내려다본다.

덕윤   니들 누구냐 물었다.

한별   (울다) 에…?

기수   (얼른) 학생입니다! 아무것도 모르는 학생입니다!

덕윤   그냥 학생이니.

한별/기수   (동시에) 네! 네네!

물끄러미 내려다보던 덕윤이 아무 말 없이 돌아선다.
'어…?' 기수와 한별이 문밖으로 나가는 덕윤의 뒷모습을 본다.

덕윤　(문밖에서 들리는) 집에들 가라.

#64 정원고등학교/공중/운동장/본관/옥상 (밤)

덕윤이 옥상 바닥에 내려서는 봉석을 본다.

덕윤　(중얼) 애들이잖네.

멱살이 잡힌 주원과 미현이 아무 말도 하지 못한다.
덕윤의 호흡이 느려진다.

덕윤　인민은 죄가 없다. 죄는 희생을 강요하는 자에게 있다.

저 멀리, 준화가 덕윤의 말을 듣고 울컥한다.

주원　너흰… 여기서 뭘 한 거지.
덕윤　확인했지.

cut to_ 17화 #23/덕윤이 일환에게
"파일을 내놓지 않으니 하나하나 확인을 해봐야 할 거 아닌가."

cut to_ 16화 #84/준화가 희수에게
"학생. 확인하자."

cut to_ 17화 #22/찬일이 강훈에게

"오. 너 맞구나."

cut to_ 17화 #24/재학이 기수에게

"일반인이니? 니 뭐 할 줄 아는 기 있니."

cut to_ 19화 #7/찬일이 강훈에게

"특수 기력자 맞네. 확인했으니 됐다."

cut to_ 20화 #13/준화와 덕윤의 통화

"네. 확인했슴다. 둘 다 특수 기력자 맞슴다."

cut to_ 20화 #15/준화가 봉석에게

"너한테 일 없으니 쫓아오디 말라."

미현과 주원이 덕윤을 바라본다. 덕윤의 눈이 흐려진다.

덕윤 우리는 괴물이 아니야.

주원과 미현이 만감이 교차하는 표정으로 덕윤을 쳐다본다.
옥상 바닥의 준화는 이미 사라지고 없다.
그제야 덕윤이 미현과 주원의 멱살 잡은 손을 놓는다.
주원의 멱살을 잡은 네 손가락이 서서히 풀린다.
알 수 없는 표정. 어쩐지 모든 일을 마친 것 같은 허탈함과 홀가분함
이 느껴진다.
덕윤이 흐린 눈으로 주원과 미현을 쳐다본다.
절박했던 미현의 발은 피투성이고 눈가엔 눈물 자국이 남았다.
총알에 온몸이 뚫린 주원이 피투성이고 한쪽 눈을 잃었다.

자식을 지키기 위해 모든 것을 버리며 피와 눈물로 싸운 두 부모를 본다.

덕윤   다시 반복될 일은 없갔군….

덕윤이 알 수 없는 말을 한다.

주원   임무 때문에 온 것 아니었나.

덕윤   (대답 않는)

주원   너희들 임무는 뭐였지?

#65 국가안전보위부/부장실 – 플래시백/17화 #9에 이어서

덕윤   임무는 뭡네까.

보위부장   기력자 양성 계획을 박살낸다. 관련자들 싹 다 죽이구, 그 파일 찾아
오라.

덕윤의 얼굴에 무거운 그림자가 진다.
보위부장이 대답 없는 덕윤을 쳐다본다.

덕윤   흉수를 척살하믄 되지 않갔습네까.

보위부장   흉수?

덕윤   계획을 세우고 명령을 내린 자 말입네다.

보위부장   철저한 놈이야. 어드레 쥐새끼처럼 처박혀 있는지 파악이 안 돼.

덕윤   (쳐다보는)

보위부장   우리도 가만히 있을 수는 없지. 우리도 준비한다.

덕윤   (옅은 한숨) 또 반복되는 겁네까.

보위부장   뭐이가?

덕윤   50년이나 반복된 일입네다.

보위부장   무슨 소리를 지껄이는 거네.

덕윤   공화국이 김신조를 보냈고, 남조선이 실미도를 계획했습네다. 공화국이 아웅산을 폭발시켰고, 남조선이 김두식을 보냈습네다.

보위부장   (노려보는) 지금 나를 가르치는 거가?

덕윤   (덕윤의 눈가가 떨린다)

인서트_ 18화 #8
주석궁 복도에 쓰러져 있는 수많은 호위총국원들.

덕윤   그 과정에서 애꿎은 인민들만 수없이 죽어나갔습네다.

보위부장   (노려보다가) 반동분자의 언사를 조심하라.

덕윤   (입 다무는)

보위부장   잊지 말라. 희생은 불가피하다.

#66 정원고등학교/공중/운동장/본관/옥상 (밤)

덕윤   (중얼) 인민은 죄가 없다. 죄는 희생을 강요하는 자에게 있다.

덕윤이 떨리는 손으로 피 묻은 담뱃갑(재학의 담배: 고향)에서 담배를 꺼낸다.
담배에 불을 붙이려는데 피에 젖은 라이터가 켜지지 않는다.

덕윤   나도 그랬지….

무표정했던 덕윤의 얼굴에 깊은 회한이 스친다.

인서트_ 18화 #13
수리산 절벽 아래 추락사한 수많은 시체들.

덕윤이 끝내 피우지 못한 담배를 입에 문 채 숨을 거둔다.
주원과 미현이 마주 본다.
서로를 바라보는 주원과 미현의 표정에 허탈함과 공허함이 가득하다.
모든 것을 덮을 것처럼 흰 눈이 내린다.

#67 정원고등학교/교문 (밤)

경찰차들이 교문에 진입하지 못하고 있다.
경찰들이 교문을 막아선 지성에게 몰려간다.

경찰1 지금 뭐 하는 겁니까!

지성이 말없이 핸드폰을 건넨다.
경찰이 뭔가 싶어 전화를 건네받아 통화한다.

경찰1 (통화하며) 누구… 네? 소속이요? 강동경찰서 송기열 경장입니다. (화들짝) 네?! 경찰청장님?! 충성! 네! 네? 우리 소관이 아니라고요?!!

안절부절못하는 경찰에게 지성이 '국정원 신분증'을 내민다.

지성 우리 쪽에서 청장께 요청했습니다.

#68 정원고등학교/본관/옥상 (밤)

봉석이 미현을 본다. 미현의 표정에 허탈함과 불안함이 섞여 있다.
미현이 멍하니 서서 준화가 사라진 하늘을 보며 말한다.

미현 (중얼) 한 명이 달아났어… 또 위험해질지도 몰라….
봉석 엄마.

미현이 피투성이 발로 간신히 서서 위태롭게 휘청거린다.
봉석이 아무 말 없이 미현에게 걸어간다.

미현   (망연자실한) 봉석아… 이제 어떡하면 좋니… 내가 널 지켜야 하는데….

봉석의 몸과 얼굴에 여기저기 상처가 났다.
미현이 봉석을 안아주려는데

봉석   엄마 나 너무 많이 엎었어요.
미현   (멈칫)

봉석이 돌아앉는다.

봉석   업히세요.

미현이 돌아앉은 봉석의 뒷모습을 본다.
너무나 커버린 아들의 뒷모습에 먹먹해진다.
뒤돌아 앉은 봉석의 발목에 모래주머니가 없다.
미현이 허물어지듯 봉석의 등에 업힌다.

미현   다 컸네….

미현의 눈에서 눈물이 흐른다.
미현이 몸을 맡기면, 봉석이 단단히 땅을 딛고 일어선다.

인서트_ 1화 #1
어린 봉석을 업고 힘겹게 눈길을 걸어가는 미현.

340

봉석의 발이 떠오른다.

봉석이 미현을 업고 눈 내리는 하늘을 날아간다.

하얗게 날리는 눈 속으로 모자의 모습이 함께 멀어진다.

한쪽 눈으로 멀어져가는 봉석과 미현을 보는 주원.

주원 (마지막이자 영원한 윙크) 마무리.

(E) 삐뽀- 삐뽀- 삐뽀- 삐뽀-

주원이 옥상 난간에 다가서서 교문을 바라본다.

학교에 진입하지 못한 경찰차들의 경광등이 휘황하게 번쩍거린다.

경찰차들 옆으로 희수가 달려 들어오는 모습이 보인다.

교문을 통제하는 경찰들을 뿌리치고 운동장으로 달려 들어온다.

너무나 건강하고 바르게 자란 딸의 모습.

주원의 외눈에 눈물이 핑 돈다.

주원 (나직하게) 우리 딸. 참 잘 컸지.

폐허가 된 교정에 함박눈이 하얗게 내린다.

교정 한편. 감나무 꼭대기의 앙상한 가지.

너무 높아 따지 못한 감에 눈이 쌓인다.

주황색 감에 눈이 소복하게 쌓인다.

긴 여백.

#69 정원고등학교/운동장 (오전)

[자막: 2개월 후] 교정의 감나무에 앙상한 가지만 남아 있다.

교문에 [여러분의 졸업을 진심으로 축하합니다. 2019.2.8.] 플래카드가 걸려 있다.

수위실이 비어 있다. 운동장 앰프에서 행정교사의 안내방송이 울린다.

행정교사F (마이크 하울링) 아. 아. 마이크 테스트. 하나. 둘. 셋. 졸업식을 곧 시작
하겠습니다. 학교 사정상 협소한 공간으로 인해 참석 인원을 제한한
야외 졸업식을 거행하오니 이 점 양해해주시기 바랍니다.

운동장과 건물 한쪽에 보수공사 가림막과 안전 펜스가 크게 둘러 있다.

행정교사F 가족 여러분께선 안전 펜스에서 물러나 운동장 주변에 서주시기 바
랍니다. 국민의례가 있겠습니다. (애국가 흘러나오는)

졸업생들이 운동장 한쪽에 몰려서 반별로 줄 맞춰 서고 주변에 학부
모들이 서 있다.
국민의례가 끝나고, 새로 부임한 교장이 훈화를 하는데 학생들은 딴
짓이다.
3학년 3반(일환 반) 학생들만 유난히 줄을 제대로 맞춰 서 있다.
일환이 안테나 봉을 들고 학생들 사이를 오가며 줄을 맞추고 있다.
맨 뒷줄에 방기수가 무표정한 얼굴로 서 있다.
한별이 브이로그 카메라(셀카모드)로 실시간 스트리밍 방송을 하고 있다.

한별 (속삭이는) 우리 별별이님들. 저 오늘 졸업해요. 제가 언젠가는 우리 학
교에서 있었던 일을 꼭 말할 수 있는 날이 올 거예요. 지금은… (말끝
흐리는) 아, 맞다. 저 대학생 인턴기자 응모했어요. (웃는) 구독, 좋아요,
알람으로 응원해주세요.

화면 하단의 현재 접속자 [현재 497명 시청 중] 숫자가 제법 많다.

일환이 보고도 못 본 척 화면을 피해서 지나간다.

한별의 카메라 셀카 화면에 뒤에서 한별을 힐끗거리는 기수의 얼굴이 잡힌다.

한별이 멈칫, 옅게 웃고 다시 방송을 이어나간다.

일환이 계속 지나간다. 중간 줄에 서 있던 희수가 일환에게 눈웃음을 짓는다.

맨 앞줄에 강훈이 무표정한 얼굴로 서 있다.

맨 앞까지 걸어왔던 일환이 다시 줄을 맞추며 뒷줄로 걸어간다.

오와 열을 맞춘 줄에 빈 공간이 하나 있다. 한 학생이 줄을 맞추려고 공간을 좁히자

일환   (안테나 봉으로 가리키며) 여긴 비워두랬잖아.

학생   줄 맞추라면서요.

일환   그러니까 비워두라고.

학생   ??

일환이 애써 비워둔 자리를 물끄러미 보다가 고개를 들어 하늘을 본다.

하늘을 올려다보는 일환의 표정에 회한이 가득하다.

높은 하늘에 흰 구름만 가득하다.

#70 공중 (오전)

까마득하게 높은 하늘. [드론각] [탑앵글] [봉석이 보이지 않는 봉석 시점]

흰 구름 아래 저 멀리 내려다보이는, 정원고등학교 운동장의 졸업식.

#71 정원고등학교/운동장 (오전)

방파제처럼 늘어선 학부모들이 저마다 자기 자식만 바라보고 있다.

자식을 키우면서 저마다의 드라마를 겪었을 부모들의 표정에 만감이

교차한다.

부모들 사이에 윤영이 서 있다. 남편도 없이 혼자 온 윤영이 쓸쓸해 보인다.

윤영의 시선을 따라가면, 저 멀리 맨 앞줄에 강훈이 서 있다.

저들끼리 종알대는 학생들 사이에 강훈이 혼자 아무 말 없이 서 있다.

강훈이 문득 엄마와 눈이 마주치고 옅은 눈웃음을 짓는다.

부모들 사이에 주원이 서 있다.

주원은 울지도 웃지도 않는 가만한 표정이다.

주원의 얼굴에 흰 수염이 듬성듬성하다.

한쪽 눈만 남은 주원의 시선이 학생들 사이에 서 있는 희수만 보고 있다.

주원의 표정이 오랜 세월 숱한 비바람을 견디고 당연히 서 있는 나무와 같다.

화면을 가득 메우는 주원의 얼굴.

클로즈업 또 클로즈업.

행정교사F (마이크 에코) 이상으로 졸업식을 마치겠습니다.

주원이 웃는다.

cut to

희수의 핸드폰 카메라에 담기는 주원과 희수. '찰칵.'

주원과 희수가 졸업사진을 찍는다.

활짝 웃는 희수. 주원의 애꾸가 윙크하는 것 같다.

희수 아빠. 나 잠깐 교실 좀 다녀올게.

주원 왜?

희수   사물함에 우비 두고 왔어.

희수가 사진을 찍어준 일환에게 핸드폰을 건네받고, 학교 건물 쪽으로 걸어간다.
멀어지는 희수의 뒤로 일환과 주원이 마주 선다.
주원이 악수를 하려고 손을 내민다.
일환이 주원의 내민 손에 낡은 주황색 파일을 건넨다.
주원이 멈칫하다가 이내 자연스럽게 파일을 받는다.

주원   어디에 뒀던 겁니까.

일환   제 사무실 책꽂이요.

주원   (놀라는) 네?

일환   학적부들 사이에 있었습니다.

주원   (놀란 눈으로 쳐다보는)

일환   저에겐 같은 일이었으니까요.

주원   (물끄러미 보다가) 네. 선생님.

주원에게 파일을 건넨 일환의 표정이 홀가분해진다.

일환   짐을 드려 죄송합니다. 잘 부탁합니다.

주원   선생님은 괜찮으시겠습니까.

일환   전 괜찮습니다. (웃는) 세상에서 가장 안전한 곳에 맡기니 이제야 마음이 놓입니다.

일환과 주원이 비로소 악수를 한다.

#72 정원고등학교 / 건물 내부 / 희수의 동선 (오전)

희수가 계단을 걸어 올라간다.
계단 창문 너머 보면, 아빠와 선생님이 악수를 하고 있다.
희수가 옅게 웃는다.

희수na 그날 밤에 있었던 일은 그쪽 사람들이 와서 순식간에 상황을 통제하고 모든 흔적을 지웠다.

희수가 계속 계단을 걸이 올라간다.

희수na 선생님은 파일을 끝까지 감췄다. 파일의 존재는 오히려 그들에게 치명적인 약점이 되었다. 선생님은 파일을 세상에 공개하겠다고 그들을 협박했다.

희수가 3층 복도에 들어선다. 복도의 중간 3학년 3반 교실이 보인다.

희수na 선생님은 그렇게 우리를 보호했다.

희수가 교실 문 앞으로 걸어가서 조용히 문을 연다.
교실을 둘러보지만 아무도 없다. 희수가 차마 발을 들여놓지 못한다.

희수na 하지만, 그날 이후로 봉석이를 볼 수 없었다.

희수가 텅 빈 교실 안에 들어선다.
교실 문을 닫는 희수의 손에 졸업장이 들려 있다.
희수가 교실 문에 가만히 등을 기대고 선다.

희수na 혹시 졸업식에는 오지 않을까 기대했었다.

희수가 텅 빈 교실에 우두커니 서서 봉석이 앉았던 자리를 바라본다.

희수na 연락할 방법도 없었다. 집에도 가봤지만 이미 떠나고 없었다.

봉석의 빈자리를 물끄러미 보는 희수의 얼굴이 먹먹해진다.
희수의 먹먹한 얼굴. (c.u)

희수na 응원을 받았다.

cut to_ 처음 만난 날. 버스카드를 대신 대주는 봉석.
cut to_ 희수의 윗몸일으키기를 잡아주는 봉석.
cut to_ 깊은 밤. 대낮처럼 불을 켜놓은 운동장을 달리는 희수.
cut to_ 불 켜놓은 운동장을 달리는 희수에게 말하는 봉석. "파이팅."
cut to_ 강당에서 훈련하는 희수 주변을 지키고 앉아 있는 봉석.
cut to_ 우울한 희수에게 말하는 봉석. "뭐든 먹고 힘내서 계속하자."
cut to_ 강당에서 운동하는 희수에게 응원곡 모음을 틀어주는 봉석.
cut to_ 옷을 얇게 입은 희수에게 보조배터리 쥐여주는 봉석.
cut to_ "뭐 하냐?" "응원." "그렇게 가만히?" "마음을 보내고 있어."
cut to_ 2층에서 떨어지는 희수를 안고 날아오르는 봉석.
cut to_ 준화를 끌어안고 희수에게 날아오는 봉석. "파이팅."

희수의 눈에 눈물이 고인다.

희수na 있는 힘껏 응원을 받았었다.

희수가 심장이 아픈 듯 가슴에 손을 얹는다.
가슴에 얹은 손이 가늘게 떨린다. 희수가 나직하게 중얼거린다.

희수na 보고 싶다. 보고 싶어서 마음이

가슴에 얹은 손에 눈물 한 방울이 떨어진다.
희수가 입 밖으로 내어 말한다.

희수 아프다.

고개 숙인 희수가 텅 빈 교실에 덩그러니 혼자 서 있다.
운동장 밖에서 떠들썩한 웃음소리들이 들린다.
혼자 남은 희수가 오랫동안 아프다.

cut to
'달칵.' 희수가 사물함 문을 연다.
희수가 멈칫한다.
굳은 듯이 멍하니 서서 사물함 안을 들여다본다.
사물함이 텅 비어 있다.

#73 **공중 (오전)**

까마득하게 높은 하늘. [드론컷] [탑앵글] [봉석 시점]
[줌인 되는 봉석 시점] 흰 구름 아래 저 멀리 3학년 3반 교실 안이 보인다.
[더욱 줌인 되는 봉석 시점] 사물함 문을 들여다보는 희수가 보인다.
[더욱더 줌인 되는 봉석 시점] 멍하니 사물함 안을 보는 희수.
[더욱더 더 줌인 되는 봉석 시점] 비로소, 희수가 옅게 웃는다.
그제야, 시점 멀어지며 하늘 높이 멀어진다.

#74 **남산타워/한강 (이른 아침)**

(페이드인) 남산타워 너머 아침 해가 돋는다. 평화로운 일상의 모습이

펼쳐진다.

올림픽대로를 통행하는 차량들. 차량들 사이에 택배 탑차가 지나간다.

한강의 얼음이 녹는다. 사람들이 한강 둔치에서 새벽 조깅을 한다.

잔디밭에 푸릇푸릇한 새싹이 돋아난다. 맑은 한강 물속에 물고기들이 헤엄친다.

물고기들 중에 유난히 노란색 물고기(14화: 안시 롱핀) 한 마리가 눈에 띈다.

#75 강훈 집 앞/슈퍼마켓 (오전)

슈퍼마켓 앞 평상에 우두커니 앉아 있는 재만의 뒷모습.

재만의 잔뜩 웅크린 뒷모습이 여전하다.

카메라, 재만의 앞으로 돌면, 강훈의 고등학교 졸업장을 보느라 웅크리고 있다.

펼쳐진 졸업장 커버에 강훈의 표창장이 나란히 붙어 있다.

「위 학생은 학업성적이 우수할 뿐 아니라 모든 면에서 다른 학생의 모범이 되었기에 최우수 표창장을 수여함. 2019년 2월 8일. 정원고등학교장 박윤서.」

표창장과 졸업장을 몇 번이고 다시 읽는 재만의 얼굴에 흐뭇한 웃음이 번진다.

재만의 발목에 여전히 전자발찌가 채워져 있다.

#76 국정원/기획판단실/집무실 (오전)

책상 위. 한 귀퉁이가 깨져 있는 명패. [국가안전기획부 제5차장 민용준]

민 차장이 의자를 젖혀 느긋하게 등을 기대어 앉아 있다.

민 차장의 맞은편에 강훈이 손을 모으고 서 있다.

민 차장   제 발로 찾아올지는 몰랐는데.

강훈   진로 결정은 오래전에 끝났습니다.

민 차장   (각설탕 통에서 각설탕 하나 꺼내며) 잘됐군. 쓸모가 많겠어.

'쓸모'라는 말에 강훈이 잠시 멈칫한다.

강훈   조건이 있습니다. 제 아버지 전과 말소 약속하신 것 지키셔야 합니다.
민 차장   (각설탕 씹으며 웃는) 정식 요원이 되면.
강훈   어떻게 하면 정식 요원이 되는 겁니까.
민 차장   (와드득) 수습 과정에서 임무를 하나 줄 테니 능력을 증명해봐.
강훈   어떤 임무죠.
민 차장   (스으 웃는) 재미있을 거야. 끝까지 쫓으면 돼.
강훈   누구를요…?
민 차장   (쳐다보다가) 곧 통보하지. 나가봐.

민 차장이 더 이상 용건이 없다는 듯 시선을 거둔다.
무안하게 섰던 강훈이 집무실 밖으로 나간다.

cut to_ 기획판단실
집무실 문을 열고 나오는 강훈. 멈칫, 강훈의 눈이 커진다.

강훈   어…?

문밖에 검은 정장을 입은 신혜원과 황지성이 서 있다.
여 팀장이 지성 앞에 정자세로 서 있다.

지성   5차장님이 일반 부서 사무실을 쓰는군.
여 팀장   보안 때문입니다. 외부에 5팀의 존재는 극비입니다.

여 팀장이 강훈에게 눈짓한다. 강훈이 문 앞에서 비켜선다.
집무실 문 앞에서 강훈과 혜원이 엇갈린다.
혜원이 강훈에게 눈길 한 번 주지 않고 집무실 안으로 들어간다.
지성이 강훈을 힐끗 보면서 문을 닫는다.

cut to_ 집무실

지성이 문을 등지고 선다.
혜원이 거침없이 걸어가서 민 차장 앞에 선다.
느긋하게 앉아 있던 민 차장이 허리를 세우며 긴장한다.
혜원의 무표정한 시선이 민 차장의 명패를 본다. [국가안전기획부 제5차
장 민용준]
혜원의 눈빛이 차갑게 가라앉는다. 민 차장의 표정이 불편해진다.

혜원　(반말) 야, 일 이따위로 할 거야?

화면 암전.
길고 긴 암전이 지속되고—
까만 화면에 두 번째 타이틀 '에필로그: 옐로우맨'이 노란색 글자로
뜬다.
암전되었던 화면이 어두운 밤하늘로 이어진다.

#77 서초구(남부터미널) 모텔촌 (밤)

인적이 한산한 밤거리.
모텔촌 골목 입구에 약국이 불을 밝히고 있다. 심야 약국 간판. (c.u)
모텔들이 즐비한 골목 가장 안쪽에 있는 무인 모텔.
무인 모텔 앞에 치킨 배달 오토바이 한 대가 서 있다.

모텔/객실 (밤)

창밖으로 남부터미널이 보인다.

얼굴이 얻어터진 래혁이 방구석에 쪼그리고 앉아 덜덜 떤다.

공포에 젖은 눈으로 맞은편을 바라보며 기어들어 가는 목소리로 묻는다.

래혁 (떨며) 나… 나를, 쿵, 어 어떻게 찾았습니까. 쿵.

래혁이 바라보는 곳. 응접 테이블 의지에 주원이 앉아 있다.

군화를 신은 채 객실에 들어온 주원. 의자에 앉은 채 아무 말도 하지 않는다.

주원이 꿰뚫을 것 같은 눈으로 래혁을 쳐다본다. 래혁이 덜덜 떨며 눈을 피한다.

'탁' 주원이 아무 말 없이 주머니에서 뭔가를 꺼내 테이블 위에 올려놓는다.

래혁이 테이블 위를 보면 '만성 비염약'이다.

플래시백_ 13화 #32

래혁v.o 쿵. 사람은 어떻게든 흔적을 남기게 마련이거든요. 쿵.

래혁 (놀란) 쿵.

주원이 테이블 옆 티슈 통을 집어 들더니 티슈를 한 장 뽑는다.

(E) 쑥.

래혁이 왜 저러나 보는데, 주원이 티슈를 계속 뽑는다.

(E)　축. 축. 축.

주원이 티슈를 끊임없이 계속 뽑아 티슈 뭉치를 만든다.

플래시백_ 13화 #39

주원v.o　앞으로 내 눈에 띄지 마라. 죽일 거다. 너.

순간, 깨달은 래혁의 얼굴에 끔찍한 공포가 스며든다.
공포에 젖은 래혁이 입을 쩍 벌렸다가— 으아 손으로 입을 막는다.
주원이 한마디 말도 없이 계속 티슈를 뽑는다.

(E)　축. 축. 축. 축. 축. 축. 축….

#79　국가안전보위부/부장실 (밤)

책상 위 스탠드 불빛 아래. 보위부장의 러닝셔츠가 새하얗다.
보위부장의 책상 앞. 한쪽 팔에 붕대를 감은 준화가 서 있다.

보위부장　그래서. 실패했네?
준화　네. 명예로운 죽음이었습네다.
보위부장　아니. 파일 말이다.
준화　(꿈틀)
보위부장　파일 흔적도 못 찾았네?
준화　네. 죄송합네다.

스탠드 불빛 아래 드러나는 보위부장의 얼굴.
준화의 얼굴과 팔을 지그시 본다. 붕대에 감긴 준화의 오른팔이 짧다.

보위부장 한쪽 팔뚝이 싹 다 날아갔다더니, 손목은 남았구만 기래.

준화 (말 없는)

보위부장 기래. 남에서 무슨 일을 겪구 왔는지 자세히 보고하라. 남조선 특수 기력자들 자식들도 특수 기력이 있었네?

준화 먼저, 묻고 싶은 게 있습네다.

보위부장 (지그시 쳐다보는) 말하라.

준화 왜 파일을 찾아오라 명령했던 겁네까. 관련자 사살 명령만으로 충분 하지 않았습네까.

보위부장 길티. 명령이 두 개였디.

준화 (쳐다보는)

보위부장 따라 보구, 우리도 시작해야 하지 않갔어.

준화가 아무 말도 하지 않는다.

#80 국정원/외부/내부 (밤)

국정원 곳곳을 지키는 요원들.
삼엄한 경비를 하는 요원들의 경계가 흔들림 없다.

#81 국정원/CCTV 경비 관제실 (밤)

관제요원들이 CCTV 중앙 모니터 앞에 앉아서 근무하고 있다.
모니터 화면에 비치는 요소요소가 아무 이상이 없다.

#82 국정원/복도 (밤)

미로 같은 복도를 훑는 시점.
코너를 돌고 돌아 어두운 복도 끝으로 간다.
어두운 복도 끝 문 위에 걸려 있는 팻말. [기획판단실]

#83 [교차편집] 민 차장 집무실/요덕 수용소

(E)   드으으으으윽……….

의자를 끌어다 민 차장의 책상 맞은편에 놓는다.
의자에 앉아서 소음기 달린 총을 무릎에 올려놓고 고개를 든다.
남루한 행색. 장발의 머리. 제멋대로 자란 수염. 메마른 얼굴. 하지만,
형형한 안광.
김두식이다.

김두식의 맞은편, 책상 위 [국가안전기획부 제5차장 민용준] 명패에 피가
튀어 있다.
민 차장이 늑골(폐와 기관지 사이)에 총을 맞은 채 책상 의자에 앉아 있다.
가슴에서 피가 졸졸졸 흐르고, 목에서 꺼져가는 호흡 소리가 새어 나
온다.
두식이 무표정한 얼굴로 민 차장의 죽어가는 얼굴을 가만히 지켜본다.

민 차장   (밭은 호흡) 쉬익… 난… 내 일을… 했어… 쉬익… 쉭….

두식은 한마디 말도 없이 죽어가는 민 차장의 눈동자를 똑바로 쳐다
본다.

민 차장   (바람 새는 소리) 쉬익… 쉭… 평화를… 원한다면… 전쟁을… 쉬익…
준비하라… 쉬익… 쉭….
두식   대화를 했어야지.

흔들리지 않는 두식의 눈빛. (c.u)

cut to_ 요덕 수용소/19화 #36에 이어서

재석이 옆방에 말을 걸어본다.

"다른 건 다 견디갔는데… 벌레만은 못 견디갔습네다…. 죽디 말라요… 벌레 더 생깁네다… 나도 안 죽을 테니까… 제발 죽디 말라요…."

한참을 기다려도 대답이 없다. 재석의 부연 눈에 희망이 사라져간다.

"이보시라요… 대답 좀 하시라요… 살아 있는 거디요…?"

재석의 기운 없는 목소리에 울음이 묻어난다.

"또 죽었시오…? 다 죽었구나… 나노 죽어야 갔디…."

재석이 누구도 대답하지 않는 혼잣말을 한다.

재석의 코로 벌레가 기어들어 간다. 손 들 기운도 없어서 그대로 둔다.

어둠 속에서 재석이 눈을 감는다.

빛 한 톨 없는 암흑 속으로 재석이 침잠한다.

그때, 암흑 속에서 들리는 옆방의 목소리.

"삽시다."

삶을 놓아버리려던 재석이 고개를 든다.

"살아봅시다. 포기하지 맙시다."

재석의 눈에 눈물이 고인다.

재석의 옆방. 김두식이 갇혀 있다.

cut to_ 민 차장 집무실

민 차장이 질기게 숨이 끊어지지 않는 고통 속에서 호흡을 몰아쉰다.

두식이 죽어가는 민 차장을 한 톨의 자비심도 없이 지켜본다.

민 차장은 임박한 죽음 앞에서도 민 차장이다.

민 차장 (숨 몰아쉬며) 멍청한 새끼들….

민 차장이 손을 뻗어 책상 위의 각설탕 통을 연다.
떨리는 손으로 각설탕을 꺼내 입에 넣는다.
각설탕을 씹을 기운조차 없어 입안에 굴리며 숨을 몰아쉰다.
민 차장의 외사시가 두식을 쳐다본다.
두식의 흔들리지 않는 눈이 민 차장의 외사시를 마주 본다.

cut to_ 요덕 수용소
독방 문이 열린다. 어둠 속에 한쪽 팔이 짧은 준화가 서 있다.
"인민은 죄가 없다. 죄는 희생을 강요하는 자에게 있다."
준화가 김두식 앞에 소음기를 장착한 총 한 자루를 던진다.
"당신 자식이 희생을 강요당하고 있소."
김두식이 바닥에 떨어진 총을 본다.
"우리는 그자의 정체와 위치를 모르오."
준화가 문을 열어놓고 돌아서서 나간다.

cut to_ 민 차장 집무실
어둠 속에 마주 앉은 두 사람.
이제는 더 말도 하지 못하는 민 차장의 호흡이 느려진다.

민 차장 시익… 시이이익… 시이이이이이익…… 시익….

꺼져가는 민 차장의 호흡 소리와 민 차장이 미현에게 했던 말이 겹쳐
진다.

9화 #40

민 차장v.o 그곳이 어디든, 완벽하게 은밀한 침투가 가능한 유일무이의 존재가 김두식이야.

민 차장의 외사시. 동공이 넓어지며 빛이 사라진다.
두식이 죽음의 그 순간까지도 민 차장의 눈동자를 똑바로 바라본다.
외사시였던 민 차장의 눈동자가 풀리며 가운데로 모인다.
한데로 모인 민 차장의 눈동자가 피로 얼룩진 자신의 명패를 바라본다.

두식 (낮은 목소리) 넌 쓸모가 없어.

민 차장의 숨이 끊어진다. 씹지도 못한 설탕물이 입에서 흘러나온다.

#84 [교차편집] 보위부장실 / 수리산 절벽

보위부장 앞에 서 있는 준화.

보위부장 따라 보구, 우리도 시작해야 하지 않갔서.

준화가 아무 말도 하지 않는다.
보위부장이 보면, 아무래도 준화의 붕대 감긴 오른팔이, 잘렸다던 팔뚝보다 길다.

보위부장 잠깐, 그게 뭐이가.

cut to_ 수리산 절벽/18화 #16에 이어서

덕윤이 혼자 남아 절벽 끝을 바라보고 있다.
덕윤의 뒤로, 찬일이 준화를 호송하며(언뜻 부축하듯) 걸어간다.
총을 겨눈 보위부원들이 멀찌감치 떨어져 경계하며 따라간다.

낮은 목소리로 대화를 나누는 준화와 찬일.

준화 동무도 하늘을 나오…?

찬일 아니.

준화 (처다보는)

찬일 그냥 힘이 쎄오.

준화 힘이 쎄다믄서 왜 거부하지 못했소.

찬일 동무랑 같은 이유요.

준화 동무도… 가족 때문이오?

찬일 (대답 않는 긍정)

준화 (처다보는) 난 애가 곧 태어나오.

찬일 (목소리 더 낮춘) 조용히 하시오.

준화와 찬일이 아무 말 없이 눈보라 속을 걸어간다.

cut to_ 보위부장실

스탠드 불빛 아래. 보위부장의 새하얀 러닝셔츠에 피가 묻어 있다.
돌아서는 준화의 오른팔 붕대 끝에서 연기가 새어 나온다.
스탠드 불빛 위. 보위부장의 이마에 총구멍이 뚫려 있다.
준화가 창문 밖으로 날아간다.

#85 성내동/주택가/벚꽃나무 - 시간 경과

단층 건물들이 오밀조밀하게 늘어선 주택가 골목길.
골목길에 유난히 커다란 벚나무 한 그루가 서 있다.
벚꽃잎이 하얗게 피었다.

#86 치킨집/홀/주방 (오후)

홀에 걸린 TV. 예능프로그램의 시끌벅적한 웃음소리가 한산한 홀을
메운다.
이전보다 단정해진 인테리어가 가게 사정이 많이 좋아진 분위기다.
현관문 옆. 단발머리에 체대 잠바를 입은 희수가 뒤돌아 서 있다.
희수가 카운터의 미니 커피자판기에 커피와 프림을 채워 넣는다.
그때, 주방 안쪽에서 험악한 호통 소리가 들린다.

주원v.o 야 이 멍청한 새끼야! 정신 안 치리냐?!! 지금 기름 온도가 180도야!!
거기다 손을 담그면 어떡하냐!! 손님들 먹을 건데!!

주방으로 들어가면, 주원이 용득에게 잔뜩 성질을 내고 있다.
용득이 튀김통 앞에 엉거주춤 서서 손가락을 빤다.

용득 (손가락 입에 넣고 빨며) 어… 음….
주원 (질색하며) 어으 드러워 죽겠네. 다치니까 좀 조심 좀 해 이 새끼야.
용득 죄 죄송합니다. 사 사장님….
주원 생긴 것도 흉측해갖고 저거 홀에 내보내지도 못하고. 어우 속 터져.
희수 (주방 들여다보며 역성드는) 아빠. 삼촌 구박 좀 하지 마.
용득 (희수 보며 어색하게 웃는) 어흐….
주원 (어이없는) 삼촌? 삼초온? 넌 저 얼굴 보고도 삼촌 소리가 나오냐?

희수가 보면, 흉터 가득한 용득이나 애꾸눈의 험악한 주원이나 다를
바 없다.

희수 (피식) 용득이 삼촌이 어때서. 나 아빠 때매 단련됐잖아.
주원 어머나 세상에.

그때, 카운터에서 울리는 경쾌한 주문 콜. "배달의 민족입니다."

희수 삼촌. 배달 콜 왔어요. 삼촌은 길 잘 찾더라.

주원 (딸이 용득 편만 드니 삐진) (용득에게) 손님 떨어지니까 헬멧 쓰고 마스크로 얼굴 다 가리고 다녀라.

희수가 용득과 주원의 실랑이를 흐뭇하게 본다.
우락부락한 둘의 모습이 왠지 닮았는데 든든하기만 하다.

희수 (홀 대기석에 털썩 앉으며) 아빠. 우리 치킨집 이름 바꿀까?

주원 뭘로.

희수 '세상에서 가장 안전한 치킨집'으로.

주원 (갸우뚱)

그때, 벽에 걸린 TV에서 긴급 속보가 나온다.

뉴스앵커 뉴스속보를 말씀드립니다. 30분 전. 서울 강남의 고층빌딩에서 화재가 발생했습니다. 소방차의 접근이 어려운 고층에서, 위험에 처한 시민들이 소방헬기를 기다리던 중에

희수가 TV를 본다. TV 뉴스 화면에 화재가 난 고층빌딩이 보인다.
다각도의 폰카 영상들이 교차되는데, 화질 좋은 화면이 뉴스화면을 가득 채운다.
화질 좋은 자료화면 밑에 작게 [유튜버 한별 제공] 자막이 있다.

뉴스앵커 또다시 정체불명의 그 사람이 나타났습니다. 구조헬기가 도착하기 전 고층빌딩에 도착한 그는

TV 화면. 노란색 우비를 입은 사람이 고층빌딩으로 날아 들어간다.

뉴스앵커 불길 속에 갇힐 뻔한 시민들을 구해내고 또다시 흔적도 없이 사라졌습니다. 이번에도 노란 우비와 마스크를 쓰고 나타나서 그의 정체를 알 수 없었지만

TV 화면. 노란색 우비가 사람을 안고 날아가 옆의 빌딩에 내려준다.

뉴스앵커 시민들은 옐로우맨이라고 부르기 시작했습니다.

주원이 주방에서 고개를 내밀어 희수와 함께 TV를 본다.
TV 화면 속, 파란 하늘을 가르는 노란 우비가 선명하다.

주원 (중얼) 노란색은 너무 눈에 띄지 않나… 왜 하필이면….
희수 아니야. 멋있어.
뉴스앵커 옐로우맨은 마치 하늘을 나는 히어로처럼… (소리 줄어드는)

희수가 제 팔뚝에 붙은 작은 밴드를 어루만진다.
밴드 밑 작은 흉터 자국이 남았다.
TV 화면. 노란 우비가 하늘로 솟구친다.

희수 파이팅.

희수가 웃는다.

#87 TV 화면/화재현장/공중 (오후)

TV 화면. 빌딩의 검은 연기가 사그라진다.

TV 화면으로 카메라 들어가며 화재현장과 오버랩된다.

검게 피어오르는 연기 위로 옐로우맨이 점처럼 떠 있다.

저 멀리 롯데월드 타워가 보인다.

카메라 다가가면, 노란 우비를 입은 봉석.

푸르고 광활한 하늘에 떠서 아래를 내려다보는 옐로우맨.

옐로우맨이 솟구쳐 오른다.

하늘을 향해 수직으로 날아오르는 옐로우맨.

날아오르는 모습이 노란 물고기 같다.

끝없이 솟구쳐 날아오르는 옐로우맨.

카메라 멀어지며, 그대로 노란 점이 되어서 수직 상승한다.

화면의 양옆에서 까만 바가 좁혀들면서 세로로 길어지는 화면.

좁혀드는 까만 바가 웹툰의 세로 스크롤처럼 보인다.

옐로우맨이 솟구쳐 오른다.

봉석이 날아오른다.

화면 양쪽의 까만 바 더 좁혀들며— 화면 암전.

커튼이 닫히듯 까맣게 암전된 화면에 스태프롤 올라간다.

작품에 참여한 모든 스태프들의 이름이 노란색 자막으로 올라간다.

한참 올라가던 스태프롤 끊기고, 화면 갑자기 밝아진다.

#88 성내동 / 주택가 / 옥탑방 (저녁)

하얀 화면이 날리는 벚꽃잎들과 겹친다.

골목길 한가운데 유난히 큰 벚꽃나무가 서 있다.

벚꽃잎들이 눈처럼 나부낀다.

좁은 골목에 부는 바람이 벚꽃잎을 하늘로 올린다.

만발한 벚꽃나무 옆에 작은 식당이 보인다.

오밀조밀한 주택가에 붙어 있는 작은 식당은 간판도 상호도 없다.

현관문에 그저 [심야영업] 종이만 붙어 있다.

불 꺼진 유리창 안으로 보면, 벽에 붙은 메뉴판에 달랑 메뉴 두 개. [돈가스/왕돈가스]

건물 안에서 봉석과 미현의 대화 소리가 들린다.

미현v.o 너 아까 또 날아다녔더라?

봉석v.o (당황) 보 보셨어요?

소리, 긴물 2층을 지나 3층으로 올라산다.

미현v.o 어떻게 안 보냐. 뉴스에도 나오는데. 조심 좀 해.

건물의 옥상으로 올라오면 작은 옥탑방이 있다.
옥상 마당의 방수액이 보라색이다.
벚꽃잎들이 옥탑 마당까지 날아올라와 깔려 있다.

봉석v.o 어디로 가는지 아무도 못 봐요. 수직으로 쓔유웅 올라갔다가 아무도 없는 곳으로 스으윽 내려오

미현v.o (말 끊는) 알았으니까 나가서 꽃잎이나 쓸어. 마당 다 가리겠다.

봉석v.o 꽃잎이 보라색보다 이쁘던데요.

미현v.o (잔소리) 잔말 말고 쓸라면 쓸어. 백수가 집안일이라도 해야지. 빨래도 하고 설거지도 하고.

'턱….' 벚꽃잎이 깔린 옥탑 마당에 두 발이 내려선다.

봉석v.o (말 돌리는) 엄마 식당 문 안 열어요? 손님 오시겠다.

미현v.o 너 또 말 돌… (멈칫)

옥탑방 현관문으로 걸어가는 걸음에 바닥에 깔린 벚꽃잎들이 흩날린다.
'철컥.' 옥탑방 현관문 여는 소리.

봉석v.o 어…?

두식이 옥탑방 문을 열고 들어간다.

#89 옥탑방/내부 (저녁)

열린 문가에 선 두식과 거실에 선 미현이 서로를 바라본다.
두식의 발밑으로 벚꽃잎들이 밀려들어 온다.
봉석이 영문을 몰라 두 사람을 쳐다본다.
가늠할 수 없는 많은 단어들이 미현과 두식 사이를 고요하게 메운다.
아무 말 없이, 미현이 오래된 미래처럼 웃는다.

#90 치킨집/홀 (저녁)

"예. 좀 전에 배달 출발했습니다. 조금만 기다리세요."
주원이 수화기를 내려놓고 카운터의 미니 자판기에서 커피를 뽑는다.
아무도 없는 텅 빈 홀. 주원이 커피를 들고 테이블에 가서 앉는다.
주원이 2인용 테이블에 혼자 앉아 커피를 마신다.
주원의 눈이 깊어진다.

플래시백_ 11화 #61

지희와 주원이 테이블에 마주 앉아 커피를 마신다. 지희가 묻는다.
"아직 끝까지 못 봤는데, 해피엔딩인가요?"
"네."
지희가 웃는다.

주원이 긴 세월을 지나 다시 대답한다.
"네. 해피엔딩입니다."

주원이 웃는다.
화면 암전되고, 다시 스태프롤 올라간다.

- THE END -

엔딩 크레딧 모두 올라가면—

#91 [엔딩쿠키1] 국정원/기획판단실/집무실 (밤)

텅 빈 기획판단실. 집무실 문을 바라보는 여 팀장의 눈에 야망이 비친다.
여 팀장이 집무실 문을 열다가 멈칫한다.
어두운 집무실. 마상구가 민 차장의 책상에 발을 올리고 앉아 있다.

상구   왜?

어둠 속에서 마상구의 두 눈이 번뜩인다.
민 차장의 명패는 이미 치워지고 없다.
여 팀장이 주먹을 꼬옥 쥐고 바라보다가 고개를 숙인다.

여 팀장   모시겠습니다.
상구   잘해보자구.

#92 [엔딩쿠키2] 송탄/기지촌 거리 (밤)

송탄 거리 입구. 택배차가 멈춰 선다.
택배차 운전석 문이 열리고 남자가 내린다.

366

남자가 송탄 이정표를 올려다보고 주변을 돌아본다.

황량한 거리에 우두커니 서 있는 남자의 뒷모습.

카메라 돌면, 프랭크다.

#93 [엔딩쿠키3] 미대사관/참사관실 (밤)

마크가 책상에 앉아 종이 문서로 된 파일을 펼친다.

파일에 알파벳 순차로 나열된 이름들.

Alex. Ben. Chloe. Dominick. Elias. Frank.

[Frank]의 파일에 [MISSING].

[Frank]의 파일을 덮으면 그 위의 파일. [Elias]의 이름이 클로즈업된다.

마크가 책상 위의 스피커폰을 누른다.

마크   Call Elias.

끝

연출의 말

강풀 작가님의 「무빙」은 새롭지 않아서 새로운 직품이다.

말장난 같지만 그렇다. 우리가 여태 잊고 있었던 소중한 낡은 감정들이 담뿍 담겨 있는 작품이다. 대본의 텍스트에서 뿜어내는 그 따뜻한 낡은 향기가 「무빙」이라는 작품을 연출하겠다고 결심한 가장 큰 이유였다.

AI 시대에 살고 있는 우리는 너무나 빠르게 새로운 것들을 경험하고 잊어간다. 메타버스의 시대라고 했던 게 「무빙」 촬영 초반 때였던 거 같은데, 메타버스가 무엇인지 알기도 전에 사라져버렸다. 「무빙」이 조금은 느리고 조금은 촌스럽게 보였을지도 모르겠으나, 강풀 작가님은 그런 방식으로 우리가 잠시 잊고 있었던 사랑이라는 감정을 천천히 꺼내 진정성 있게 보여주려고 했던 것 같다.

이 자리를 빌어 연출자가 아닌 한 명의 독자로서, 시청자로서 소중한 감정을 느낄 수 있게 만들어준 작가님께 감사하다는 말을 전한다.

2024년 6월
박인제 드림

4년 전. 20년 넘게 만화만 그려온 제게 드라마 극본 작업이 주어졌습니다.
만화를 연재하기 전에 시작부터 결말까지 시나리오를 쓰고 나서 연재하는 방
식을 고수했기에, 드라마 극본 작업도 크게 다를 게 없을 것이라는 생각으로
겁 없이 시작했습니다.
하지만 달랐습니다.
만화는 스크롤의 여백과 컷과 컷 사이의 행간을 독자분들이 채워주었지만,
영상은 무엇 하나도 놓치지 않고 전부 보여줘야 하는 작업이었습니다.

제가 쓴 극본은 일반적인 형식이 아니었습니다. 드라마 극본을 써본 적이 없
어서, 그동안 해오던 방식대로 만화 콘티를 그리듯 극본을 썼기 때문입니다.
제 의도를 정확하게 전달하고자 중언부언 묘사가 지나쳤고, 때로는 대사보다
지문이 더 길었으며, 만화를 그릴 때의 버릇을 버리지 못해 문어체 대사가 넘
쳐났습니다.
저는 제 능력 밖의 일들을 오로지 감독님들께 맡겼습니다.
이 거칠고 성긴 극본을 훌륭하게 다듬어주신 박인제 감독님, 박윤서 감독님
께 감사드립니다.
문어체의 낯선 대사에 사람의 생기를 불어넣어 주신 배우분들께 감사드립니다.
매 화 숙제 같았던 극본을 영상으로 옮겨주신 스태프분들과 제작사에 감사드
립니다.
드라마 「무빙」을 관객과 만나게 해주신 디즈니플러스에도 감사드립니다.

생각해보면 우여곡절도 많았습니다.

「무빙」은 처음에 70분짜리 20부작 공중파 드라마로 기획되었기에 지금보다 훨씬 더 호흡이 긴 드라마였습니다. 제작 과정에서 디즈니플러스 OTT 드라마로 채널을 변경하면서 많은 부분이 수정되고 압축되었습니다.

이번에 출간하는 대본집은 처음의 대본에서 크게 손보지 않았기에, 드라마에 나오지 못했던 장면들까지 모두 담은 무삭제 대본집으로 보셔도 될 것 같습니다.

드라마 「무빙」을 작업하면서 극본을 쓰는 재미를 알게 되었습니다.

나 혼자 그릴 만화였다면 차마 하지 못했을 것들까지 모두 쏟아낼 수 있었습니다. 감독님들과 배우분들과 제작진을 믿고 상상력의 한계가 풀려버리는 즐거운 경험을 했습니다.

믿고 의지할 사람들이 있다는 것. 함께 협력하여 작품을 만들어나가는 과정. 모든 것이 낯설었지만, 모든 과정이 즐거웠습니다.

무엇보다 드라마 「무빙」을 사랑해주신 시청자분들께 깊은 감사를 드립니다.

계속 써나가겠습니다.

2024년 초여름
강풀 드림

무 빙 대본집3

초판 1쇄 발행 2024년 7월 31일

지은이 강풀
펴낸이 윤동희
책임편집 최유연 **편집** 김미라 이예은 유보리 황유라
디자인 김소진 **본문 디자인** 하은혜
마케팅 윤지원 김연영

펴낸곳 ㈜미디어창비
등록 2009년 5월 14일
주소 04004 서울 마포구 월드컵로12길 7 창비서교빌딩
전화 02) 6949-0966 **팩시밀리** 0505-995-4000
홈페이지 books.mediachangbi.com
전자우편 mcb@changbi.com

ⓒ 강풀 2024
ISBN) 979-11-93022-58-0 04680
세트) 979-11-93022-55-9 04680